首都现代化蓝皮书
2025

北京市发展改革政策研究中心
北京市经济社会发展研究院 ◎著

THE CAPITAL
MODERNIZATION 2025

经济管理出版社
ECONOMY & MANAGEMENT PUBLISHING HOUSE

图书在版编目（CIP）数据

首都现代化蓝皮书. 2025 / 北京市发展改革政策研究中心，北京市经济社会发展研究院著. — 北京：经济管理出版社，2025. — ISBN 978-7-5243-0249-0

Ⅰ．D671

中国国家版本馆 CIP 数据核字第 2025A97K16 号

组稿编辑：曹　靖
责任编辑：郭　飞
责任印制：许　艳
责任校对：陈　颖

出版发行：经济管理出版社
　　　　　（北京市海淀区北蜂窝 8 号中雅大厦 A 座 11 层　100038）
网　　址：www. E-mp. com. cn
电　　话：(010) 51915602
印　　刷：唐山昊达印刷有限公司
经　　销：新华书店
开　　本：720mm×1000mm/16
印　　张：20
字　　数：308 千字
版　　次：2025 年 4 月第 1 版　　2025 年 4 月第 1 次印刷
书　　号：ISBN 978-7-5243-0249-0
定　　价：88.00 元

编 委 会

序　言

　　党的二十大报告明确提出，新时代新征程中国共产党的中心任务是"团结带领全国各族人民全面建成社会主义现代化强国、实现第二个百年奋斗目标，以中国式现代化全面推进中华民族伟大复兴"。党的二十届三中全会擘画了进一步全面深化改革、推进中国式现代化的宏伟蓝图，为实现中华民族伟大复兴提供了重要保证。京津冀是引领全国高质量发展的三大动力源之一，习近平总书记指出，"推动京津冀协同发展不断迈上新台阶，努力使京津冀成为中国式现代化建设的先行区、示范区"，为首都现代化进一步明晰了前进方向，首都现代化的内涵在实践中不断得到丰富。首都现代化是由发展中大国首都向强国首都迈进的现代化，是与"四个中心""四个服务"高度契合的现代化，是以新时代首都发展为统领的现代化，是探索减量式高质量发展的现代化，也是以人民为中心的现代化。近年来，北京深入贯彻习近平总书记对北京一系列重要讲话精神，坚持"五子"联动服务和融入新发展格局，首都现代化建设取得显著成效。在新的征程上，北京作为国家首都和超大型城市，要带头贯彻落实好党的二十大各项战略部署，贯彻好党的二十届三中全会进一步全面深化改革的各项要求，用实际行动奋力谱写社会主义现代化的首都篇章。

　　当前，世界百年未有之大变局加速演进，新一轮科技革命和产业变革深入发展，国际力量对比深刻调整，首都发展进入战略机遇和风险挑战并存、不确定难预料因素增多时期。要辩证认识和把握国际国内形势，紧抓党的二十届三中全会释放的改革红利，挖掘"四个中心""五子联动"蕴含的巨大发展潜能，部署固根基、扬优势、促改革、增韧性的关键任务，以自身发展的确定性应对外部环境的不确定性，在危机中育新机、于变局中开新局，牢牢把握首都战略主动。北京市发展改革政策研究中心（北京市经济社会发展研究院）作为首都高端智库试点单位之一，将首都现代化系列研究作为精心打造的自主研究品牌，做首都现代化的系统记录者、持续跟踪者、专业研究者和务实推动者。自 2022 年以来，我们陆续出版《首都现代化——指标体系研究与实践探索》《首都现代化 2023——年度评估与路径探索》《首都现代化蓝皮书 2024》。作为第四本首都现代化蓝皮书，《首都现代化蓝皮书 2025》结合党的二十大报告、党的二十届三中全会精神及习近平总书记近年来关于中国式现代化的相关论述以及对北京一系列重要讲话精神，深入分析国内外发展大势以及首都现代化面临的新形势新要求，进一步明晰首都现代化的理论内涵和时代特征，围绕首都现代化的七个维度开展持续跟踪研究，探索率先实现首都现代化的路径和举措。

本书分为总报告和专题研究两部分共八章。

第一部分总报告，为第一章。总报告统领全书，结合党的二十大报告及党的二十届三中全会精神，客观判断首都现代化面临的新形势新要求，总结评估"十四五"以来首都现代化进程，通过国际比较深入剖析北京率先基本实现现代化的优势与不足。提出首都现代化建设要以新时代首都发展为统领，全面落实"四个中心"首都城市战略定位，坚持"五子"联动服务和融入新发展格局，依靠进一步全面深化改革抓住机遇、应对挑战，要以科技创新引领"产业重塑"、以有效投资激活消费推动"内需重振"、以优化供给适应"社会重构"、以协调发展促进"区域重振"、以能力提升推进"安全重固"，着力塑造首都高质量发展新动能新优势，全方位推动首都高质量发展，为率先基本实现社会主义现代化奠定坚实基础，为中国式现代化建设贡献北京力量。

第二部分专题研究，包括第二章至第八章，分别围绕经济现代化、社会现代化、文化现代化、城市现代化、农业农村现代化、治理现代化和生态现代化七个领域对首都现代化年度进展、存在的问题、路径建议以及重点热点问题等方面展开研究。在经济现代化领域，开展科技创新中心建设、先进制造业、未来产业等专题研究，探讨如何推动形成新质生产力。在社会现代化领域，针对人口老龄化少子化趋势重点关注人口高质量发展、城市对青年的吸引力、高质量就业等问题。在文化现代化领域，进一步挖掘首都文化现代化新内涵，重点关注文化产业和公共文化服务高质量发展以及如何激发首都文体旅融合发展。在城市现代化领域，提出需提升存量空间利用效率，强化数字赋能，建设韧性城市、智慧城市。在农业农村现代化领域，强调学习运用"千万工程"经验推动首都农业农村现代化。在治理现代化领域，聚焦基层，围绕接诉即办改革以及公共安全教育开展研究。在生态现代化领域，提出加强分区域、差异化、精准化生态环境管控，协同推进降碳、减污、扩绿、增长，打造绿色经济典范城市。

中国式现代化是一项伟大而艰巨的事业，首都现代化研究具有战略性、系统性、长期性，需要持续跟踪，不断积累，深入推进。本书在研究过程中得到北京市发展改革委领导的悉心指导以及相关处室的大力支持；有关专家也对书稿提出了很好的建议。由于时间紧迫和资料有限，本书难免有疏漏和不足之处，恳请广大读者批评指正。

编委会

2025 年 4 月

目　录

总报告

第一章 以高质量发展谱写中国式现代化首都新篇章

党的二十大报告完整、全面、准确地概括了中国式现代化的本质特征，党的二十届三中全会擘画了进一步全面深化改革、推进中国式现代化的宏伟蓝图，为实现中华民族伟大复兴提供了重要保证，也为北京高质量发展提供了根本遵循。近年来，北京深入贯彻习近平总书记对北京一系列重要讲话精神，牢牢把握坚持高质量发展这个新时代硬道理，牢牢把握推进中国式现代化这个最大的政治，坚持优化提升首都功能，坚持"五子"联动服务和融入新发展格局，首都现代化建设取得显著成效。新征程上，作为国家首都和超大型城市的北京要带头贯彻落实好党的二十大各项战略部署，贯彻好党的二十届三中全会进一步全面深化改革各项要求，力争率先基本实现社会主义现代化，为建设国际一流的和谐宜居之都打下坚实基础。

第一节 首都现代化面临的新形势新要求

世界百年未有之大变局加速演进，新一轮科技革命和产业变革深入发展，国际力量对比深刻调整，北京发展进入战略机遇和风险挑战并存、不确定难预料因素增多的时期。要辩证认识和把握国际国内形势，紧抓二十届三中全会释放的改革红利，挖掘"四个中心"和"五子"联动蕴含的巨大能量，部署固根基、扬优势、促改革、增韧性的关键任务，以自身发展的确定性应对外部环境的不确定性，在危机中育新机、于变局中开新局，牢牢把握首都发展战略主动权。

一、国际局势变乱交织，需要北京加快提升国际影响力，更好融入"双循环"新发展格局

一是中美博弈将长期持续，倒逼我国科技自立自强、加快开辟和拓展新的经贸"朋友圈"。"十五五"时期是中美博弈的关键期，各领域博弈将全面升级，科技围堵或进一步加剧，为遏制我国科技创新发展，将产业链价值链锁定在中低端，美国以国内补贴、出口管制、撤资关停、盟友协同等方式推行高科技产业"去中国化"，英国、日本等盟友或追随美国步伐加入封锁阵营。北京列入出口管制实体清单的机构数量全国最多，企业产业链供应链受损、市场订单萎缩、融资困难等风险加大，阻碍集成电路、人工智能等关键领域技术进步，但一些头部企业在美国打压中逆势前行、发展势头强劲，如北方华创2023年销售额同比增长近50%，首次跻身全球半导体设备前十（位列第八）；小米手机业务在拉丁美洲、日本和印度等地区和国家市场份额显著增长，首次跃居拉美市场第二，为新质生产力培育注入新动力。经贸"脱钩断链"或升级，美国通过友岸外包、近岸外包等手段联合盟友重构"排除中国"的多边贸易体系，我国从美国第一大贸易伙伴变成第四大贸易伙伴，占美国全部商品进口的比重由2017年的21.6%降至2023年的13.9%。按国家外汇管理局国际收支口径，2023年外国直接投资净流入（330亿美元）（见图1-1），北京稳外资压力同样较大，2023年利用外资额同比下降21.2%（见图1-2）。但我国与"一带一路"国家和地区经贸往来日益密切，2021~2023年货物贸易年均增长14.9%、占比提高至46.6%；人民币上升为全球第四大支付货币，支付占比创下4.7%新高（美元47.8%、欧元22.5%、英镑7%）；中东资本加速重仓中国，Global SWF数据显示，2023年6月至今，中东主权财富基金已在中国投资了 70 亿美元，是上年同期的 5 倍，新能源、硬科技、生物医药、数字化建设、精细化工、大型文旅等是其最为关注的领域，这些领域与北京优势领域高度重合，有望补位美元资金撤离缺口。

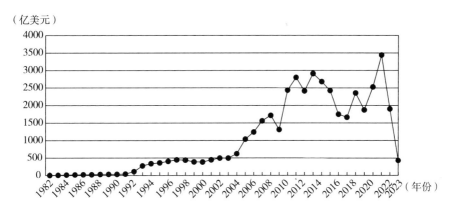

图 1-1　1982~2023 年全国国际收支口径来华直接投资净额

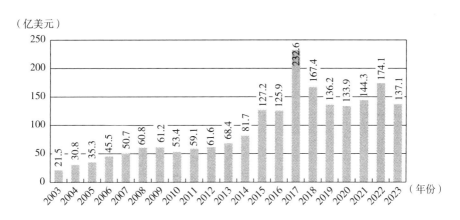

图 1-2　2003~2023 年北京市利用外资情况

　　二是世界政治经济格局深度重组，中国及北京市"稳定锚"作用凸显。地缘政治博弈撕裂经济全球化格局，世界经济碎片化、国际合作区域化、生产分工近岸化趋势明显，加剧了全球经济萎缩。国际货币基金组织研究显示，全球经济贸易碎片化造成的潜在损失在 2000 亿美元至 7 万亿美元，相当于全球地区生产总值的 0.2%~7%。全球经济呈现"三高一低"（高负债、高通胀、高利率、低增长）的局面（见图1-3），国际货币基金组织预测，"十五五"前四年（2026~2029年）全球经济年均增速为3.1%，低于"十四五"时期水平（3.9%）。我国经济运行面临总需求不足的突出矛盾，北京也处于内需不振、新旧动能转换的阵痛期，房地产投资占比将逐步从50%以上回落至40%左右，中高端商品和服务消费供给依然不足，亟须厘清转变发展方式、优化经济结构、转化增长动力的主攻方向，加快挖掘和释放经济增长潜能。但也要看到，世界经济"东升西降"趋势更加清晰，全球南方加速崛起（过去20年对世界经济增长的贡献率高达80%），全国综合实力持续增强，对世界经济增长贡献率保持在30%左右，北京经济总量跨越4万亿元台阶，数字经济占GDP比重超过40%，发展质量和效益不断提升。全球安全不确定性更加凸显，以"一带一路""金砖+"合作机制、上合组织为主体的中国全球治理方案正在加速成型，中国成为维护世界和平稳定的中流砥柱，在斡旋沙特和伊朗复交、乌克兰危机、巴以冲突等方面作出重要贡献，在京举办的主场外交活动规模空前，形成一系列北京宣言，外交之都地位日益巩固。中国需要世界和世界需要中国，成为当今世界国际关系深刻演变的突出特点，全面参与并积极引领全球治理与治理体系改革，是中华民族实现全面复兴并走进世界舞台中心的主要路径之一。

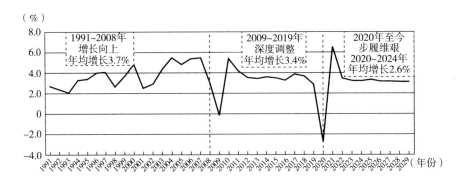

图1-3 20世纪90年代以来世界经济增速变化

资料来源：国际货币基金组织，2024~2029年数据为预测值。

二、人工智能引领新一轮科技革命和产业变革，需要北京加快构建现代化产业体系

一是人工智能进入资源整合和模式创新的新阶段，是促进新质生产力发展的重要引擎。人工智能就业替代效应逐步显现，特别是在财务、银行、翻译、销售等 AI 技术暴露度①高的行业失业风险上扬，将可能拉大收入差距。白宫经济顾问委员会报告指出，AI 技术在收入分配上可能导致偏向性，即增加高收入职业对高学历工人的相对需求，进而加剧社会不平等。但也要看到，中美在全球人工智能浪潮中同处第一方阵（见图1-4），百度、科大讯飞等大模型企业普遍认为"机遇大于焦虑"，360 集团创始人周鸿祎指出，中美差距主要在高算力 GPU 芯片上，模型算法差距不大，且已缩小至半年左右。人工智能驱动的科学研究新范式正在形成，"大数据+大计算+大模型"智能驱动的科学研究新范式加快科学发现速度、推动多领域应用实践②。人工智能驱动"数字经济"向"数智经济"迭代升级，在细分和垂直领域迎来发展先机，北京人工智能企业数量约占全国四成，大模型数量占据全国近半壁江山，开源框架、AI 芯片等基础层以及智能语音、推荐算法等技术层有望开辟软硬协同创新的大模型新赛道。"人工智能+"重构千行万业发展逻辑，支撑智能化升级，颠覆并创新搜索、广告、社交、游戏、电商等传统产业模式；引领能源革命，巨大算力需求倒逼北京能源结构绿色转型，同时通过参与能源预测管理、智能电网管理等促进能源产业提质增效；加速医药创新，伴随北京生物医药产业逐步从仿制药向创新药转型发展，未来3~5年人工智能有望成为药物研发生产中

---

① AI 技术暴露度指工作内容可被 AI 替代的程度。这些工作的共同特点在于工作任务包含较多的文本处理、资料收集整理等内容，而这些知识型的工作任务正是大语言模型人工智能的长项。

② 华为盘古大模型通过对 17 亿个药物分子化学结构的预训练将预测新药药性的准确率较传统方法提高了 20%。在华为盘古大模型辅助下，西安交通大学第一附属医院超级抗菌药（DrugX）的研发进入临床阶段，其研发周期从数年缩短至数月，研发成本降低 70% 以上，打破了医药界的双十定律（新药研制需 10 年时间、10 亿美元成本），帮助解决超级耐药菌进化速度快、新类别、新靶点抗生素难以及时匹配的问题。

的常备基础工具。中金报告指出 AI 与各行各业融合发展有望增加经济潜在增长率，预计将促进全国 2025～2035 年的 GDP 年化增长率额外增加 0.8 个百分点。

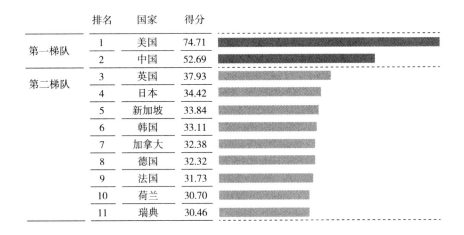

图 1-4　美中两强引领的全球人工智能总体格局

注：排名来自《2023 全球人工智能创新指数报告》。

二是量子信息、生物制造等未来产业发展提速，协同推进现代化产业体系向更高质效迈进。发达国家和国内先进地区都在抢滩布局未来产业，上海先后打造了三大未来产业先导区、两个未来产业科技园、一批创新联合体，面对百舸争流、千帆竞发的区域竞争，北京亟须增强"不进则退、慢进亦退"的战略紧迫感。未来产业由颠覆性技术、前沿技术突破产生，突变性、爆发性特征明显，且需要长期培育才能形成一定规模和竞争优势，但现有治理方式、制度供给和政策保障与未来产业发展不相适应，发展风险相对较高，需要有不怕"黑天鹅""灰犀牛"的保护创新机制。但也要看到，北京创新要素集聚、创新活动密集、应用场景丰富，有基础有条件成为未来产业的孕育场，依托京津冀协同发展体制机制，可以在更大区域范围布局创新链和产业链，打造"北京研发+津冀制造"协同发展模式，构建未来产业生态集群，助推中国式现代化先行区示范区建设。

三、人口迎来总量和结构"双拐点",需要北京积极应对人口老龄化趋势,加快优化调整人口和就业政策

2023 年北京市常住人口老龄化率达 22.6%,比全国高 1.5 个百分点(见图 1-5),在老龄化少子化加剧、人口自然负增长、青年人口流失、高校加速疏解等多重因素交织下,预计"十五五"时期北京将进入重度老龄化阶段,对经济社会各领域产生长周期、全方位和系统性影响。社会抚养需求加速扩张,在少子化、老龄化、高龄化、家庭小型化趋势下,老年餐桌、日间照料、康复护理等养老服务需求明显增加,适老化设施不健全不充分、老年"数字鸿沟"等短板日益显现。创新活力减速风险抬头,近年来北京青年人才吸引力和竞争力有所下降,2022 年北京市高校本科毕业生约 60%去往外地,留学归国人员首选在京就业比例从 2019 年的 19.7%下降至2022 年的 14.1%。叠加高校疏解导致大量 18~25 岁的青年常住人口流失,对北京经济社会创新活力的负面影响可能逐步显露并传导至产业端。

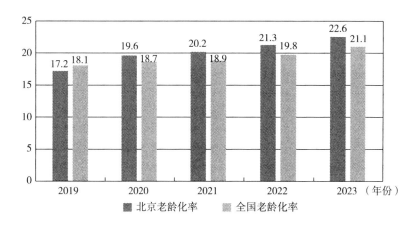

图 1-5　2019~2023 年北京与全国老龄化率对比

但也要看到,作为人才集聚高地,北京通过优化人口调控措施、创新人才引育政策、提升城市宜居宜业水平等手段,有望推动"人口红利"转化为"人才红利",实现更高水平的人口高质量发展。银发经济开辟新蓝

海，养老服务、老年用品、智慧健康、养老金融等新业态新模式加快涌现，可穿戴监测设备、智能养老院"科技+养老"产品增长空间广阔。

四、非首都功能疏解进行纵深推进，需要北京加快深化改革优化提升首都功能和盘活利用空间

随着央企、高校、医院等加速疏解（见图1-6），对北京经济社会发展的影响将进一步显现，稳增长压力进一步增大。一是降低科技创新成色，央企、高校院所等是科技创新主力军，2023年国家科学技术奖由北京地区单位牵头和参与的项目成果数量全国第一，但大多是中央企事业单位，疏解可能造成北京战略科技资源碎片化和分散化，影响重大科技基础设施、重大创新项目布局、顶尖人才团队集聚。二是国际影响力滑坡，北京入围财富500强企业以央企为主，疏解在一定程度上会削弱北京全球资源配置能力。三是间接影响也不可忽视，央企在北京具有较强的根植性，与民企、国企、外企之间形成了较为紧密的上下游、内外贸、产供销一体化及协同创新关系，疏解可能造成产业链迁移、配套能力下降、产业生态不完整等。

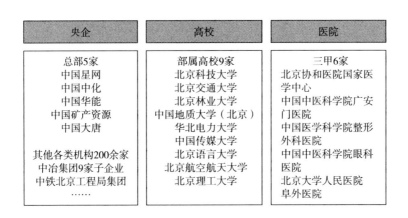

央企	高校	医院
总部5家 中国星网 中国中化 中国华能 中国矿产资源 中国大唐 其他各类机构200余家 中冶集团9家子企业 中铁北京工程局集团 ……	部属高校9家 北京科技大学 北京交通大学 北京林业大学 中国地质大学（北京） 华北电力大学 中国传媒大学 北京语言大学 北京航空航天大学 北京理工大学	三甲6家 北京协和医院国家医学中心 中国中医科学院广安门医院 中国医学科学院整形外科医院 中国中医科学院眼科医院 北京大学人民医院阜外医院

图1-6　北京央企、高校、医院等向雄安新区疏解情况

注：已明确搬迁至雄安新区的是9所，根据2024年京津冀教育协同发展论坛消息，北京地区15所部属高校将向雄安新区疏解。

但也要看到，疏解也为北京统筹空间盘活利用、释放"四个中心"巨大能量提供了重要机遇。一是强化全国政治中心和国际交往中心建设，疏解将进一步优化中央政务功能布局，高水平服务保障中央党政军领导机关工作和重大国事外交活动举办。二是强化全国文化中心定位，疏解释放的空间通过统筹利用，嵌入高质量文化内容供给，将助力北京构建具有首都特色的文化空间新体系，更好地满足人民日益增长的文化需求。三是强化国际科技创新中心建设，疏解可为北京市高精尖产业发展腾出优质空间资源，为促进产业转型升级提供重要支撑。同时，央企、高校等疏解到雄安新区能有效带动津冀发展，增强区域产业整体实力和竞争力，助力京津冀中国式现代化建设的先行区、示范区建设。

第二节　"十四五"时期首都现代化发展进程评价

"十四五"发展过半，这一时期外部环境急剧变化，不确定难预料因素显著增多，尤其是以美国为首的西方国家对我国实施了全方位的遏制、围堵、打压，带来前所未有的严峻挑战，同时内部也面临经济下行压力增大等多重困难，在国际环境风高浪急和国内面临多重超预期因素冲击下，北京如期安全顺利举办北京冬奥会、冬残奥会，有力有序推进首都经济社会发展。

一、经济现代化水平呈现稳步提升发展态势

经济现代化是现代化的基础和动力。北京"十四五"规划明确提出要建立具有首都特点的现代化经济体系，通过科技创新和产业结构优化升级推动经济高质量发展。"十四五"时期，体现首都经济现代化发展的主要指标均呈现稳步提升的积极发展态势。

R&D 投入占 GDP 比重是衡量一个地区科技创新能力的重要指标，反映了该地区对科技研发的重视程度和科技创新的潜在实力。2021～2022年，北京地区 R&D 投入占 GDP 比重分别为 6.5% 和 6.8%，2023 年超过6%，远超全国 2.6% 平均水平。"十四五"时期，北京着力发挥科技创新引领作用，推动在京国家实验室高质量运行，支持新型研发机构开展有组织科研，获准向公众开放的生成式人工智能大模型产品占全国近一半。下一阶段，北京将从源头上构建强化企业科技创新主体地位的体制机制，通过建立创新联合体、建立企业研发准备金、设立联合基金等方式引导更多创新资源要素向优质企业集聚，真正形成企业作为技术创新决策、研发投入和研发成果应用主体的发展格局。

基础研究是科技创新的基石，对推动科技革命和产业变革具有关键作用，其投入占研发经费比重反映了一个地区对原始创新的重视程度，是衡量一个地区科技创新能力的重要指标。"十四五"时期，北京实施基础研究领先行动和关键核心技术攻坚战行动，以重大原始创新和支撑关键核心技术突破的基础研究为主攻方向，下好"先手棋"，2021～2023 年，北京地区基础研究占研发经费比重分别为 16.1%、16.6% 和 17.0%，达到发达国家平均水平，稳居全国第一。下一阶段，北京将进一步强化基础研究前瞻性、战略性、系统性布局，持续加大基础科学发展支持力度，保障在京国家实验室在轨运行和体系化发展，靶向破解人工智能、集成电路等领域"卡脖子"问题，着力打造全国自主创新的重要源头和原始创新的主要策源地。

每万人专利申请数量是反映一个地区创新活力的重要指标，直接体现了该地区在科技创新方面的活跃程度和创新成果的产出能力。"十四五"时期，北京市知识产权综合实力持续全国领先，世界知识产权组织发布的《2023 年全球创新指数》中，北京排名全球科技集群第四。2021～2023年，北京每万人专利申请数量分别为 90.8 件、92.8 件和 88.7 件，相比"十三五"末的 74.4 件有较大增长，显示出北京市创新动能活跃，创新成果不断涌现。下一阶段，北京要积极创建国家知识产权保护示范区，优化知识产权快速协同保护机制，全面提升知识产权转化运用能力、优化知识产权公共服务效能，实施质量强国战略和首都标准化战略。

人均 GDP 是衡量一个地区经济发展水平的关键指标，反映了该地区居民的平均经济产出和生活水平。"十四五"时期，北京市深化"五子"联动服务和融入新发展格局，着力提信心、强创新、优功能、促协同、抓治理、惠民生，2022 年后经济恢复发展，整体回升向好，社会大局保持稳定。2021~2023 年，北京地区人均 GDP 分别为 2.7 万美元、2.7 万美元和2.8 万美元，相较于"十三五"末的 2.3 万美元实现较快增长。下一阶段，北京将着力推动高质量发展，全面深化改革开放，切实增强经济活力、防范化解风险、改善社会预期，进一步增进民生福祉。

劳动生产率反映了单位劳动力的产出效率，是衡量一个地区或国家经济效率和竞争力的重要指标。"十四五"时期，北京出台了一批推动战略性新兴产业和未来产业发展的支持政策，推动从传统质态生产力走向新质态生产力的深刻变革，首都经济高质量发展迈上新台阶。2021~2023 年，北京地区劳动生产率分别为 35.4 万元/人、36.3 万元/人和 38.5 万元/人，相较于"十三五"末的 30.6 万元/人实现较大增长，稳居全国第一。下一阶段，北京将加快发展新质生产力，前瞻布局未来现代化产业体系，实施制造业重点产业链高质量发展行动，大力支持量子、人形机器人、商业航天、6G 等未来产业发展，打造世界领先的未来产业策源高地。

生产性服务业占 GDP 比重客观反映一个地区经济结构的优化程度，发展生产性服务业有助于推动产业结构从以制造业为主向服务业主导转变，实现产业结构的优化和升级。"十四五"时期，北京大力发展生产性服务业，聚焦高精尖产业，培育形成了新一代信息技术、科技服务业、医药健康 3 个万亿级产业集群，智能装备、人工智能、节能环保、集成电路等7 个千亿级产业集群，金融、信息等现代服务业发展优势突出。2021~2023 年，北京地区生产性服务业占 GDP 比重分别为 59.6%、61.7% 和63.2%，保持稳步提升态势。下一阶段，北京将加力推进传统领域"迭代"、新兴业态"抢滩"、未来产业"占先"，切实提高财政金融服务效能，持续提升城市发展能级，着力建设更具国际竞争力的现代化产业体系，推动经济实现质的有效提升和量的合理增长。

二、城市治理现代化水平呈现整体向好态势

治理现代化是实现现代化的基础和保障，"十四五"时期，北京积极推进超大城市治理体系和治理能力现代化建设，体现治理现代化进程的三个主要指标整体向好，但仍有进一步优化空间。

一般公共预算支出占财政支出比重反映了政府在提供公共服务、保障民生等方面的投入力度。2021~2023年，北京市一般公共预算支出占财政支出的比重分别为46.8%、51.7%和53.1%，相较于"十三五"末的48.2%呈稳步上升态势，显示了北京市委、市政府对民生保障和公共服务建设的重视。下一阶段，北京将紧扣"七有""五性"需求，积极回应群众关切，继续优化财政支出结构，加大在教育、医疗、养老、托幼、社会保障等民生领域投入，提高财政投入力度，优先解决"老老人""小小孩"问题，提高公共服务质量，兜准兜牢民生底线。

全球营商环境排名是衡量一个地区商业环境、市场准入、监管效率等方面的权威指标，优化营商环境是推动经济高质量发展的基础和保障。"十四五"时期，北京积极营造企业更有获得感的营商环境，完成6.0版改革任务，制定实施"北京服务"意见和促进民营经济发展壮大行动方案，完善"服务包""服务管家"机制。2023年，北京市全球营商环境排名全球第五，相较于"十三五"末的第八名有较快提升，标志着北京商业发展环境排名已迈入全球顶尖水平。下一阶段，北京将着力打造营商环境"北京服务"品牌，在就业、社保、税务、企业服务等领域推出更多办事流程统一的"跨省通办"政务服务事项，打造区域一流营商环境，让营商环境更有温度、企业更有获得感。

每十万人刑事案件立案件数是衡量一个地区社会治安状况和治理能力的核心指标。2021~2023年，北京每十万人刑事案件立案件数分别为532.7件、662.5件和653.9件，2021年相较于"十三五"末的629.2件有较大幅度下降，但 2022 年和 2023 年呈现了一定回升。作为大国首都，密集的常住人口、较多的流动人口和老旧小区一定程度上导致了较高的刑事案件发生率，精细化治理水平与群众期待还有较大差距。下一阶段，北京将不断完善立体化、信息化社会治安防控体系，严厉打击电信网络诈骗等违法犯罪，推动首都和谐稳定的良好局面更加稳固。

三、文化现代化北京范式扎实稳步推进

文化现代化既是对传统文化继承、发展和进步以适应现代化的过程，又是文化要素的创新、选择、传播和退出交互进行的过程，表现为文化产业、文化设施、文化生活、文化形式等的现代化。"十四五"时期，北京市文化创新活力不断释放，文化产业快速发展，体现首都文化现代化进程的两项主要指标呈现向好发展态势。

文化产业占 GDP 比重是衡量一个地区文化产业发展水平的重要指标，在一定程度上反映了城市的文化软实力，对经济结构的优化和升级有重要意义。"十四五"时期，北京深入实施"文化+"融合发展战略，深化红色文化主题片区建设，实体书店数量居全国第一，全国文化中心建设迈出重要步伐。2021~2023 年，北京文化产业占 GDP 比重分别为 10.5%、11.3% 和 11.0%，远高于全国平均水平 5% 左右。下一阶段，北京将加大对自身文化富矿的开发挖掘，推动文化与科技、金融、旅游、体育、时尚等融合发展，带动提升影视、演艺、音乐、网络游戏、设计、艺术品交易、会展等领域加快发展，打造若干家文化领军企业、打造一批具有国际影响力的文化产品和服务、形成一批标志性的文化品牌，加快做大做强文化产业，力争在全球文化产业格局中占有一席之地。

十万人拥有博物馆数是衡量一个地区公共文化服务水平和文化资源分布的重要指标。"十四五"时期，北京加强博物馆之城建设，更加便利公众参观博物馆，年均接待观众超过 5000 万人次。2021~2023 年，北京居民十万人拥有博物馆数分别为 0.93 个、0.93 个和 1.03 个，在博物馆建设和发展方面走在全国前列，拥有国家一级博物馆 28 家、居全国首位。下

一阶段，北京将立足文化自信自强，做好首都文化这篇大文章，推动实施一批智慧博物馆建设项目，进一步提升公共文化服务水平，更好满足人民群众日益增长的精神文化需求，提升城市文化软实力。

四、社会现代化发展水平持续稳步提升

社会现代化指社会结构、社会关系、社会行为模式的现代化，关注的是提升公共服务水平和居民生活质量，涉及教育、医疗、社会保障等多个方面。"十四五"时期，北京市在教育、医疗、社会保障等领域持续加大投入，体现首都社会现代化的四项主要指标呈现稳步提升的发展态势。

人均可支配收入是衡量一个地区居民生活水平的重要指标，为制定保障和改善民生政策提供重要参考依据。"十四五"时期，北京居民收入增长与经济增长同步，消费价格总体平稳，居民实际生活水平保持提升。2021~2023年，北京居民人均可支配收入分别为7.5万元、7.7万元和8.2万元，相较于"十三五"末的6.9万元呈稳步提升态势。下一阶段，北京将把促增收摆到更重要的位置，深化以"提低""扩中"为目标的收入分配制度改革，完善劳动者工资决定、合理增长、支付保障机制，健全按要素分配政策制度，扩大居民经营性收入来源，多渠道增加城乡居民财产性收入，有效增加低收入群体收入。

婴儿死亡率和孕产妇死亡率是衡量一个地区妇幼卫生服务水平的重要指标，直接反映了妇幼卫生服务的质量和效率。"十四五"时期，北京妇幼健康水平不断提升，妇幼健康服务网络越来越密，实现了各区妇幼保健院、区域医疗中心、三级助产机构新生儿科（病室）和区级危重新生儿救治中心建设两个全覆盖。2021~2023年，婴儿死亡率分别为1.4‰、1.3‰和1.5‰，每十万新生儿孕产妇死亡率分别为2.2%、3.7%和1.6%，妇幼健康核心指标达到国际先进水平。下一阶段，北京将完善生育支持政策，加快普惠托育体系建设，强化儿科服务体系和人才队伍建设，进一步提升妇幼卫生服务水平。

千人医疗卫生机构床位数是衡量一个地区医疗卫生服务能力的重要指标，反映了一个地区医疗资源的配置情况和医疗服务的可及性。2021～2023年，北京千人医疗卫生机构床位数分别为6张、6.1张和6.4张，医疗卫生服务能力在持续增强。下一阶段，北京将优化医疗资源布局，深化医疗、养老等公共服务合作，深化医疗保障一体化发展，深入推进"三医"联动改革，推动公立医院高质量发展，加快建立紧密型城市医疗集团，进一步提升医疗服务能力。

五、生态文明现代化发展水平大幅提升

生态现代化是指在现代化进程中，通过科技创新、制度优化和文化引领，实现经济增长与生态环境保护的协调发展。"十四五"时期，北京大力推进生态文明建设，推动能源、产业、交通、城乡建设等领域绿色低碳转型，持续深入打好蓝天、碧水、净土保卫战，体现首都生态现代化的三项主要指标呈现持续改善的向好趋势。

细颗粒物年均浓度（PM2.5）是衡量一个地区空气质量的重要指标，直接反映了空气的清洁程度。"十四五"时期，北京在实现空气质量明显改善的同时，也在一定程度上带动了碳减排，达成实质上的减污降碳协同，取得了多维度的改善成效。2021～2023年，北京地区细颗粒物年均浓度分别为33微克/立方米、30微克/立方米和32微克/立方米，均低于"十三五"末的38微克/立方米水平，空气质量明显改善，增强居民获得感。下一阶段，北京将深入打好蓝天保卫战，推动重点领域绿色低碳发展，引导资源节约集约循环利用，推动生产领域资源利用方式根本转变，深化重点领域能源节约高效利用，实现美丽蓝天常在。

森林覆盖率是衡量一个地区生态环境的重要指标，反映了区域内森林资源的丰富程度和生态系统的完整性。"十四五"时期，北京践行绿水青山就是金山银山理念，攻坚克难久久为功，坚持不懈拓展城乡绿色空间，超额完成新一轮百万亩造林工程，远超全国平均森林覆盖率，夯实了国际一流和谐宜居之都的绿色基底。2021～2023年，北京地区森林覆盖率分别为 43.8%、43.8% 和 44.9%，相较于"十三五"末的 43.8% 呈稳步提升态势。下一阶段，北京将巩固全域森林城市建设成效，并着力打造森拥园簇、秩序壮美的花园城市，让绿水青山展现多彩画卷。

万元 GDP 能耗是衡量一个地区经济绿色发展水平的重要指标，反映了创造单位经济价值所消耗的能源量。"十四五"时期，北京实现了能源结构更低碳，优质能源比重超过 98.5%，处在全国省级地区领先水平。2021~2022 年，北京地区万元 GDP 能耗分别为 0.182 吨标准煤和 0.175 吨标准煤，呈下降趋势。下一阶段，北京将加快推动能源、产业、交通、城乡建设等领域绿色低碳转型，推进新增产业绿色低碳发展。

六、人的现代化发展水平稳步提升

人的现代化是现代化的核心，思想观念和综合素质的现代化是人的现代化的重要组成部分，从发展规律看，人的现代化与整个现代化具有高度的同质性。"十四五"时期，体现首都居民的现代化的三项主要指标均呈现稳步提升的发展态势。

平均预期寿命是体现人口身体素质的核心指标，也是衡量一个地区医疗水平、生活品质、经济社会发展水平的综合性指标。《"健康北京 2030"规划纲要》提出到 2030 年北京人均期望寿命继续保持国际先进水平。2021~2023 年北京居民平均预期寿命分别为 82.47 岁、82.47 岁和 82.51 岁，较"十三五"末的 82.43 岁进一步提高，在全国省级地区排名第二（上海 84.11 岁），接近国际最高水平（新加坡 84.8 岁、日本 84.1 岁）。也应该看到，基层医疗卫生机构服务能力还比较低，城乡居民个人健康素养还需进一步提高。下一阶段，北京将通过进一步均衡医疗资源布局，提升医疗服务质量与安全，开展爱国卫生运动，推进健康北京战略，促进居民预期寿命和生命质量进一步提高。

本科及以上学历人口占比是体现人口教育素质的代表性指标。2021~2022 年，北京本科及以上学历人口占比分别为 34.2% 和 34.8%，排名全国省份第一，较"十三五"末的 30.2% 提升了 4.6 个百分点，其中海淀区比例高达 44.9%，是全国唯一占比超过四成的区。北京兼容并蓄、海纳百川的城市品质，对国内外各类人才产生强大吸引力，截至 2023 年，北京人才资源总量达 796.8 万人，人才密度达 70.4%，总量和密度都超过上海和深圳，在全国主要城市中居于首位。从高端人才数量和质量上看，北京拥有 55 万余名科研人员、全国近一半的两院院士、超过 1/4 的"万人计划"专家、全球最多的"高被引科学家"，科技部发布的"外籍人才眼中最具吸引力的中国城市"榜单中，北京位居首位。但国际人才数量总体依然偏少，下一阶段，北京将通过搭建多元化引才平台、做优做强"留学北京"品牌、完善以家庭为核心国际人才工作生活配套等手段加大国际人才吸引力度。

教育文化娱乐消费支出占比是体现人口文明素质和精神文化生活品质的重要指标，反映了居民在提高自身知识水平、丰富精神生活方面的消费支出情况，在一定程度上揭示居民对个人发展和精神文化生活的重视程度。"十四五"时期，北京积极挖掘文化资源优势，出台建设"演艺之都"三年行动实施方案，推进"书香京城""博物馆之城"建设，为市民游客提供更加丰富多样的文旅产品和服务，为居民文明素质的提高和人的现代化建设打下坚实基础。2021~2023 年，北京居民人均教育文化娱乐消费支出占比分别为 5.6%、5.5% 和 8.0%，总体高于"十三五"末的 5.5%水平，但相比发达国家居民文化娱乐消费支出占家庭消费支出平均在 10%以上水平还有差距。下一阶段，北京将加快打造彰显文化时尚魅力的消费地标，建设文化、艺术、零售等多领域融合的商业街区，补齐实体书店、小剧场、小影院、小微绿地、口袋公园等文化休闲设施，邀请全球知名文艺团体、文化机构、业界大师来京演出，提高居民在教育文化娱乐方面的支出占比，提升居民精神文化生活品质和幸福感。

七、城市现代化发展水平波动中提升

城市现代化是指城市在经济、社会、文化、技术和环境等多个方面达到先进水平的过程。虽然受公共卫生事件的冲击影响，"十四五"时期北

京国际会议数量、接待入境游客数量出现大幅下滑，但已呈现了积极复苏态势，城镇化率和轨道交通运营里程两项指标继续稳步提升。

城镇化率是衡量一个地区城乡发展水平和城市化进程的重要指标。"十四五"时期，北京城乡区域发展更趋协调，城市南部地区发展提速，新首钢地区成为新时代首都城市复兴新地标，城乡结合部减量发展探索形成"王四营模式"，推动城镇化率进一步提升。2021～2023年，北京城镇化率分别为87.5%、87.6%和87.8%，相较于"十三五"末的87.5%水平保持提升，显著高于同期全国城镇化率66.2%平均水平。下一阶段，北京将加大统筹新型城镇化和乡村全面振兴，以大城市带动大京郊、大京郊服务大城市，深化农业中关村建设，统筹推进城南地区和平原新城建设发展，强化京西地区高质量转型发展，不断提升农业农村现代化水平，进一步推动城市现代化进程。

轨道交通运营里程是衡量一个城市交通基础设施水平和城市交通便捷程度的重要指标。"十四五"时期，北京建成地铁3号线一期等线路，实现副中心站综合交通枢纽主体工程基本完工，有序推动"七站两场"接驳功能完善和服务优化，城市交通水平有了进一步提升。2021～2023年，北京轨道交通运营里程数分别为783公里、797.3公里和836公里，相较于2020年里程的727公里呈现稳步提升态势。下一阶段，北京将加强交通综合治理，提升轨道交通骨干网络的安全性，强化城市轨道交通与市郊铁路、地面公交的多网融合，更好地服务群众的绿色出行需求。

国际会议数量是衡量一个城市国际交流合作水平的重要指标，在一定程度上反映了该城市的发展水平和国际影响力。2022～2023年，在京举办的国际会议数量分别为19个和26个，超越上海、南京等国内城市，位居国内城市首位。但也应该看到，相较于巴黎（156个）、伦敦（99个）等国际先进水平，北京仍有较大差距。下一阶段，北京将加强与国际组织的合作，强化雁栖湖国际会都、奥林匹克中心区服务保障能力，积极融入、主动服务共建"一带一路"，拓展国际友城交往，进一步提升北京对国际会议的吸引力。

接待入境游客数量是衡量一个城市国际吸引力的重要指标，反映了城市旅游业及相关产业链的国际化水平。"十四五"时期，北京成功举办了首届北京国际非遗周等活动，加快恢复国际航线，积极推进文旅消费恢复到疫情前水平。2021～2023 年，北京接待入境游客数量分别为 24.5 万人次、24.1 万人次和 116.8 万人次（见表 1-1）。下一阶段，北京将充分激发文化创新创造活力，通过增加高品质的旅游产品供给、提升国际航运能力、优化签证政策、提升城市形象魅力和国际要素浓度等措施吸引了更多国际游客到访，打造中国入境游"首选目的地"，强化首都对外开放形象和国际交往功能。

表 1-1 "十四五"时期首都现代化主要监测指标

类别	指标	2020 年	"十四五"前三年		
			2021 年	2022 年	2023 年
经济现代化	R&D 投入占 GDP 比重（%）	6.5	6.5	6.8	>6.0
	基础研究占研发经费比重（%）	16.0	16.1	16.6	约 17.0
	每万人专利申请数量（个）	74.4	90.8	92.8	88.7
	人均 GDP（万美元）	2.3	2.7	2.7	2.8
	劳动生产率（万元/人）	30.6	35.4	36.3	38.5
	生产性服务业[a] 占 GDP 比重（%）	60.1	59.6	61.7	63.2
治理现代化	每十万人刑事案件立案件（件）	629.2	532.7	662.5	653.9
	全球营商环境排名[b]（位）	8	>15	>15	5
	一般公共预算支出占财政支出的比重（%）	48.2	46.8	51.7	53.1
文化现代化	文化产业占 GDP 比重（%）	11.0	10.5	11.3	11.0
	十万人拥有博物馆数（个/十万人）	0.90	0.93	0.93	1.03
社会现代化	居民人均可支配收入（万元）	6.9	7.5	7.7	8.2
	婴儿死亡率（‰）	2.0	1.4	1.3	1.5
	孕产妇死亡率（每 10 万新生儿）	5.0	2.2	3.7	1.6
	千人医疗卫生机构床位数（张）	5.8	6.0	6.1	6.4

续表

类别	指标	2020 年	"十四五"前三年		
			2021 年	2022 年	2023 年
生态 现代化	万元 GDP 能耗（吨标准煤）	0.209	0.182	0.175	—
	细颗粒物（PM2.5）年均浓度 （微克/立方米）	38	33	30	32
	森林覆盖率（%）	43.8	43.8	43.8	44.9
人的 现代化	平均预期寿命（岁）	82.43	82.47	82.47	82.51
	大专及以上学历人口占比（%）	30.2	34.2	34.8	—
	人均教育文化娱乐消费支出占 比（%）	5.5	5.6	5.5	8.0
城市 现代化	城镇化率（%）	87.5	87.5	87.6	87.8
	国际会议数量（个）	—	—	19	26
	接待入境游客数量（万人次）	34.1	24.5	24.1	116.8
	轨道交通运营里程（公里）	727.0	783.0	797.3	836.0

注：a：生产性服务业包括金融服务、信息服务、科技服务、租赁和商务服务、批零、交通六大行业。b：全球营商环境排名采用全球金融中心指数（GFCI）中的营商环境排名。

第三节　从国际比较看北京率先基本
实现现代化的优势与不足

在全面建设社会主义现代化国家的新征程上，首都北京与党和国家的使命更加紧密相连，有责任也有条件在实现社会主义现代化上一马当先、率先示范。"十三五"和"十四五"期间，首都经济先后跨越了 3 万亿元（2018 年）和 4 万亿元（2021 年）两个大台阶，预计到"十四五"末，北京经济规模将超过 5 万亿元。"十五五"时期按照 5% 的平均增长率推算①，预计到 2030 年，北京经济规模将超过 6.5 万亿元；人均 GDP 将超过 4 万美元②。但全球城市之间激烈竞争的态势也需要关注，对比同是经济总量全球 TOP10 的北京和洛杉矶发现，差距在拉大；2020~2023 年，北京 GDP 由相当于洛杉矶（San Francisco-Oakland-Berkeley MSA）的 83% 下降为 80%，总量差距由 7200 亿元扩大到 1.1 万亿元。总体上看，与美国、英国、法国、日本等现代化先行国家以及纽约、伦敦、巴黎、东京等现代化先行城市相比，北京在科技创新能力、社会发展水平、城市安全治理等方面具有一定优势，在经济发展效率、文化影响力、国际化程度等方面差距依然较大。

一、科技创新能力处于较高水平，但经济发展效率与现代化先行国家相比仍有较大差距

现代化先行国家和城市高度重视科学、技术、知识创新和人才培养使用，善于抓住科技革命和产业变革机遇，以科技创新引领产业转型升级。与现代化先行国家和城市相比，北京科技创新资源优势明显，集中了大量大学、科研院所、外资研发机构和企业总部，R&D 投入占 GDP 比重多年来保持在 6% 左右，比美国高 2.6 个百分点，比日本高 2.3 个百分点，达到国际领先水平；北京在基础研究方面也体现了显著优势，尤其在人工智能等前沿科学领域和医学工程等重要民生需求领域，基础研究占研发经费比重达 17% 左右，比美国高 2.1 个百分点，与英国基本持平；每万人专利申请量达 48.2 个，远高于现代化先行国家 23~35 个的水平，其中每万人口高价值发明专利拥有量 136 件，稳居全国第一（见表 1-2）。

---

① 根据潜在增长模型初步测算，2023~2035 年北京市 GDP 的年均增速在 4.8%~5.5%。
② 按北京常住人口不突破 2300 万，对美元汇率稳定在 7 左右。

表 1-2　科技创新类指标对比

指标	现代化先行国家	现代化先行城市	全国（2023 年）	北京（2023 年）
R&D 投入占 GDP 比重（%）	2~4	—	2.64	>6
基础研究占研发经费比重（%）	12~23	—	6.7	约 17
每万人专利申请数量（个）	23~35	—	11.8	48.2（2020 年）*

注：* 表示北京市统计局、国家统计局北京调查总队在 2021 年后不再公布专利申请数量指标。

现代化先行国家和城市具有经济发展效率高、服务业在产业结构中占据绝对优势、城镇化发展成熟稳定等突出特征。北京在三次产业占比、城镇化率等方面数据较好，但在人均 GDP、劳动生产率、城乡居民收入比等方面差距依然较大。2023 年北京人均 GDP 约为 2.8 万美元，仅约为美国的 1/3、日本的 85%；与国际城市相比，差距更为明显，仅为纽约的 1/4、东京的 1/2。2023 年北京劳动生产率约为 5.5 万美元/人（见表 1-3），仅为美国的 1/3、日本的 88%；与国际城市相比，仅为纽约的 1/4、东京的 60%。2023 年北京城乡居民人均可支配收入比为 2.4，远高于现代化先行国家 1.5 以内的水平，与国内上海（2.1）、浙江（1.9）等先进省份相比也有不小差距。

表 1-3　经济发展效率类指标对比

指标	现代化先行国家	现代化先行城市	全国（2023 年）	北京（2023 年）
人均 GDP（万美元）	3.4~8.2	5.8~11.0	1.3	2.8
劳动生产率（万美元/人）	6.2~17.0	9.5~22.0	2.3	5.5
服务业占 GDP 比重（%）	69.2~81.6	约 90.0	54.6	84.8

二、城市安全水平处于国际前列，但在人口优化布局方面仍有提升空间

从城市安全主要指标来看，2022 年北京每十万人刑事案件立案件数为 87.8 件，刑事发案降至 10 年最低，命案连续 8 年实现 100% 侦破，《平安中国蓝皮书：平安北京建设发展报告（2023）》显示，2023 年平安北京建设发展评估总得分为 87.6 分，处于"优秀"等级。但北京在人口优化布局方面与世界主要城市相比仍不尽合理，到 2022 年末北京中心城区常住人口为 1094.5 万，较 2015 年高点减少了 202.9 万人，但中心城区常住人口密度仍为 0.8 万人/平方公里，其中核心区达到了 2.4 万人/平方公里，远高于现代化先行城市 0.1~1.1 万人/平方公里平均水平（见表 1-4）。

表 1-4 城市治理类指标对比

指标	现代化先行城市	北京（2022 年）
每十万人刑事案件立案件数（件）	1162~2752	87.8
中心城区人口密度（万人/平方公里）*	0.1~1.1	0.8

注：* 表示北京为城六区、纽约为全市、伦敦为大伦敦、东京为都市区、巴黎为巴黎市和周边七个省。

三、文化产业规模、软实力和国际影响力有待进一步提升

现代化先行城市注重文化的先导性、创新性和渗透作用，注重通过开放包容的文化认同来凝聚共识，文化产业发达，文化消费繁荣活跃。北京作为世界著名古都，拥有丰富的文化资源和深厚的历史底蕴，但文化软实力与国际影响力与伦敦、纽约、巴黎等大都市相比差距较大。2022 年北京市文化产业占 GDP 比重为 11.3%，比美国、日本等发达国家低 8~10 个百分点。截至 2023 年底，北京市备案博物馆总数达 226 家，稳居全国各城市之首，每十万人拥有博物馆为 1.03 个，但相比现代化先进城市还有差距，仅为巴黎的 40%、纽约的 2/3。根据国际图书馆联盟颁布的《公共图

书馆标准》，城市中每5万居民应配备一座公共图书馆，北京每十万人拥有公共图书馆仅为0.1个，而纽约每3.7万人就拥有一座公共图书馆；东京每3.2万人拥有一座公共图书馆（见表1-5）。

表1-5　文化软实力类指标对比

指标	现代化先行国家	现代化先行城市	全国（2023年）	北京（2023年）
文化产业占GDP比重（%）	10.0~30.0	—	4.5（2022年）	11.3（2022年）
人均教育文化娱乐消费支出占比（%）	—	8.0~16.0	10.8	8.0
十万人拥有博物馆数（个/十万人）	—	1.6~2.5	0.5	1.0
十万人拥有公共图书馆数量（个）	—	2.4~8.0	0.2	0.1

四、社会发展类指标步入国际城市先进行列，但居民收入水平仍有待提高

现代化先行国家普遍形成了比较完善的社会保障和社会福利制度，社会文明程度较高；现代化先行城市具有居民收入差距较小、中等收入群体占多数、公共服务覆盖广泛等特征。北京社会发展领域基础较好；婴儿死亡率为1.5‰，比美国低4.1个千分点，与日本基本持平；孕产妇死亡率为每十万新生儿1.56人，远好于现代化先行国家每十万新生儿5人以上的水平，社会发展总水平较高是社会主义制度优越性的集中体现。家庭人均可支配收入等指标方面仅为全球城市的1/4~1/3的水平，还有待提升（见表1-6）。

表1-6　社会发展类指标对比

指标	现代化先行国家	现代化先行城市	全国（2023年）	北京（2023年）
人均可支配收入（万美元）	—	2.50~5.00	0.56	1.16

指标	现代化先行国家	现代化先行城市	全国（2023 年）	北京（2023 年）
城乡居民收入比	<1.50	—	2.39	2.37
中等收入群体占比（%）	55.0~80.0	约 60.0	约 30.0	68.5（2020 年）
基尼系数	0.25~0.40	约 0.50	0.47	—
婴儿死亡率（‰）	1.70~5.60	约 3.00	4.50	1.50
孕产妇死亡率（每 10 万新生儿）	5.00~30.0	—	15.10	1.56
千人医疗卫生机构床位数（张）	2.6~13.7	约 10.0	6.9（2022 年）	6.4

五、生态环境和资源利用效率与国际城市相比仍有差距

现代化先行国家和城市生态环境普遍较好，生产生活方式绿色化，注重资源节约和循环利用，在应对气候变化、保护生物多样性等全球性环境与发展问题上保持较高投入。近年来，北京以前所未有的力度开展大气污染防治工作，细颗粒物浓度（PM2.5）从 2013 年的 89.5 微克/立方米下降至 2023 年的 32 微克/立方米，累计降幅达 64%，改善速度之快远高于主要发达国家城市，但仍高于现代化先行城市 8~12 微克/立方米的水平，需要继续打好蓝天保卫战。在能耗方面，北京 2012 年达到碳排放峰值，2023 年单位 GDP 能耗为 1.1 吨标煤/万美元，全国最低，但相比国际先进水平仍有较大差距，相当于纽约的 1.6 倍、伦敦的 4.4 倍。2023 年北京单方水效益为 155 美元/立方米，不足纽约的 1/4、伦敦的 1/2，水资源利用率仍有较大提升空间（见表 1-7）。

表 1-7 生态环境和资源效率类指标对比

指标	现代化先行国家	现代化先行城市	全国（2023 年）	北京
单位 GDP 能源消耗（吨标煤/万美元）	0.7~1.2	0.2~0.7	3.2	1.1（2022 年）

续表

指标	现代化 先行国家	现代化 先行城市	全国 （2023 年）	北京
细颗粒物（PM2.5）年均浓度 （微克/立方米）	7～9	8～12	30 （339 个地级 及以上城市）	32 （2023 年）
单方水效益 （美元/立方米）	—	325～652	29.82	155 （2022 年）

六、人的现代化发展处于国际较高水平

人的现代化是中国式现代化的核心，体质健康水平和人力素质教育是其中两个重要方面。北京居民的健康指标始终保持全国领先，2023 年居民平均期望寿命增长到 82.5 岁，位于全国第二，比美国高近 3 岁，与法国持平，全周期健康服务提升了市民健康获得感。从主要教育指标看，北京劳动年龄人口中，高学历占比进一步提升，大专及以上文化程度的占比为68.3%，比上年提高 1.3 个百分点，远高于现代化先行国家 43%～52% 水平（见表 1-8）。

表 1-8　体现人的现代化的指标对比

指标	现代化 先行国家	现代化 先行城市	全国 （2023 年）	北京 （2023 年）
平均预期寿命（岁）	79～85	81～85	78.6	82.5
高等教育劳动力比例（%）	43～52	—	24.1 （2022 年）	68.3

七、城市宜居和国际化水平仍需进一步提升

现代化先行城市在企业生产、市民生活方面普遍具有安全、便利、舒心等特征。北京在生产生活便利、通勤时间、生活成本等指标与全球城市

相比仍有差距。相关调查显示①，北京往返通勤平均用时为94分钟，与东京基本持平，是纽约的1.3倍、巴黎的1.8倍。美世的《2024年生活成本报告》显示，北京综合生活成本排名第25位，比巴黎高4个位次，比东京高24个位次。近年来，北京高标准推进"两区""四平台"建设，对外开放水平持续提升，但与现代化先行国家的大都市相比，在国际航线数量、常住外籍人口比例等方面差距明显。如国际航线仅110条，仅为伦敦（665条）、巴黎（612条）等城市的1/6；接待入境游客116.8万人次，仅为纽约（1170万人次）的1/10（见表1-9）。

表1-9　城市宜居类指标对比

指标	现代化先行城市	北京（2023年）
城镇化率（%）	81.8~92.0	87.8
往返通勤时间（分钟）	52~95	94
生活成本排名（位）*	7~49	25
国际组织总部数量（个）	432~1622	163（2022年）
外籍常住人口比例（%）	20以上	约1
国际航线数量（条）	约600	约110
接待入境游客数量（万人次）	1170~1880	116.8

注：*表示美世2024年城市生活成本世界排名。

第四节　以"五大重构"推动北京率先
基本实现社会主义现代化

面对外部环境的不稳定性不确定性、全球科技创新和产业发展的新趋

---

① 《朝鲜日报》2024年1月综合了韩国统计厅、日本总务省、中国城市规划学会和美国人口普查局的数据，对全球主要城市的平均往返通勤时长进行对比。

势，北京现代化建设要深刻把握中国式现代化的本质要求，以新时代首都发展为统领，全面落实"四个中心"首都城市战略定位，坚持"五子"联动服务和融入新发展格局，北京需要进一步全面深化改革抓住机遇、应对挑战，要以科技创新引领"产业重塑"、以有效投资和服务推动"内需重振"、以优化供给适应"社会重构"、以协调发展促进"区域重振"、以能力提升推进"安全重固"，着力塑造首都高质量发展新动能新优势，全方位推动首都高质量发展，为率先基本实现社会主义现代化奠定坚实基础，为中国式现代化建设贡献北京力量。

一、以科技创新引领"产业重塑"，加快构建符合首都特点的现代化产业体系

全球科技创新进入密集活跃期，新一轮科技革命和产业变革迅猛发展，基础研究不断拓展人类认知边界，人工智能、量子信息、生物制造等前沿技术实现多点突破、引发链式变革，重塑全球产业结构、经济形态和人类生活方式。基础研究和颠覆性技术突破日益成为全球焦点，关键技术领域将迎来新突破，新技术、新赛道竞争将加速升级，技术从"导入"到"安装"不断加快，技术创新到产业落地"窗口期"将不断收窄，科技竞争力和产业引领力成为大国竞争的焦点。北京要加快构建现代化产业体系，夯实新质生产力发展基础。

一是立足首都特色，打造万亿级支柱产业、战略性新兴产业、未来产业协同并进的现代化产业体系。顺应"智能化、绿色化、融合化"产业变革方向，培育汽车、人工智能等万亿级产业集群，巩固壮大生物医药、智能装备、节能环保等战略性新兴产业集群，培育发展量子信息、合成生物、商业航天等未来产业。大力发展数字经济，超前布局6G、超导量子等前沿技术，促进数字经济和实体经济深度融合，打造具有国际竞争力的数字产业集群。培育壮大绿色经济，加快发展创新驱动的绿色产业，打造绿色经济城市典范。前瞻布局生物经济，推动生物技术加快赋能健康、农业、能源、环保等产业。瞄准产业和科技创新前沿，加快培育一批具有全球影响力的世界一流企业，壮大一批具有强大资源整合能力的"链主型""总部型"企业，精准培育一批聚焦专业领域和细分赛道的专精特新、隐形冠军、独角兽企业，打造发展新质生产力的重要生力军。

二是发力专业化、融合化、国际化，旗帜鲜明做强生产性服务业。生产性服务业占据首都经济半壁江山，是加快建设现代化产业体系的推动器、地方财税和居民收入的重要支撑、发展新质生产力的催化剂和北京率先基本实现社会主义现代化的动力源。要积极应对金融支柱产业"增速见顶"趋势，深挖信息服务、科技服务等增长潜力，力争比重提升。金融业需着力做好科技金融、绿色金融、普惠金融、养老金融、数字金融五篇大文章，加快构建多元金融生态，推动金融与实体经济从"油水分离"到"水乳交融"。信息服务业需加快培育"雨林型"产业生态，打造跨界融合、开放融通、协同创新的可持续发展模式。科技服务业需加紧扭转下滑态势，以重大前沿项目、重点产业集群、重大应用场景为引领，激发各类科技服务主体活力。商务服务业需强化产业提质增效，立足创新赋能、培育品牌、协同融合、优化环境，挖掘并持续释放新增长点。

三是瞄准高端化、智能化、绿色化，打造更具创新力、更高附加值、更安全可靠的先进制造业体系。先进制造业是现代化产业体系的骨干，也是适应首都减量发展要求、贯彻创新驱动发展战略的必然选择。汽车需紧抓新能源汽车"高歌猛进"的历史性机遇，产业端着力抢市场、上产能，消费端聚力挖掘多元消费需求，力争重塑发展优势。生物医药需紧抓创新药提速发展浪潮，培育创新化学药、生物药、中药、创新医疗器械等高附加值大品种，打造具有全球影响力的生物医药产业创新高地。电子信息需聚力攻坚技术攻关和国产替代突破，深挖拓展应用场景。高端装备需深化数智化转型，做强高端智能装备产业集群，提升整体竞争力。

四是提速推进人工智能赋能千行百业，以"人工智能+"撬动新质生产力发展。夯实人工智能发展底座，推动基础层（硬件、系统、数据）精耕细琢、技术层（算法、框架、通用技术）锻长创新，推动"AI大模型"从云端设备到终端设备迭代升级，搭建覆盖不同开发阶段、不同业务场景，贯通从开发框架、开发套件到工具组件、服务平台的全链条、多维度开源生态。加速人工智能赋能千行百业，纵深推动"AI+能源""AI+医药""AI+影视""AI+交通""AI+工业"等渗透应用，助力财税、金融、科技等领域改革，促进开放平台智慧化改造，实现"行行出彩织网"。

五是加快构建适应新型生产关系的新型要素体系，引导生产要素向发展新质生产力高效集聚。扩大要素市场化配置范围、促进要素自主有序流动，切实提升要素资源配置能力。激活新型劳动者主体力量，打造创新型人才、浇灌"人才苗圃"，强化全球招才引智、缩小"人才逆差"，引导人才要素合理畅通有序流动、破题"人尽其才"，高质量建设全球一流人才高地。促进资本流通优化资源配置，加紧培育战略、长期、耐心资本，为技术创新、传统产业升级、新产业培育提供全生命周期资金支持。以创建数据基础制度先行区为突破，着力解决数据确权、数据定价、数据要素流通交易等核心痛点，促进数据合规高效流通使用、赋能实体经济，释放市场价值。深挖核心区、平原新城等存量空间潜力，提高土地要素配置精准性和利用效率。

二、以有效投资激活消费推动"内需重振"，着力塑造首都高质量发展新动能新优势

总需求不足是经济运营面临的突出矛盾，北京投资近年来保持在8000亿元的规模，其中工业投资占比为11%，房地产投资占比为50%左右，基础设施投资占比为20%以上。但受宏观环境、政策调整等因素影响，房地产市场进入深度调整期，基础设施投资面临项目"青黄不接""缺大少新"困境。北京消费率自2020年以来呈现回落趋势，2022年为55.7%，为近10年来最低水平。从商品消费来看，社零额在2018年、2022年分别被上海、重庆反超且差距逐渐被拉开，特别是京沪社零额差距已从2018年的452亿元扩大至2023年的4043亿元，社零额成为拖累消费增长的主要因素。从服务消费来看，北京自2017年步入服务消费占主导的新阶段以来，服务消费占市场消费比重逐步提升，目前占比为六成左右。当前要在新起点找到新赛道与新动能，增加有效消费和投资，加速新旧动能转换。

一是加快推进国际消费中心城市建设、促进消费提质升级。强化改革思维，逐步取消限制性消费措施，探索因地制宜优化汽车限购措施，激发释放服务消费潜能。加快市内免税店扩容提质，增加中高端消费品国内供应，促进境外消费回流，努力提振本土消费。强化市场主体培育，健全社会力量参与社会公共服务机制，推进公共服务设施所有权和使用权分置改革，加快培育一批文化、体育、养老等重点领域的龙头企业或团队，实现品牌化、连锁化、集团化发展。强化文商体旅展融合提升，支持"音乐+旅游""演出+旅游""赛事+旅游"等融合业态发展，放大对消费的溢出效应，打造流量型消费体系。培育壮大数字消费、绿色消费、健康消费等新型消费，优化新型消费发展环境，拓展沉浸式、体验式、互动式消费新场景。

二是持续优化投资结构和提升质量效益，带动城市功能布局和经济结构调整优化。围绕新质生产力抓产业投资，强化对人工智能、医药健康、智能网联汽车、商业航天等重点产业培育和能级提升，精准支持战略性新兴产业和未来产业关键环节，推动产业链强链补链延链。引导投资向平原新城产业、交通、公共服务等领域适当倾斜，谋划导入一批重大产业项目和功能性平台，加快将平原新城打造为特色产业和公共服务新高地。围绕民生保障、扩大消费等抓城市更新投资，支持利用低效楼宇、老旧厂房等存量空间资源补齐公共服务短板和扩展新消费场景，打造更多示范性强、可推广的城市更新样板，加快培育新的千亿级投资增长极，实现全市投资有序接续。围绕政府和社会资本合作抓民间投资，统筹用好超长期特别国债、政府专项债券等政策，实施政府和社会资本合作新机制，持续推进社会投融资模式和政策创新，调动民间投资积极性。

三、以深化改革推动"社会重构"，激发全社会内生动力和创新活力

在老龄化少子化加剧、人口自然负增长、青年人口流失、高校疏解等多重因素叠加影响下，北京逐步进入"收缩型"人口结构发展阶段，对经济社会各领域的系统性影响将逐步显现。新中国成立后第二次生育高峰时期出生的"60后"已陆续进入退休阶段，2021~2030年正是全国出生于20世纪60年代的人口陆续进入老年期的十年。"十四五"时期，北京市老龄人口绝大多数为60~69岁的低龄段（约占55%），预计20世纪50年代第一次出生高峰的人口队列将于2030年后步入高龄期，到2035年北京市80岁以上的高龄人口将突破100万，必将对长期照护、康复护理等养老服务产生巨大需求。

一是优化社会公共服务供给机制。健全社会力量参与公共服务机制，试点推进体育场馆、公园等公共文化设施所有权和运营权分置改革，引入专业团队进行管理、维护和运营，提供专业化、市场化、高水平和连锁化社会公共服务，做大做强运营企业品牌。深化国资国企改革，分类推进社会文化事业单位内部改革，加强资源优化配置和重组盘活，培育一批文化、体育、养老等社会服务龙头企业或团队，实现品牌化、连锁化、集团化发展。

二是深化人才发展体制机制改革。实施更加积极、更加开放、更加有效的人才政策，加快建设国家战略人才力量，着力培养造就战略科学家、一流科技领军人才和创新团队、青年科技人才、卓越工程师、大国工匠、高技能人才，加快建设高水平人才高地。加强人口形势跟踪研判，强化人才激励机制，研究推动扩大工作居住证发放规模、优化人才评价认定标准、完善落户审批评价机制等改革创新举措。

三是完善就业优先政策。完善供需对接机制，精准有效实施减负稳岗扩就业各项政策措施，促进高质量充分就业。支持多渠道灵活就业，重点抓好高校毕业生、退役军人、农民工等群体就业。支持发展吸纳就业能力强的产业和企业，稳定和扩大就业容量。顺应经济社会发展新趋势和人民群众高品质生活新期待，大力发展新业态、新模式，积极挖掘、培育新的职业序列，培育新的就业增长点。

四是完善按要素分配政策制度。健全劳动、资本、土地、技术、数据等生产要素由市场评价贡献、按贡献决定报酬机制。探索多种渠道增加中低收入群众要素收入和城乡居民财产性收入，加大税收、社会保障等的调节力度，通过"提低扩中"促进不同群体共同富裕。完善长期资本投早、投小、投长期、投硬科技的支持政策，增强创业投资机构筹资长期稳定资金的能力，为发展新质生产力和服务实体经济提供更多耐心资本。

五是健全"老老人""小小孩"服务体系。大力发展银发经济，重点支持生命科学、生物医药、劳动替代、康复辅具等关联产业发展。优化基本养老服务供给，加快区域养老服务中心建设，引导社会力量提供适老化技术和产品，推广老年人居家适老化改造。加强普惠多元托育公共服务体系建设，鼓励和引导社会力量举办托育机构，支持用人单位办托、社区嵌入式托育、家庭托育点等多种模式发展。

四、以协调发展促进"区域重整"，推动区域战略取得新的突破性进展

非首都功能疏解将迈向"大步快走"阶段，中央企事业单位或面临实质性"离京潮"[1]，首都减量发展将从过去市级及以下零散项目、点状对接的"小疏解"向以点带面、集中连片、央地联动的"大疏解"转变。

一是优化核心区功能布局。坚持以"疏解整治"做减量，以"提升优化"增质量，持续优化首都功能和城市品质。推进老城重组，高效利用疏解腾退空间，保障优越的政务空间。利用中轴线文脉底蕴深厚和文化资源集聚优势，全面推进文化遗产活化利用。结合城市更新、花园城市建设等规划，统筹用好疏解腾退和地下空间资源，优先用于保障中央政务功能、增补公共服务设施。

二是做大平原新城经济新引擎。按照"一区一策"原则，引导平原新城和副中心围绕主导产业和未来产业，科学制定产业链强链补链清单，在集成电路、新能源汽车、生物健康等领域做强一批特色产业集群，打造发

---

① 央企呈现从总部向整体外迁转变趋势，北京地区15所部属高校将向雄安新区疏解。

展新质生产力的重要阵地。以建设"双枢纽"国际消费桥头堡为牵引，在平原新城布局建设若干消费新地标，拓展平原新城品质消费新空间。

三是健全乡村全面振兴长效机制。坚持农业农村优先发展，完善乡村振兴投入机制。加快推进农业中关村建设，深化"种业之都"建设，不断增强首都农业科技创新引领作用。扎实推进"百千工程"建设，建设宜居宜业和美乡村，促进城乡融合发展。试点开展乡村振兴示范村建设和传统村落集中连片保护。完善农村产权制度，探索"承包权不动、经营权连片"等解决承包地细碎化的有效路径。

四是深入推进京津冀协同创新。围绕"六链五群五廊"研究制定产业链延伸布局和协同配套政策，加快实施一批产业化示范项目。完善三地科技成果转化"供需对接清单"机制，支持科技成果转化服务平台开展跨区域服务，提升科技成果区域内转化效率和比重。完善生态、公共服务等领域政策机制，深化制度集成创新和成果共享，提升一体化发展水平，加快将京津冀打造为中国式现代化建设的先行区、示范区。

五是在"三北"等更大空间范围谋划发展。依托京沈合作机制，加强北京与东北地区在先进装备制造、生物制药、通用航空等产业领域深度对接。注重与西北、华北地区区域战略联动，用好双枢纽、中欧班列等交通纽带，探索与陕西、新疆等省份建立跨境电商、丝路电商等贸易合作机制，更好地融入"一带一路"建设。落实国家区域重大战略，带头推进京津冀与长三角、粤港澳大湾区科创产业融合发展，在跨区域资源共享、项目合作、人才交流等方面率先垂范。

五、以能力建设推进"安全重固"，切实提高超大城市治理现代化水平

首都安全面临国际复杂形势考验，对安全体系和能力现代化建设提出更高要求。城市运行体系庞杂，停车难等城市治理难题尚未破解，城市老旧管线更新改造任务仍然很重，防范遏制重特大安全事故面临严峻考验。房地产、金融之间风险的关联性、系统性日益突出，个别大型企业集团仍处在风险暴露期，债务违约等风险向金融体系、实体经济传导需要引起高度重视。需要积极做好防范，推进安全发展示范城市创建。

一是切实提高超大城市治理现代化水平。以群众需求为导向构建有效的治理体系，综合施策缓解交通拥堵，提升火车站、综合交通枢纽与城市交通的接驳换乘效率，巩固深化背街小巷整治提升成果，深化接诉即办改革，推动市民服务热线从为民服务"窗口"向"窗口＋智库"转型发展，提升城市治理效能。

二是打造更具韧性的城市。立足于防大汛、抢大险、救大灾，加快构建系统完备、强韧高效的现代化基础设施体系，推进"平急两用"公共基础设施建设，完善气象监测预警体系，构建空天地一体的通信保障体系，增强通信设施防灾抗毁韧性，提升应对重大风险灾害的防范、抵御、应对和自适应、快速恢复能力。加强防范打击非法集资，完善"保交楼"长效监管机制，继续稳妥化解在京大型企业集团风险。

三是切实加强战略和应急储备能力建设。坚持科学预判、分类指导、分级管理、分品落实、精准实施，系统强化实物储备、能力储备与信息储备，加快储备管理信息化平台建设，推进储备物资数字化管理，健全储备充足、反应迅速、抗冲击能力强的应急储备体系。

执笔人：贾　硕　包　颖　张英男　刘作丽（第一节）
　　　　崔　岩　刘紫星（第二节）
　　　　崔　岩　王术华（第三节）
　　　　贾　硕　包　颖　王术华　刘作丽（第四节）

专题研究

第二章　以新质生产力为牵引
扎实推进首都经济现代化

2023 年是全面贯彻党的二十大精神开局之年，也是经济恢复发展的一年。2023 年，北京市地区生产总值 43760.7 亿元，按可比价格增长 5.2%，人均地区生产总值达 20 万元，保持全国省级地区最优水平，首都高质量发展动能日益强劲。本章围绕 2023 年首都经济现代化整体推进情况进行评估，并围绕科技创新、先进制造业、未来产业开展了专题研究。

第一节　以新质生产力为牵引
扎实推进首都经济现代化

一、2023 年首都经济发展情况

面对内外部各种风险挑战，北京市坚持稳中求进工作总基调，完整、准确、全面贯彻新发展理念，深化"五子"联动服务和融入新发展格局，着力提信心、强创新、优功能、促协同、抓治理、惠民生，经济整体回升向好，首都高质量发展扎实推进。

（一）经济发展主要指标回升良好

为全面系统评估经济现代化成效，结合北京实际，围绕规模、结构、

创新、开放四个维度，课题组探索构建了一套首都经济现代化指标评价体系。在规模方面，设置了人均GDP、劳动生产率、全球500强数量、社会消费品零售总额4个指标。在结构方面，结合北京高精尖产业发展结构和产业区域集聚情况，设置了金融、科技、信息、商务四大行业增加值占GDP比重，以及六大高端产业功能区收入2个指标。在创新方面，对照全球创新城市，设置了PCT国际专利申请量、R&D投入占GDP比重、基础研究经费占研发经费比重3个指标。在开放方面，围绕国际交往中心定位以及"引进来"和"走出去"新格局，设置了国际会议数量、国际游客数量、进出口总额、实际利用外资规模4个指标。

从2010~2023年的数据分析来看，表现为四个特征（见表2-1）：

一是经济发展稳中提质。2023年北京人均GDP达2.85万美元，同比增长0.7%，是2010年的2.5倍，保持全国领先水平；全球500强数量连续9年保持在50个以上，2023年为55个；社会消费品零售额有所提高，2023年为1.45万亿元，同比增长4.8%。

二是经济结构持续优化。2023年，北京金融、科技、信息、商务四大行业增加值占GDP比重超过一半，达53.8%，比重较2022年提高1.6个百分点，较2010年提高18.1个百分点。六大高端产业功能区收入稳步增加，2022年为11.87万亿元。

三是科技创新保持优势。2023年，北京PCT国际专利申请量达11438件，较2022年略微下降0.2%，较2010年增长9倍。《国际科技创新中心指数2023》评价中，北京以83.18的综合得分，自2022年来继续保持在全球国际科技创新中心第三位。

四是开放发展稳健恢复。会展、旅游等行业迎来较大反弹，国际会议和国际旅客数量都出现了大幅增加趋势，2023年北京举办国际会议为26场，同比2022年增长37%，入境旅客数量大幅增加至116万人，比2022年增长385%。在国际航班的逐步恢复以及会展业、旅游业的复苏回暖的背景下，国际会展、入境游等情况呈现出良好态势。

表2-1 2010~2023年北京经济现代化主要指标情况

维度	序号	指标	2010	2011	2012	2013	2014	2015	2016	2017	2018	2019	2020	2021	2022	2023
规模	1	人均GDP（万美元）	1.16	1.34	1.47	1.62	1.74	1.83	1.86	2.02	2.28	2.35	2.38	2.85	2.83	2.85
	2	劳动生产率（万元/人）	14.70	15.90	17.30	18.80	20.10	21.50	23.00	25.1	27.8	29.9	30.6	34.7	36.3	36.3
	3	全球500强企业数量（个）	31	41	44	48	52	52	58	56	53	56	57	59	55	53
	4	社会消费品零售总额（万亿元）	0.73	0.83	0.94	1.04	1.14	1.23	1.31	1.39	1.44	1.51	1.37	1.49	1.38	1.45
结构	5	金融、科技、信息、商务四大行业增加值占GDP比重（%）	35.7	37.4	38.2	40.0	41.7	43.3	43.8	44.5	46.0	47.5	49.9	49.1	52.2	53.8
	6	六大高端产业功能区收入（万亿元）	3.15	3.76	4.55	5.16	5.84	6.40	6.98	7.83	8.57	9.40	10.00	11.67	11.87	11.87

续表

维度	序号	指标	2010	2011	2012	2013	2014	2015	2016	2017	2018	2019	2020	2021	2022	2023
创新	7	PCT国际专利申请量（件）	1272	1862	2705	2981	3606	4490	6651	5069	6527	7165	8283	10358	11463	11438
	8	R&D投入占GDP比重（%）	5.69	5.63	5.59	5.61	5.53	5.59	5.49	5.29	5.65	6.30	6.47	6.53	6.50	6.50
	9	基础研究经费占研发经费比重（%）	11.6	11.6	11.8	11.6	12.6	13.8	14.2	14.7	14.8	15.9	16.0	16.1	17.0	17.0
开放	10	国际会议数量（场）	98	111	109	105	104	95	113	81	93	91	15	17	19	26
	11	国际游客数量（万人次）	490	520	501	450	428	420	417	393	400	377	34	24	24	116
	12	进出口总额（亿美元）	3017	3896	4081	4299	4155	3194	2824	3237	4124	4161	3350	4710	5465	5481
	13	实际利用外资规模（亿美元）	53	59	62	68	82	127	126	233	167	136	134	144	174	137

在横向和纵向对比指标的基础上，按照前文所列的现代化指标测算方法，计算得出了北京经济现代化指数和四个分领域的指数①，以便对首都经济现代化水平进行定量评价。根据测算结果，北京经济现代化指数2023年比2022年上升1.6个点，达到83.99。规模现代化指数提高0.8个点，结构现代化指数则达到了2010年以来的最高水平，创新指数较2022年下降0.1个点，开放现代化指数较2022年上升1.4个点，达到44.11（见图2-1和表2-2）。

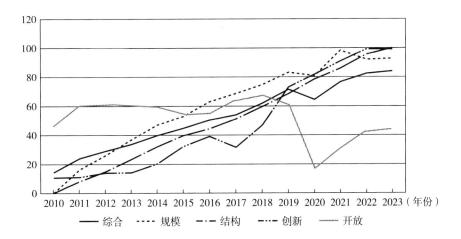

图 2-1　2010~2023 年北京经济现代化指数

（二）以新质生产力为导向的现代化产业体系加快构建

近年来，北京加快推进新型工业化，巩固壮大实体经济根基，形成了以电子信息、汽车制造、生物医药为主体的先进制造业体系，主导产业支撑作用突出。同时，巩固优势产业领先地位，构建起以金融业、信息服务业、科技服务业为代表的优质高效服务业新体系。

---

① 考虑到部分2023年数据未出，以2022年数据暂为代替。

表 2-2 2010～2023 年北京经济现代化指数

年份	2010	2011	2012	2013	2014	2015	2016	2017	2018	2019	2020	2021	2022	2023
经济现代化指数	14.31	23.98	29.01	33.70	39.70	44.69	50.32	53.91	61.93	71.45	64.45	76.47	82.35	83.99
规模现代化指数	0.00	16.23	26.03	36.82	46.93	52.82	62.98	68.64	74.64	83.11	80.79	98.28	91.97	92.72
结构现代化指数	0.00	8.19	14.93	23.40	32.00	39.63	44.34	51.14	59.53	68.43	78.50	85.87	95.58	100.00
创新现代化指数	10.75	11.07	13.99	14.19	20.26	32.17	39.02	31.56	46.62	72.97	81.81	90.83	99.19	99.11
开放现代化指数	46.48	60.41	61.10	60.39	59.62	54.13	54.95	64.32	66.91	61.29	16.70	30.89	42.68	44.11

1. 先进制造业引领产业升级

一是产业集中度较高。2023 年北京工业增加值占 GDP 比重为 11.4%，其中占比前四位的行业分别为电力热力生产和供应业（20.8%）、汽车制造业（14.2%）、医药制造业（11.3%）、计算机通信和其他电子设备制造业（10.9%）。二是高端领域占比下滑有所收敛。2013~2023 年，北京高技术制造业固定资产投资年均增长 6.1%，成为产业转型升级的重要支撑。2023 年，规模以上高技术制造业实现营收 7797.4 亿元，同比增长 1.3%，占规模以上工业营收比重为 28%，同比 2022 年下降 1%，降幅较 2022 年缩窄（2022 年下降 6%）。三是新兴产品产量快速增长。2023 年，北京集成电路产量为 211.4 亿块，同比 2022 年增长 6.9%；北京智能手机产量为 10286.76 万台，继续保持在全国第二位。智能手机、集成电路等产品具备较强竞争力，国内市场占有率处于领先水平，产量占全国的比重均超过 5%（分别为 6% 和 9%）。

2. 服务型经济格局进一步巩固

2023 年北京一二三产比例为 0.2∶14.9∶84.8，服务业占比提升 1 个百分点，北京服务业结构已经与国际大都市经济体接近，以发达经济体大都市的发展规律看，人均 GDP 只有实现翻番，比重才有可能提高 2 个百分点，北京服务业已进入由规模扩大向质量提升转变的关键阶段。金融业，信息传输、软件和信息技术服务业，科学研究和技术服务业是生产性服务业的重要组成部分，也是推动北京经济发展的优势行业。2023 年，三个行业增加值同比分别增长 6.7%、13.5% 和 3.4%，分别占北京 GDP 的 19.8%、19.5% 和 8.3%，前两个行业同比分别提高 0.1 个和 1.6 个百分点。

3. 数字经济释放发展新势能

2023 年，全年实现数字经济增加值 18766.7 亿元，按现价计算，比上年增长 8.5%，占地区生产总值的比重为 42.9%，比上年提高 1.3 个百分点。其中，数字经济核心产业增加值 11061.5 亿元，增长 10.8%，占地区生产总值的比重为 25.3%，提高了 1.3 个百分点。以数字经济为主要驱动力的信息服务业发展迅猛，自 2015 年以来，北京市信息服务业增加值占全国的占比接近 15%，年均增速超过 16%；2023 年增加值规模达 8514.4 亿元，约是上海的 2 倍，表现出"规模领先、增速较高"的总体发展特征。自 2020 年以来，信息服务业显示出较强抗风险能力，2023 年增加值占比为 19.5%，达历史新高。

4. 科技创新优势为产业转型升级打下坚实基础

北京研发经费投入强度多年保持在 6% 左右，研发支出占地区生产总值比重稳居全国第一，其中基础研究经费约占全国 1/4。2023 年 1~11 月，规模以上大中型重点企业研究开发费用合计 3501.1 亿元，同比增长 4.6%。"三城一区"内大中型重点企业研发费用合计 2429.8 亿元，同比增长 4.8%，占全市大中型重点企业研发费用的比重为 69.4%。北京国际科技创新中心建设主平台着力打造国家战略科技力量，高标准建设中关村、昌平、怀柔等国家实验室，怀柔综合国家科学中心展现雏形，持续支持全市 9 家世界一流新型研发机构。2023 年，北京共有高被引论文 1292 篇，占全国 22.9%，位居全国第一。独角兽企业数量从 2015 年的 40 家增至 2023 年的 114 家，市场总估值 5215 亿美元，持续领跑全国。

二、首都经济现代化面临的风险挑战

（一）主导产业"优中有忧"，部分行业延续趋势性下滑态势

1. 生产性服务业"大而不强"

2023 年北京市服务业占 GDP 比重达 85%，其中生产性服务业占 GDP 比重超 50%，均已达到发达国家水平，但证券、保险、技术、专利、标准、咨询、知识产权等知识密集型生产性服务业相较发达国家仍有较大差距。信息服务业领先优势相较上海不断扩大，但面临流量见顶、创新不足、增速放缓压力，互联网流量红利逐渐消失，支柱业务趋于饱和；创新能力距离先进水平仍有差距，缺乏颠覆性创新产品和服务模式；市场信心恢复基础仍不牢固，平台企业投资出现大幅下滑。金融业占比虽与上海相当，但面临收入利润首现"双负增长"，制约金融业高质量发展的结构性问题依然存在，银行业面临息差收窄压力利润承压，手续费及佣金净收入大幅下滑，与上海相比，首都金融业在银行和保险业具备较大优势，但在资本市场、其他金融业与上海存在较大差距。科技服务业面临"多降"隐忧，北京市科技服务业营业收入由 2013 年是上海的 2.9 倍，下降至2021 年的 2.1 倍，2023 年下降到 1.3 倍，先发规模优势正逐步减弱。

2. 先进制造业"精而不壮"

制造业占 GDP 比重较上海、深圳差距显著，底层根基仍然不牢，发展面临需求减弱、订单减少等周期性困境和规模收缩、后劲不足等结构性问题的双重矛盾。汽车制造业"传统主力优势衰退、新兴势力根基不牢"，主力品牌严重下滑、市场竞争优势衰退、高端新品根基不牢、产业在京制造空心化等挑战亟待破解；电子信息制造业"整体低迷、外压内挤"，传统消费电子市场趋于饱和、集成电路、新型显示等细分领域挑战加剧，不确定性日益抬升；生物医药产业"研发端与市场端两头承压"，医政政策、外资退出等多重因素叠加影响药品创新研发投入，行业亟待由模仿式发展向创新式发展转型；高端装备制造业"链条不完备、优势待培育"，总体规模偏小、国际竞争力不足，创新能力仍有较大提升空间。

（二）产业布局"众而不清"，空间聚集效应有待提升

1. 各类产业布局衔接不够

产业布局上协同联动性不足，布局交叉但不"交圈交心"。如高端制造领域，缺少快制打样等中间服务环节，企业往往需要赴江浙地区进行中试打样，时效和灵活性差；生物医药领域，第三方专业化服务平台仍需健全；检验检测领域，自动驾驶、物联网和新能源汽车等新兴领域蕴含巨大的检验检测需求，但现有检验检测机构技术、标准和设备开发不足，专业服务能力欠缺。

2. 平原新城产业承载能力不足

部分新城对于产业空间缺乏统筹管理，新城园区间分散、效率不高。如中关村房山园面积共 15 平方公里，产业园区发展分散，布局在 7 个片区内，产业之间缺乏明显关联，管理主体较多，尚未形成产业功能化网

络。产业用地效率低，自"十四五"以来，中关村新城分园地均产出效率低于中关村平均水平，排名最低的房山园地均产出仅为平均水平的24%，难以形成吸引人口、产业、功能集聚的合力。

3. 京津冀产业空间协同布局尚不充分

津冀先进制造业集群不多、能级不高，对北京市创新成果承接较少。近年来，各省份入选国家先进制造业集群中，江苏以10个位列全国第一，其次是广东（7个）、浙江（4个），京津冀区域仅有2个入选。北京技术合同流向广东高达657.3亿元（占比9.4%）、位列第一，比上海流向广东高36.6%，而北京市流向河北仅240.2亿元（占比3.4%）、天津仅110.2亿元（占比1.6%）。

4. 产业园区利用率仍待提升

新增建设用地供给日趋紧张，创新产业空间约束力大，可利用空间少，部分工业土地处于闲置或低效利用状态等问题长期存在，如中关村自主创新示范区地块小散，192个地块中2平方公里以下的135个，占比超过七成，土地开发分散；房山园存在32.8万平方米的闲置厂房。写字楼空置率持续攀升，根据戴德梁行公布数据，截至2024年二季度，北京市写字楼市场租金水平持续处于下行区间，全市租金环比下降3.9%，同比下降11.7%至每月每平方米279.2元，五大核心商圈租金环比下降3.8%，同比下降10.5%至每月每平方米329.7元。

（三）产业主体"大而不旺"，技术竞争力和行业引领力亟须提升

1. 民营企业主体效能发挥不足

北京市民营企业占据全市企业数量七成左右，但仅贡献税收总额的两成、GDP总额的三成、就业人数的四成，企业数量占比、效能发挥相较全国"5678"[①]体系、深圳"99999"[②]体系均存在不足，特别是头部民营企

---

① 全国范围内，民营经济贡献了50%以上的税收，60%以上的国内生产总值、70%以上的技术创新成果、80%以上的城镇劳动就业。

② 深圳市民营企业占全量企业数量的90%，同时贡献90%的税收、就业、GDP、科技创新成果。

业数量、市值双下降趋势显现。根据胡润世界 500 强企业榜单情况，北京市从 2020 年 14 家、民营企业数量排名全球第五，下降至 2021 年 9 家、2022 年 7 家，企业数量排名全球第十。

2. 中小企业服务仍需持续优化

中型企业政策服务仍有"空窗期"。当前市区两级政策更关注初创期企业和大规模企业，对于过腰部企业则缺乏相应的政策支持，部分企业反映申报中小企业项目已超体量限制，但申请重大项目又"够不着"。部分领域支持仍有"政策盲区"。企业调研反映，北京市在新兴领域应用场景开发仍有不足，参与智慧园区及大数据平台建设上有诸多障碍，总部在京但分公司在外的企业在申报市属科研项目、部分涉外业务上存在显著困难。

3. "雨林型"生态体系尚未完全构建

北京大型、微型企业占比约 15%，中型企业约 20%，小型企业约 50%，基本形成橄榄型发展格局，但仍未形成"雨林"型发展格局。大型企业国际竞争力不强，截至 2023 年 9 月，北京市跨国公司总部 230 家、外资研发中心 73 家，分别仅为上海的 1/4 和 1/7。高成长性企业发展潜力减弱，与 2019 年相比，北京市独角兽企业减少 3 家，而上海新增 19 家，深圳新增 15 家；瞪羚企业北京市新增 23 家，而上海新增 37 家，深圳新增 31 家。

（四）产业要素"全而不畅"，畅通高效流动生态亟须建设

1. 高水平、多层次创新人才队伍格局尚未形成

战略科技人才不足，近年来，北京市诺贝尔奖、图灵奖、菲尔兹奖"三大奖"获得者仅 6 人，不及旧金山的 1/8。高校以创新为导向的教育改革仍需深化，学科设置缺乏前沿学科、交叉学科等，拔尖创新人才早期发现、识别、培养的机制尚未完全建立。稳才留才政策力度有待加强，高水平研究型大学毕业生留京率下降，如 2013～2022 年北大本科生留京率从 71.8% 跌至 42.6%。人才合理流动不畅，企业人才到高校院所难以解决身份，科研人员离岗创业又面临"回不去""没位置"的困境。

2. 数据要素市场发展制约因素突出

北京市数据生产总量占全国 1/5 以上，但数据要素市场参与主体的责任、权利和义务不明确，数据权属及其分配规则不清。实用性较强的公共数据开放程度不足，部分开放平台存在"有目录无数据""有数据无价值"的情况，开放工作流于形式；社会数据方面，不同的数据供应商和不同的行业上中下游之间有很多数据壁垒，数据质量不高、数据流通共享不足。

3. 金融服务对科技、产业创新支撑不足

中小企业融资难融资贵问题仍然突出，金融机构与科技企业信息不对称导致银行"不能贷"，信贷风险分担和补偿机制不完善导致银行"不愿贷""不敢贷"。支持基础前沿领域技术研发的耐心资本亟待壮大，部分新兴产业、未来产业"缺长钱""无米下锅"问题突出，近年来，北京市科技金融 VC/PE 投资额及占全国比重有下降趋势，VC/PE 投资额占全国比重从 2019 年的 25.7% 下降到 2023 年的 14.9%，下降了 10.8 个百分点。

三、首都经济现代化实现路径

立足首都功能定位，顺应"智能化、绿色化、融合化"产业变革方向，坚持"完整性、先进性、安全性"要求，发挥人工智能领先优势，以抓支柱产业重塑产业导向、抓科技创新重塑产业动力、抓产业空间重塑产业布局、抓结构优化重塑产业结构、抓企业培育重塑市场主体、抓要素流动重塑产业生态，加快构建具有首都特点的现代化产业体系，培育壮大新质生产力。

（一）加速科技创新驱动，瞄准未来科技和新兴产业发展加快形成新质生产力

1. 全面提升科技创新能力助推产业发展

聚焦"数理化生"四大领域和新一代信息技术等七大应用领域，深入实施基础研究领先行动。健全基础研究多元化投入机制，构建同基础研究长周期相匹配的稳定投入机制，开展稳定支持自由探索试点。允许科技人

员在科技成果转化收益分配上有更大自主权，深化职务科技成果转化管理等改革试点。加快布局建设一批概念验证中心和中试验证平台，完善首台（套）、首批次、首版次应用政策。

2. 加快形成未来产业矩阵

大力发展通用人工智能、智慧出行、氢能和新型储能、石墨烯、光电子、新一代生物医用材料等成熟度高已快速成势的领域，强化精准支持、产品迭代和场景开放，加快产业化发展步伐。加大类人机器人、元宇宙、细胞治疗与再生医学等正在积极转化培育的领域科研投入力度，畅通产业转化关键环节。加大量子信息、6G 等需攻坚突破的领域前沿探索，实现前沿技术全球占先，为未来产业发展提供创新源泉。

3. 巩固壮大战略性新兴产业

加快培育壮大医药健康、智能制造与装备、智能网联汽车、绿色能源与节能环保等万亿级产业集群及商业航天、通用人工智能、氢能、自动驾驶等千亿级集群。"一链一策"推动优势产业链强链补链延链，推动产业集群规模能级跃升。创建 10 家以上国家级智能制造标杆企业和示范工厂，突破智能网联汽车固态电池等关键瓶颈，打造绿色低碳核心技术创新策源地和示范应用先行地，建设人工智能产业全球生态高地，推动氢能低碳化规模化生产与应用，高质量建设高级别自动驾驶示范区。

（二）适度提升制造业比重，加快构筑先进制造业核心竞争力

1. 实施汽车制造业"重振"计划

抓好"传统燃油车+电动车+燃料电池车"三辆车，传统燃油车"保基本"、新能源智能网联汽车"争引领"、氢燃料电池汽车"创优势"，加快推进赛道切换，力争重塑产业话语权。发力电池、电机、电控"三电"技术攻关，突破智能座舱、智能驾驶、智能网联"三智"自主可控，锻造核心技术竞争力。打响新能源汽车自主高端品牌培育计划，聚焦整车、核心零部件、智能网联等重点领域打造一批国内领先、国际先进的顶尖企业，前瞻谋划打造集"赛、会、展、演"一体的综合性智能网联汽车赛事。

2. 实施电子信息制造业"抢滩"计划

以通信设备、集成电路、新型显示、计算机等为核心，聚力技术攻关和国产替代，通过"增品扩量、争抢订单、固链强链、提升服务"，紧抓机遇乘势而上。推动手机、平板电脑、显示器等存量产品深耕海内外市场，保障东南亚市场、巩固欧洲市场、拓展美洲市场、深耕"一带一路"市场，引导企业加速全球化布局。持续突破晶圆和装备生产制造等关键核心技术，引育并举支持壮大"链主"企业，带动上下游配套企业融通发展。拓展智能系统服务商与制造类企业融合发展模式，带动产业提质升级。

3. 实施生物医药产业"突破"计划

做强研发和应用两大环节，强化基于新靶点、新机制的基础研究，加速创新药械入院应用。突破"专、新、特、缺"四大品类，"专"即罕见病、自免慢病、儿童用药等特殊专病市场，大型医疗设备等专有场景，以及院内制剂等专有资源；"新"即创新性强、竞争不充分的创新药、创新医疗器械，市场潜力较大的医疗美容、健康管理、辅助生殖等消费医疗新业态等；"特"即体现本土特色的中医药产业；"缺"即补齐关乎国家安全的关键核心技术、应急储备等。梯次布局 AI 制药、细胞和基因治疗、脑机接口、合成生物等前沿赛道。

4. 实施高端装备制造业"数智"计划

通过数智化技术赋能产业变革，瞄准高端数控机床、智能机器人装备、增材制造装备、智能传感与控制装备、智能检测与装配装备五大领域，持续深化核心技术攻关，抢先布局工业视觉、激光雷达融合传感器等新赛道，提升装备研发设计、工程应用和产业化能力。加快装备制造与人工智能、物联网、云计算融合发展，支持基于"5G+工业互联网"的增材制造、高端数控机床、智能应急救援等装备研发应用。

（三）筑牢生产服务业顶梁柱，专业化、融合化、国际化、品牌化、集成化并举提质增量

1. 大力发展信息服务业

一是加快培育发展数据要素市场。以更大力度推动数据基础制度先行

先试，在数据资产入表基础上进一步探索数据资产入贷入股入税入统等改革创新。提升北京国际大数据交易所能级，争取政策赋权创新多元数据流通交易模式。优化数商产业生态，引育一批数据资源类数商，做强一批技术驱动类数商，提升一批专业服务类数商。二是培育壮大人工智能产业，形成信息服务业增长新动能。支持各类创新主体联合攻关研发高效可信模型关键算法，打造国际一流的通用基础大模型。推动"国产芯片+国产大模型"协同发展，构建自主可控的人工智能全栈技术体系。聚焦机器人、教育、医疗、文化、交通等领域谋划一批重大应用场景。三是培育更多信息服务创新主体。鼓励头部企业开放资源、共享能力、优化生态，带动中小微企业协同创新、共同发展。

2. 提升金融业发展能级

着力做好科技金融、绿色金融、普惠金融、养老金融、数字金融五篇大文章。紧抓国家层面"扩大金融资产投资公司直接股权投资试点范围"机遇，积极争取在京落地试点，引导商业银行积极参与科技创新和创业投资等股权市场，发行适配创投基金特点的长期资管产品，为科技型企业提供股债综合金融服务。加快推进第三方金融专业服务做精做优，联合银行、证券、保险、信托、租赁、投资、基金等开展一揽子综合金融服务，构建高质量、专业化金融服务体系。

3. 力争科技服务业扭头向上

完善科技创新产业链条，重点面向量子计算、合成生物等领域开展研发、项目挖掘、技术概念验证、应用场景探索等早期孵化服务。推动科研院所实行企业化转制，体制内服务机构独立法人化运营，积极探索中介服务机构的市场化运作机制，重点支持工程技术、创业孵化、科技推广与技术转移等领域第三方服务机构独立法人化运营及转企改制。围绕国内国际各领域科技服务业权威榜单，聚焦北京重点产业集群布局，精准高效招引一批国际科技服务企业，集聚跨越赶超新动能。

4. 推进商务服务业稳健发展

努力营造"类海外"环境，引进国际性稀缺资源，加快与国际规则接轨，提高国际化发展水平，鼓励更多外资研发中心在京落地，对标世界城市名册、品金咨询等权威榜单，加大对海外知名广告、咨询、法律、人力资源、检验认证等商务服务机构的引进力度。积极打造专业服务人才发展高地，超常规设立引招留政策，完善人才认定机制，对具有国际认可资质的高端紧缺人才纳入现有人才支持政策体系。加快培养和引进科技项目经理人、创业孵化和知识产权等科技服务专门人才。

（四）提升产业布局清晰度，推动形成有序联动发展格局

1. 加快推动京津冀产业空间协同创新

支持在京各类知识产权服务机构、联盟等在津冀设立分支机构、组建专业团队，开展知识产权服务。鼓励知名院校和科研院所对接津冀产业实际需求，针对重点领域的科技集群，在津冀地区共建前沿实验室、技术实验室、科技合作示范基地和"科技中试中心"等区域高端创新平台，推动区域内科技成果就近转化。探索建立企业跨区转移、研发成果跨区转化、合作招商、一企多址等情况的地区生产总值及税收分配办法，将协同各方的相关指标按比例纳入统计，促进京津冀地区资源要素合理流动。

2. 推动提升平原新城综合承载能力

强化政策创新与集成，聚焦园区、科技、人才、土地等重点领域，支持在平原新城和重点园区加快引入、培育科技咨询、技术转移和交易、知识产权运营等专业服务机构，努力将平原新城打造成首都圈的政策高地、产业高地和高质量发展新增长极。

3. 改革创新"六高四新"产业功能区现代化管理体制机制

强化功能区现代化管理能力，搭建具有较强招商引资、产业黏合、投融资能力的专业化运营平台公司，整合优化区级管委会和平台公司规划建设、投资融资、产业促进、监测评估等职能，形成促进高端产业功能区发展合力。提升功能区基础设施服务水平，建设细分领域专业化孵化器、共性技术平台，实施一批重大园区基础设施提升项目，开放5G、算力中心等数字化应用场景。

4. 实施产业园区集群化发展强化行动

引导各区围绕重点产业定位，市、区联动提升特色产业园区投资规

模、建设水平和产业能级，聚焦集成电路、创新药和高端医疗装备、新能源和智能网联汽车、商业航天等标志性产业实施一批补链固链强链重点项目，创建国家先进制造业产业园区集群。以高品质特色园区为试点，细化产业用地分类管理，鼓励提高单一用途产业用地的混合用地比例，满足企业差异化弹性需求。

5. 因地制宜推动低效楼宇改造利用

推动"三城一区"低效楼宇转型科创空间，以新型研发机构实际需求为导向，"以需定改"倒排改造规划，打造一批高品质科创空间；顺应"工业上楼"趋势，鼓励楼宇多业态融合，在平原新城综合性写字楼发展"加工展示、体验消费"于一体的轻加工制造。

（五）加快培育多元多样市场主体，增强行业竞争力和科技竞争力

1. 聚力培育一批世界一流企业

各园区建立企业梯度培育体系，针对科技领军企业和"链主"企业，精准定制政策"服务包"，打造一批具备国际竞争力的科技集团；针对专精特新企业，支持围绕"打造新动能、攻坚新技术、开发新产品"因企施策，提升产业链协作配套能力；针对独角兽企业，支持潜在、种子及成熟期独角兽开展基础研究；针对隐形冠军企业，精准识别产业链薄弱环节，靶向培育高端芯片、工业机器人精密减速器等关键核心领域的隐形冠军企业。

2. 激发中小企业发展活力

坚持引培并重，鼓励金融机构设立重点行业重点中小型企业对接小组，健全在库企业全生命周期服务，建立企业问题协调解决台账，精准支持高成长性企业加速发展，推动更多种子企业成长为独角兽、专精特新、隐形冠军企业。

（六）加快建设全球数字经济标杆城市，全面纵深推进"实数融合"

1. 厚积数字化发展新势能

推动6G网络技术、量子技术、算法、区块链技术、生物与信息技术等加快占先突破，鼓励发展新型研发机构、企业创新联合体等新型创新

主体，形成以公共平台、底层技术、龙头企业等为核心的多样化数字技术创新生态。完善高品质数字通信基础设施建设，争取建设国家新型互联网交换中心，超前布局6G未来网络。提升算力资源统筹供给能力，统筹各类政务云、公有云、私有云等算力中心资源，推进人工智能、区块链、大数据、隐私计算、城市空间操作系统等新技术基础设施建设。

2. 持续释放数字经济新动能

以创建数据基础制度先行区为突破口，构建适应数据特征、符合数字经济发展规律、保障国家数据安全、彰显创新引领的数据基础制度体系。支持自动驾驶、互联网医院等新业态发展，重点培育高端芯片、新型显示、基础软件、工业软件、人工智能、区块链、大数据、云计算等数字经济核心产业。支持农业、制造业、建筑、能源、金融、医疗、教育、流通等产业互联网发展，推进产业数字化转型升级。

3. 打造具有国际竞争力的数字产业集群

推动国家工业互联网大数据中心行业分中心落地布局，发展一批数字化赋能优质平台。推动实施一批大数据应用科研项目，建设基于海量数据信息的知识库、新一代智能化的知识检索和知识图谱服务平台。探索基于大数据和人工智能应用的跨学科知识创新和知识生产新模式。

（七）强化要素保障，加快构建良好的产业生态体系

加快构建适应新型生产关系的新型要素体系，引导生产要素向发展新质生产力高效集聚。扩大要素市场化配置范围、促进要素自主有序流动，切实提升要素资源配置能力。激活新型劳动者主体力量，打造创新型人才、浇灌"人才苗圃"，强化全球招才引智、缩小"人才逆差"，引导人才要素合理畅通有序流动、破题"人尽其才"，高质量建设全球一流人才高地。促进资本流通优化资源配置，加紧培育"长期资本""耐心资本""战略资本"，为技术创新、传统产业升级、新产业培育提供全生命周期资金支持。以创建数据基础制度先行区为突破，着力解决数据确权、数据定价、数据要素流通交易等核心痛点，促进数据合规高效流通使用、赋能实

体经济，释放市场价值。深挖核心区、平原新城等存量空间潜力，提高土地要素配置精准性和利用效率。

第二节　北京国际科技创新中心建设对新质生产力形成战略支撑

科技创新能够催生新产业、新模式、新动能，是发展新质生产力的核心要素。2014 年，党中央明确北京作为"全国科技创新中心"战略定位，2020 年进一步升级为"国际科技创新中心"，经过近十年发展，北京成为科技基础最为雄厚、创新资源最为集聚、创新主体最为活跃的区域之一，综合发展水平位居全国前列，在基础研究、原始创新等领域处于全球第一方阵，但也要看到，当前世界已进入大科学时代，全球新一轮科技革命、产业变革与我国加快形成新质生产力发生历史性交汇，推动新质生产力发展的北京国际科技创新中心建设面临新的问题与挑战，肩负新使命，需要展现新作为。

一、北京推动新质生产力发展的科技创新优势

北京作为首都，具有教育、科技和人才优势，技术创新活跃、产业动能强劲、制度创新和创新生态优势明显，具备率先推动发展新质生产力的优良基础，有条件有责任在实现高水平科技自立自强和发展新质生产力中发挥示范带动作用。

1. 国家战略科技力量最为雄厚

北京已布局 4 家国家实验室（占全国 25%）、77 家国家重点实验室（占全国 28%），20 个重大科技基础设施，全国布局数量最多，超过 30%。陆续产出科研成果，如怀柔实验室成功研制世界首台混合换相换流器，拥有完全自主知识产权并达到国际领先水平。重点布局北京生命科学研究

所、北京量子信息科学研究院等9家新型研发机构，陆续推出了适应科研规律的改革举措，各新型研发机构持续加快重大基础前沿科学研究和关键核心技术攻关，如量子院研发出国际首台量子直接通信原理样机。北京高校资源丰富，拥有92所高校，34所高校、162个学科入选国家"双一流"，2023年有13所高校入围世界一流大学500强榜单（占全国15%）。此外，北京拥有1000多所科研院所、国家级高新技术企业达2.8万家、独角兽企业数量114家，均居全国首位；拥有7家国家技术创新中心、3家国家制造业创新中心、78家国家工程研究中心，为前沿科技发展奠定坚实基础。

2. 科学人才基础雄厚

北京国际顶尖创新人才集聚，汇集全国近一半的两院院士，入选国家级"万人计划"的人才占全国1/3；入选斯坦福全球前2%顶尖科学家1265人；2023年入选科睿唯安发布的"高被引科学家"411人次（占全球5.7%），首次超越波士顿，位居全球首位。依托国家实验室，形成了30多名院士领衔、3000多人的科技攻关团队。依托新型研发机构，集聚了2200多名国内外高水平人才，包括全职科研人员1400余人，外籍人才71人，引进了丘成桐、王晓东、张宏江、朱松纯等一批大师级顶尖战略科学家。

3. 全社会研发投入全国领先

2022年，北京全社会R&D经费投入强度达6.83%，连续四年保持在6%以上，稳居全国首位、位居全球主要城市前列；基础研究经费投入强度①达16.6%，是全国平均水平的2.5倍②。

4. 科技综合实力不断提升

北京技术创新成效显著，2023年，北京高价值发明专利29.9万件，每万人口高价值发明专利拥有量136.95件，稳居全国第一；年技术合同成交额达到8536.9亿元，稳居全国首位。北京原创性引领性成果不断涌

---

① 指标是指基础研究经费占全社会R&D经费的比重。
② 资料来源：《北京统计年鉴》。

现，关键核心技术和前沿技术先发优势明显，涌现出新一代量子计算云平台、新一代 256 核区块链专用加速芯片、全球首枚入轨飞行的液氧甲烷运载火箭等一批重大创新成果。科研全球排名位居前列，《自然指数—科研城市》榜单中北京位列世界第一，连续 8 年蝉联全球榜首。《2023 全球创新指数报告》公布的全球最佳科技集群排名中，北京位列第四。《2023 国际科创中心指数》北京位列全球科技创新中心第三位，位居亚洲之首。

二、北京支撑新质生产力发展的国际科技创新中心建设面临的挑战

科技创新是发展新质生产力的核心要素，北京推动新质生产力发展的国际科技创新中心建设仍面临多方挑战，特别是大科学时代下，"大设施""大团队"资源配置还不优，"大成果"产出还不足，"大市场""大产业"培育还不够等问题凸显。

（一）创新资源集聚仍然不足

1. 顶尖科学家增量少

北京缺乏高层次创新人才，迄今为止，诺贝尔奖、菲尔兹奖等顶尖科技奖项获奖人数仅 6 人[①]，远低于旧金山（53 人）、纽约（51 人）、波士顿（41 人）等。中科院院士王中林教授是北京也是我国唯一一位入选"终身科学影响力前 100 榜单"[②] 的科学家，而美国有 65 名、英国有 9 名科学家入选。

2. 重大科技基础设施布局还需加强

早年间国家重大科技基础设施主要布局在北京，北京 19 个大科学装置有 11 个是在"十一五"及更早期布局。自 2016 年以来，随着国家多点布局创新网络，加上各地加大对重大创新资源争夺力度，北京重大科技基础设施优势有被拉平的趋势，我国新增的重大科技基础设施分布在上海、

---

① 顶级科技奖项分别是诺贝尔奖（不包括诺贝尔文学奖、和平奖）、菲尔兹奖、图灵奖，数据统计截至 2023 年 6 月 13 日。

② 资料来源：2023 年 10 月 4 日，美国斯坦福大学发布的全球前 2% 顶尖科学家榜单。

合肥、深圳等多个城市，例如，北京国家实验室布局与上海相当，还没有生命科学领域全球生物安全顶级实验室等。

3. 现有设施和人才资源作用发挥不充分

北京60%以上的科研力量集中在高校、科研机构等体制内单位，尽管为激发人才活力进行了诸多改革探索，但仍存在分配不活、激励不足、流动不畅等问题，科研人员停薪留职、离岗创业等渠道尚未完全打通，人才体制内外流动仍存在制度性障碍。此外，现有科学基础设施创新能力发挥和共享程度较低。

（二）基础研究突破能力有待加强

1. 创新"大成果"产出不足

总体来看，北京与全球主要科学中心城市"量的差距"逐渐缩小，但"质的差距"仍然较大。北京2022年ESI高质量论文国外引用率仅59.1%，远低于英法德头部城市95%、美国头部城市接近80%的国外引用率。从重大科研成果看，"从0到1"的原始创新能力"瓶颈"亟待突破，高端科研仪器设备、专用学术数据库主要掌握在发达国家手中，底层基础技术方案受制于人。

2. 基础研究稳定性经费缺乏和企业投入不足并存

世界科技强国在基础研究领域稳定性与竞争性经费配置的比例一般为7∶3甚至8∶2。而北京基础研究项目经费主要以竞争性为主，难以形成稳定的科研队伍并开展持续系统深入的科学研究。企业对基础研究重视不够、投入偏低。北京入选《2023欧盟研发投入记分牌》[①] 100强企业的平均研发投入强度仅4.8%，低于全球16%左右的平均水平。

3. 基础研究评价"唯论文""唯专利""唯奖项"等顽疾难医

北京高校院所人才评价"论文独大"等现象依然存在，人才考核晋升注重"论文""奖项""专利"等指标，创新创业、技术成果等指标的重视度还需加强。

---

① 2023年12月，欧盟委员会发布《2023年欧盟工业研发投资记分牌》，面向全球2022会计年度研发投资额最多的2500家企业开展。

（三）关键技术创新有待突破

1. 关键核心技术"卡脖子"难题亟待突破

重点领域关键核心技术受制于人的局面还没有根本改变，如集成电路涉及的光刻机、光刻胶等关键材料设备领域仍面临"卡脖子"问题；京东方关键核心技术自给率仅3%，剩余97%需要进口；量子院60%以上设备依赖国外进口。

2. 以科学技术新原理、新组合、新应用为基础产生的突破性创新和颠覆性技术不够

相比波士顿等全球主要科学中心城市，北京在底层基础技术方案、关键核心技术领域差距较大，如人工智能领域Transformer模型架构由谷歌提出，主流大模型技术发展仍由OpenAI、谷歌和Meta强势引领，北京缺乏类似Chat GPT的全球现象级原创成果，百度、旷世等北京头部企业开源框架市场认可度不高。

3. 专利实效性有待提升

北京高质量专利和产学研合作专利占比双低，《2023国际大都市科技创新能力评价》[①]显示，尽管2022年北京公开PCT专利10376项，位列全球第三[②]，但北京PCT高质量专利占比仅9.36%（位列全球第35）、产学研专利占比仅2.4%（位列全球第32）。

（四）科技产业融合亟待提高

1. 头部企业创新引领后劲不足

从数量来看，头部企业数量及排名逐年下滑，北京"胡润世界500强企业"上榜企业数量，从2020年的14家下降至2022年的7家，排名从全球第五位下滑至第十位，快手、滴滴出行、贝壳等头部平台企业被剔除榜单。

2. 科研成果到产业化的通道还需加速畅通

受创新成果质量、服务多点缺位、应用场景不足等多重因素影响，贯

---

① 由上海科学技术情报研究所于2023年10月发布。
② 仅次于东京（27864项）、深圳（19683项）。

穿基础研究、技术创新、成果转化和产业化的"从1到100"链条还不畅通。例如，发达的制造业是吸纳技术并驱动技术迭代升级的重要应用载体和驱动力，北京尚无独立的国家级先进制造业集群，缺少像长三角的苏州和昆山、珠三角东莞和佛山等制造业集聚区支撑，科技成果难以低成本、高效率在区域内落地转化。

（五）国际一流创新生态还需加快形成

1. 开展实质性的国际合作明显不足

在美国对中国科技极限打压背景下，国际科技合作受阻，主动发起或参与国际大科学计划、国际联合研究项目较少，新型研发机构国际科研合作数量和深度均不足，依托大科学装置集聚国际顶尖创新资源成效不够显著。海外研发布局有待拓展，企业"走出去"能力不强、在海外布局的研发机构和科技服务机构仍存在规模小、总量少等问题。国际创新资源"引进来"的成效不显著，截至2024年6月，北京认定外资研发中心149家，远远落后于上海，认定570家。

2. 国际一流的科技创新生态环境还未形成

北京创新生态相关指标在全球总体位次不高，2023年北京"创业生态"指标排名第九位①，"创新环境全球支撑力"指标排名第25位②。从科技金融来看，政府引导基金带动作用有限，科技企业信贷融资难，金融机构不愿贷、不敢贷。缺乏科学合理容错机制，仍存在"急功近利"追求短期回报、行政过多干预、评价评估不能包容创新风险等问题。

三、下一步全力推进北京国际科技创新中心建设，加快形成新质生产力发展的建议

把握新时代新变化新特征，充分发挥首都教育、科技、人才优势，聚焦国际科技创新中心功能建设，扬长补短，坚持"聚资源、强创新、促改

---

① 资料来源：《2023全球创业生态系统报告》。
② 资料来源：《全球科技创新中心100强（2023）》。

革"，拓展提升资源集聚、原创策源、技术创新、产业驱动、辐射引领五大功能，推动新质生产力加快形成。

（一）强化资源集聚功能，超常规引导大专家、大团队核心创新资源在京集聚

1. 大力集聚高层次"大专家"

建议围绕人工智能、生物技术等首都发展重大需求领域，加速引进一批世界级科学家，并"一事一议"量身定制事业发展平台，积极向国家争取支持北京对符合条件的人才予以个人所得税优惠。整合海外联络资源，充分调动海外学联机构、海外华人协会等机构的积极性，建立长效合作机制与激励机制，引进一批海外高层次创新人才。

2. 加强支撑"大团队"的多层次创新人才培养

加强基础研究人才培养，加大力度实施国家基础学科拔尖人才培养战略行动，支持高校依托科技计划项目、科技创新基地培养创新人才，促进基础学科教学和科学研究有机结合。加强工程技术人才培养，支持高校、科研机构和企业共建产学联动平台，争取国家支持深化工程硕博士培养改革专项试点，统筹推动集成电路、人工智能等产教融合基地建设，大力培养集成电路等重点产业急需紧缺人才和复合型人才。

3. 以"大改革"激发人才创新创业活力

推动科技人才评价制度改革，按照"谁用谁评价、干什么评什么"的原则，引导树立正确的人才评价导向。对人工智能、集成电路、生物技术等领域领军企业下放职称评审自主权，支持高校院所科研人员到科技型企业兼职。鼓励在京高校、科研院所等事业单位专业技术人员携带科技成果，以兼职、挂职、参与项目合作、离岗创业等形式开展创新创业活动。

（二）提升原创策源功能，实施"大项目"加强"大投入"打造自主创新的重要源头和原始创新的主要策源地

1. 加强基础研究重点领域"大项目"布局突破

实施基础研究领先行动，支持北京聚焦前沿数学理论及应用等四大前

沿基础研究领域，新一代信息技术等 7 大应用基础研究领域以及相关交叉学科研究领域，开展重大科学问题研究，从源头和底层解决好一批重大科学技术问题，并将符合条件的列入科技创新 2030 重大项目、国家重点研发计划专项等。

2. 加强基础研究多元化投入

持续加大基础科学发展财政支持力度，鼓励企业出资给非营利性科研机构、高等学校、政府性自然科学基金用于基础研究，鼓励社会力量通过与市自然科学基金设立联合基金、捐赠等方式加大基础研究投入。

3. 优化完善基础研究管理机制

建立基础研究项目分类遴选机制，针对不同项目制定项目遴选标准，通过"预算+负面清单""国际同行评议""行业专家"等方式有针对性进行评选。优化项目管理机制，不断完善科学技术创新经费管理方法、奖励补助政策，赋予科技创新企业、团队和人员更加灵活的经费支配权，大幅度提高基础研究项目间接经费的比重至 80%以上。

（三）强化技术创新功能，实施"大协作"组建"大平台"持续深化前沿性、引领性科技攻关

1. 围绕关键核心技术开展"大协作"攻坚

积极向国家争取支持北京建立关键核心技术攻关特殊调配机制，跨部门、跨行业、跨体制调集领军人才并组建攻坚团队，围绕集成电路、高端科学仪器及关键零部件、智能制造、人工智能、新能源智能汽车、高端机器人等九大"卡脖子"技术，加快实施专项攻坚行动，支持联合高校、科研院所以及产业链上下游企业组建创新联合体承担国家重大专项，力争产出一批重大成果，加快实现产业链自主可控。

2. 充分发挥企业创新主体作用

通过科技领军企业技术中心培优、产业筑基、机制创新搭台、中试验证加速、应用场景建设等工程，构建产业科技自主创新体系。鼓励领军企业通过研发战略合作、产业链供需对接、技术交叉许可、投资并购重组等方式推进大中小企业融通创新。落实高新技术企业"筑基扩容""小升

规""规升强"三大工程，加快推动"独角兽"企业、专精特新企业、隐形冠军企业等发展。

3. 加快建设中关村世界领先科技园区"大平台"

高举中关村先行先试改革大旗，贯彻落实中关村新一轮先行先试改革措施，围绕财政金融、成果转化、人才激励、企业创新等方面，谋划推出新一批改革措施。向国家争取支持北京依托中关村科学城试点建设国家"硅巷"，整合创业项目、创业投资、应用场景等资源，发育贯穿城市重点区域的创新创业带。

（四）深化产业驱动功能，产出"大成果"培育"新产业"加快发展新质生产力

1. 加速高质量"大成果"在京转化落地

面向产业发展需求，加快集成电路、生物技术、人形机器人等细分领域新兴产业技术突破和产业化，导入投早投小的耐心资本，将在京落地的产业化项目优先纳入政府投资引导基金投资范围。鼓励以知识产权或技术入股等形式创办科技型企业，给予从孵化培育、成长扶持到成熟壮大梯度培育的接续支持，并逐步向市级和国家级"专精特新""小巨人"企业升级。

2. 加快形成一批未来产业矩阵

针对通用人工智能等7个成熟度高已快速成势的领域，在发展导向、推进路线、支持措施等多个维度强化精准支持、产品迭代和场景开放，加快产业化发展步伐。针对类人机器人、元宇宙等9个成熟度中等正在积极转化培育的领域，加大科学研究投入力度，导入投早投小的耐心资本，加强小试、中试等产业形态的支持，探索商业化、产业化运行模式。针对量子信息、6G等4个成熟度低需要攻坚突破的领域，重点加快技术演进，实现前沿技术全球占先，为未来产业发展提供创新源泉。

3. 巩固壮大一批战略性新兴产业

重点推动人工智能全球占先发展，争取国家支持，积极建设通用人工智能国家训练场，培育至少1个对标或超越GPT-4等国际领先的通用

基础大模型。推动集成电路全产业链集体突围，加快推进集成电路重大项目，在光电集成、芯粒技术等领域实现突破，加快形成具有综合竞争力的集成电路产业集群。推动量子产业创新发展，统筹布局量子领域重点突破方向，加大对初创企业风险投资支持，加快推进商业化和应用落地。

（五）加强辐射引领功能，深化"大改革""大合作"打造一流的创新生态

1. 深化项目立项、管理、评价、经费改革

建立企业与政府多部门"共同凝练科技需求、共同设计研发任务、共同组织项目实施"机制，强化重大科技任务和资源配置统筹。建立以创新质量、贡献、绩效为导向的分类评价体系，完善自由探索型和任务导向型项目的分类评价制度。构建"稳定+竞争"的分配机制，对不同类型的科技计划进行科学分类，分别设置合理的竞争性支持与稳定性支持的比例结构。

2. 深化科技成果转化改革试点

推进职务科技成果转化管理等改革试点，支持北京试点给予成果转化奖励人员持股和股权转让税收优惠政策，探索建立由政府资助形成的科研成果确权评估、商业转化、收益分享机制。建立与以国家实验室为核心的战略科技力量对接转化机制，建设成果转化综合服务体系，打通科技成果转化和产业化的全要素"快车道"。

3. 深化科技创新"大开放"

持续吸引国际科技组织、行业联盟、外资研发机构、跨国公司等在京集聚发展，支持海外顶尖大学和研究机构在怀柔科学城设立重大技术前瞻性创新基地。建立科技论文和科技信息国际高端交流平台，支持在京高校院所、新型研发机构参与创办国际一流学术期刊，并加大奖励力度。支持符合条件的创新型企业参与"一带一路"建设，推动更多的创新技术在海外应用。高水平办好中关村论坛和国际基础科学大会。

第三节 以先进制造业为骨干 支撑构建具有首都特点的现代化产业体系

制造业是实体经济的基础，先进制造业是现代化产业体系的骨干。北京市第十三次党代会提出，瞄准高端、智能、绿色方向，积极发展先进制造业，擦亮"北京智造"品牌。研究认为，北京市制造业正面临"规模收缩、动力减弱，短期阵痛、长期承压"的现实挑战，需发力四大主导产业，汽车抓"重振"、电子信息抓"抢滩"、生物医药抓"突破"、高端装备抓"数智"，全力推动先进制造业迈向价值链高端，为构建具有首都特点的现代化产业体系提供坚实支撑。

一、瞄准高端、智能、绿色方向，提速先进制造业"强筋壮骨"，夯实现代化产业体系发展根基

先进制造业作为具有技术先进性的高端制造业形态，是现代化产业体系的骨干，也是适应首都减量集约高效发展要求，贯彻创新驱动发展战略的必然选择。党的二十大报告指出，推动制造业高端化、智能化、绿色化发展。北京市第十三次党代会提出，瞄准高端、智能、绿色方向，积极发展先进制造业，擦亮"北京智造"品牌。北京市要发挥科技创新增量器作用，着力突破四大主导产业，厚植新质生产力、激活制造新动能，加快构建以先进制造业为骨干的现代化产业体系。

（一）北京市先进制造业"量质提升"，已成为高质量发展的重要支撑

北京积极探索减量发展下的高质量发展路径，高技术制造业增加值占规上工业增加值比重约三成，走出了创新驱动、数字赋能、绿色低碳的新型工业化路径。规模"十年翻番"，2012～2022年，高技术制造业营业收入由3446.8亿元增至7726.4亿元，年均增速达8.4%、显著高于4.7%的

工业平均增速。结构持续优化，以汽车制造、电子信息、生物医药为主体的先进制造业占制造业比重达六成，制造业领域形成医药健康、智能装备、人工智能、节能环保、集成电路等千亿级产业集群，成为全市创新发展的重要支柱（见表2-3）。

表2-3 北京市主要年份前三大制造业营收规模和占制造业比重

单位：亿元，%

序号	行业	2012年		2019年		2022年		2023年	
		规模	占比	规模	占比	规模	占比	规模	占比
1	汽车制造业	2619.6	26.1	4488.1	26.9	3748.7	20.9	4100.4	22.4
2	电子信息制造业	2498.9	24.9	3625.0	21.7	5135.9	28.6	5138.0	28.1
3	医药制造业	545.8	5.4	1298.4	7.8	1712.6	9.5	1559.0	8.5

（二）"双重挤压"与"双重矛盾"交织，北京市制造业转型发展亟待突破

当前，全球制造业生产方式、发展模式深刻变革，从国际来看，面临发达经济体"再工业化"和新兴经济体"快工业化"的双重挤压。从国内来看，制造业发展面临需求减弱、订单减少等周期性困境和规模收缩、后劲不足等结构性问题的双重矛盾，"短期阵痛、长期承压"现实挑战亟待突破。全球制造业链条加速从"区域化"迈向"区隔化"，重构全球产业链布局。北美地区以美国为中心，制造业向墨西哥、加拿大转移；欧洲地区以德法为中心，制造业加速向东欧转移；亚洲地区推动制造业向东南亚、南亚转移等，对区域产业布局提出新挑战。先进制造业"精而不壮"，产业结构有待优化。汽车制造业"传统主力优势衰退、新兴势力根基不牢"，主力品牌下滑、高端新品根基不稳等挑战亟待破解；电子信息制造业"整体低迷、外压内挤"，传统消费电子市场趋于饱和，集成电路、新型显示等细分领域不确定性抬升；生物医药产业"研发端与市场端两头承压"，医政政策、外资退出等多重因素影响药品

创新研发投入，亟待由模仿式发展向创新式发展转型；高端装备制造业"链条不完备、优势待培育"，总体规模偏小、国际竞争力不足。

（三）需瞄准高端、智能、绿色方向，发力"重振、抢滩、突破、数智"四大关键词，加快构筑先进制造业核心竞争力

习近平总书记指出，制造业的核心就是创新。北京要发挥创新要素禀赋优势，把握协同发展、"两区"等战略机遇，同时遵循产业生命周期规律，保持定力、顺势而为，把首都的科研优势、人才优势、资金优势转化为支撑先进制造业高质量发展的强大动能。

1. 锚定四大产业，打造高端化、智能化、绿色化的先进制造业体系

其中，汽车、电子信息、生物医药作为三大优势产业，是立足北京市要素禀赋的核心抓手；高端装备作为撑起先进制造业的脊梁，产业关联度高、辐射面广、带动作用强，是拉动关联产业实现协同发展的关键支撑。要发力汽车、电子信息、生物医药"三大核心"与高端装备"一大脊梁"，培育壮大支撑制造业高质量发展的"主力军"，打造具有更强创新性、更高附加值、更安全可靠的先进制造业体系。

2. 发力"重振、抢滩、突破、数智"四大关键词，加快构筑先进制造业核心竞争力

汽车制造业抓"重振"，以新能源高端汽车、智能网联汽车为核心，力争在白热化竞争中重塑优势、加速领跑，实现市场化、高端化转型升级；电子信息制造业抓"抢滩"，以通信设备、集成电路、新型显示、计算机等为核心，通过"增品扩量、争抢订单、固链强链、提升服务"，紧抓机遇乘势而上；生物医药抓"突破"，以化学创新药、生物药、创新医疗器械等为核心，汇聚优势资源实现创新型突破，提升规模体量与核心竞争力；高端装备制造业抓"数智"，以高端数控机床、智能机器人装备、增材制造装备、智能传感与控制装备、智能检测与装配装备等为核心，通过数智化技术赋能产业变革，提升整体能级（见表2-4）。

表 2-4　四大先进制造业趋势挑战和关键思路　　　　单位：%

行业	行业规模全国占比		趋势	挑战	关键词
	北京	上海			
汽车制造	4.0	10.4	竞争白热化，传统优势衰退，转型升级窗口期	传统主力优势衰退、新兴势力根基不牢	重振
电子信息	3.3	3.8	处于下行周期底部，预期逐步回暖	整体低迷、外压内挤	抢滩
生物医药	5.9	4.0	刚需市场，短期承压、长期向好	研发端与市场端两头承压	突破
高端装备	0.5	—	市场空间广阔，潜力巨大	链条不完备、优势待培育	数智

注：行业规模占比为 2022 年北京市该行业规上企业营业收入占全国该行业规上企业营业收入比重，高端装备数据为 2021 年独立口径。

二、汽车制造业抓"重振"，把握两大赛道力争优势再造

北京市汽车制造业起步较早，多年来是北京市第一大制造业[①]，2012~2022 年，行业增加值占工业比重保持在 12%~15%。但随着全球产业竞争日趋"白热化"，产量、营收"双下降"趋势明显，需把握新能源高端汽车和智能网联汽车两大突破点，提速挺进新赛道、争夺新优势。

（一）北京汽车制造业进入"品牌向上"和"产品向上"的关键机遇期，新能源车转型亟须提速

1. 新能源车本地产能不足

我国新能源乘用车市场渗透率大幅跃升至 28%[②]，但北京市产能供给仍不足。2023 年，北京新能源车产量约 7.69 万辆、同比增长 35.6%，但产能占比仅为 7.7%[③]，明显低于上海（2023 年，上海新能源汽车产量为 128.68 万辆、产能占比为 59.7%）。

① 产值、营收居北京市制造业之首，2012~2021 年，北京市汽车制造业平均产值 3860.8 亿元，占规上工业、制造业总产值的比重分别达 19.8%、28%。

② 数据更新至 2022 年底，较 2021 年上升 13 个百分点。

③ 产能占比=北京市新能源汽车累计产量/汽车累计产量。

2. 自主品牌未打开市场局面

自主品牌市占率偏低，如北汽"极狐"车型销量虽较 2022 年同期大幅增长，但市场份额仍不到 0.2%，远低于比亚迪（12%）、特斯拉（2%）。

3. 造车新势力产能释放尚需时日

新能源车市场竞争"白热化"，北京市造车新势力面临巨大压力，理想在京新上市车型释放产能尚需时日，实现"2025 年新能源车在京产量超 30 万辆"目标任务艰巨。企业创新水平仍待提升，部分车企虽拥有专利技术、但尚未转化成市场对路的产品。

4. 汽车产业配套体系不完备

缺少以小批量生产为目标的快制打样等配套环节，企业被迫赴江浙地区进行模型制作，时效性较差。

（二）以市场化、高端化为导向，做大品牌、提高质量、优化服务，持续深化产品创新迭代

1. 鼓励北京市车企与京内外企业加强战略合作

集中优势资源，支持头部企业与造车新势力深化战略合作，通过整合、并购、投资等方式融合发展。引导头部企业发挥"链主"作用，强化全产业链投资布局，围绕电动化开展自建或收并购活动，掌握动力电池生产等核心零部件话语权。

2. 加快电动化、智能化核心技术创新和国产替代

推动高安全超快充电池等关键技术攻关，突破固态电池技术瓶颈。加快发展车用大功率驱动电机，推动电机、电控与减速器等"多合一"集成。聚焦核心智能汽车芯片、智能汽车感知系统、高精度地图与定位、智能座舱等开展技术攻关，加大 5G、AR/XR/VR、人工智能与智能座舱融合研发力度。

3. 推动产业链向上下游高价值环节延伸

紧抓头部企业产能机遇，引导一批高附加值零部件等供应链企业在京津冀布局。支持北汽、理想等整车企业向上游动力电池技术和智能科技产业延伸，从车辆端和充电设施端同步入手，适度超前建设超级快充基础设施，推广超级快充车型。依托京津冀庞大存量市场，推动产业链向终端市场零售、用户生命周期服务、电池回收处理等环节延伸。

三、电子信息制造业抓"抢滩"，聚焦优势赛道多措并举逆势而上

电子信息制造业长期位居北京市制造业第二位，近十年"高速发展、高度集中"，营业收入实现翻番、利润增长 6 倍[①]。目前行业市场需求有望回暖，建议围绕面向消费端的手机、PC 和面向生产端的集成电路、新型显示领域等四大领域，多措并举推动电子信息制造业乘势而上。

（一）行业总体处于下行周期底部，需紧抓复苏期实现高端化、品牌化升级

1. 以手机为代表的通信设备领域受多重冲击

近年全球消费电子市场持续走弱，2022 年，小米智能手机全球销量 1.53 亿部、同比下降 19.8%，占全球市场份额由 14% 降至 13%、排名保持第三位，国内市场份额由 15.5% 降至 13.7%、排名滑至第五位。随着消费电子市场需求逐步向高端化、个性化、品质化转变，北京市自主品牌面临更大冲击。

2. 集成电路领域面临"外压内挤、前望其项背、后追兵已至"严峻形势

行业周期、国际形势等影响中低端芯片需求，部分产业链环节订单出现"速冻急停"。2016～2021 年，北京市集成电路产业收入规模占全国比重持续下降。上海、深圳等省市优势加速积累，上海已成为国内芯片产业链最完整、企业集聚度最高的地区，深圳形成"自立自强有华为、空中有大疆、地上有比亚迪、网络有腾讯、手机有 OPPO 和 vivo"等世界级企业集群。

---

① 2012～2022 年，北京市计算机、通信和其他电子设备制造业规上企业营业收入由 2457 亿元增加至 5136 亿元，利润总额由 64 亿元增加至 420 亿元。

3. 新型显示领域初步复苏

自 2023 年以来，行业供给端不断改善，LCD TV 类产品价格持续上涨，叠加主流应用领域下游备货需求的逐步释放，智能座舱、AR/VR、折叠等创新应用领域需求稳步增长。长期看，产品大尺寸化延续、新技术渗透率提升、应用场景拓展等因素有望拉动面板需求增长。

4. 计算机领域市场仍不景气

从生产端来看，近年全球渠道库存显著下降，但用户需求尚未明显增长，PC 出货量持续走低。从市场端来看，教育与商用市场表现不佳，消费者更新换代动力不足，智能手机、平板电脑、游戏机等替代品挤压 PC 产品销售空间。

（二）增品扩量、争抢订单、固链强链、提升服务，多措并举推动电子信息制造业逆势而上

1. 增品扩量

推动手机、平板电脑、显示器等存量产品扩大销量，支持研制智能穿戴设备、智能家居、服务机器人、折叠屏幕等新产品，以消费券等方式助力企业拓展应用市场。

2. 争抢订单

保障东南亚市场、巩固欧洲市场、拓展美洲市场，加快核心技术、高端产品等出海。深耕"一带一路"市场，依托打造产品海外展示中心、组织企业"抱团出海"办展参展等方式，助力企业拓展订单。支持企业加速全球化布局，由输出产品转向输出工业能力，优化通关便利、资金支持、合规培训等服务。

3. 固链强链

支持头部企业"建圈""强链"，吸引国内外"链主"企业在京落户，带动关键核心配套企业就近布局，打造紧密关联的产业生态。突破晶圆和装备生产制造等"卡脖子"技术，提升产业链自主可控能力。

4. 提升服务

积极搭建智能系统服务商与制造类企业供需对接平台，以制造型服务支撑产业提质升级。优化物流出海服务，增强国际航空物流中转能力，加快推进消费电子产品安检试点。

四、生物医药产业抓"突破"，紧抓时机打造兼具规模体量与行业核心竞争力的万亿级产业集群

生物医药产业已成为北京市第三大制造业，特别是以疫苗为代表的高端生物制剂在疫情期间极速发展、优势引领全国[①]。自2023年以来行业整体处于低位，研发端与市场端两头承压。考虑生物医药行业属于周期性较弱的刚需市场，长期看北京市生物医药产业基本面向好，需紧抓时机、乘势而上，加快提升规模体量与行业核心竞争力。

（一）生物医药产业短期承压、长期向好，多重挑战需加力突破

1. 带量采购常态化重塑行业竞争格局

医政政策持续落地导致部分创新药品盈利预期难以实现，进而影响研发投入，叠加外资退出、新药增量不足等因素，行业整体处于转型变革期。2023年，行业收入利润率[②]约为12.8%，2019年同期为16.5%。

2. 投融资压力加剧制约增长后劲

初创期"耐心资本"不足，北京市生物医药投资轮次以扩张期和成熟期为主，市属产业投资平台、科创平台仍主要服务龙头企业，真正下沉服务早中期企业仍相对较少，新生代创新药企、特别是尚未实现盈利的生物技术公司资金压力普遍较大。并购活跃度弱，部分优质资产被迫"以白菜价流向海外"。

3. 各省份竞相布局生命健康前沿赛道

如上海2023年以来先后出台合成生物、基因治疗、计算生物学、

---

① 2022年，医药制造业完成产值1745.1亿元，较2019年增长42.8%，是十年前的2.2倍。2019年、2022年，北京市生物医药上市企业研发投入强度分别为13.4%、17.0%，分别高于上海（12.1%、8.7%）、江苏（10.9%、9.9%）。

② 收入利润率＝利润总额/营业收入。

生物医药产业数字化转型等细分领域政策①，北京市优质项目面临外流风险。在细胞治疗方面，上海、苏州、广州等已规划专门产业基地，如上海支持金山医院作为首批试点打造产医融合创新基地，与科济制药探索 CAR-T 细胞产品"前院后工厂"模式②，北京专业基地布局不足。

（二）保持定力、把握窗口，推动由模仿式发展向创新式发展突破

1. 强组织，培育壮大优质创新资源

依托多模态跨尺度生物医学成像设施等大科学装置，联合昌平国家实验室、脑科学与类脑研究中心等战略科技力量开展协同攻关，围绕细胞与基因治疗、脑机接口、合成生物等未来赛道实施攻坚。紧抓估值低谷窗口期，主动对接国内外优质临床Ⅲ期项目在京落地，大力引进海外生物创新药早期产品和新技术。

2. 搭平台，缩短临床试验和产业化周期

借鉴上海 hi-clip 临床试验加速器平台组经验，统筹北京市研究型病床、医疗卫生专家、市属医院信息平台等建设临床试验加速平台。建设细胞与基因治疗 CDMO、小分子药制剂 CDMO 等专业化生产服务平台。加快设立医药健康创新引导基金，赋能优质项目落地发展。

3. 优监管，畅通创新药、创新医疗器械入院渠道

紧抓国家药监局六个技术中心落户开发区机遇，深化与国家部委深层次合作。优化创新品种进医院和进药店"双通道"机制，严格落实国家关于创新药入院不占"药占比"制度。

4. 拓应用，以场景驱动赋能产业提质升级

以部分市属、区属医院为试点，通过"购买技术服务"方式支持创新

---

① 6月发布《上海市计算生物学创新发展行动计划（2023–2025年）》、7月发布生物医药产业数字化转型实施方案，8月发布《上海市促进基因治疗科技创新与产业发展行动方案（2023–2025年）》，10月发布《加快合成生物创新策源打造高端生物制造产业集群行动方案（2023–2025年）》。

② 合作建设 CAR-T 临床研究与治疗中心，并建立全国首个获得生产许可的 CAR-T 细胞商业化生产基地约 7600 平方米。

医疗设备规模化应用。支持互联网医疗和医工交叉创新融合发展，拓展远程健康管理、远程门诊等业态。

五、高端装备制造业抓"数智"，聚焦五大领域培育壮大产业竞争力

北京市高端装备制造业产业规模相对较小，但智能化程度高、发展速度快，实现规模"五年翻番"、年均增速达17%[①]。需突破关键零部件受制于人、产业集聚度不高等短板，瞄准高端数控机床、智能机器人装备、增材制造装备、智能传感与控制装备、智能检测与装配装备五大领域，做大做强产业集群，提升整体竞争力。

（一）北京市高端装备制造业普遍缺头部、缺配套、缺场景，创新发展水平仍待突破

1. 头部企业国际竞争力不足

如智能制造装备市场仍不饱和，未来空间有待释放。智能装备制造等硬科技领域以自主研发为主，需长期研发积累和投入。

2. 京津冀产业链协同配套能力仍然不足

如智能机器人领域，北京市企业遨博机器人在协作机器人领域销售量为全国第一、全球第二，但由于津冀地区缺乏相关产业配套，最新生产车间只能设立在江苏、山东等省份。

3. 部分关键核心技术受制于人

重大技术装备用仪器仪表基本被国外垄断，高档数控机床配套的高档功能部件依赖进口、高档传感器市场全部被国外产品垄断，工业检测关键部件、核心传感器等大多需进口。

4. 融合应用场景有待拓展

传统高端智能制造装备市场长期被国外垄断，新兴应用市场亟待拓展。目前北京协作机器人企业已将产品拓展至理疗行业，超过3000台机器人产品应用于某美容连锁机构，未来有望覆盖无人餐饮、无人零售等

---

① 2016~2021年，北京市高端装备制造业产业由419.3亿元增至869.9亿元。

新兴场景。

（二）聚焦五大领域，切实增强产业核心竞争力

1. 增强核心技术自主可控能力

瞄准高端数控机床、智能机器人装备、增材制造装备、智能传感与控制装备、智能检测与装配装备五大领域，持续开展技术攻关。抢先布局工业视觉、激光雷达融合传感器等新赛道，突破装备设计、工艺、试验、检验等共性技术瓶颈。

2. 以头部企业为牵引壮大产业集群

聚焦机床企业、机器人企业、增材制造、智能传感和智能检测企业，"因企施策"支持头部企业带动产业链上下游协同发展。鼓励头部物流企业联合制造企业，探索研制高速智能输送与分拣成套装备、智能多层穿梭车等物流装备。加快装备制造产业与人工智能、物联网、云计算融合发展。

3. 健全产学研合作体系

鼓励和支持数控机床和基础制造装备主机、数控系统和功能部件等头部企业联合高校院所，组建长期稳定的战略合作伙伴关系，聚焦国家战略需求开展技术攻关。精准把握产业共性需求，建设高精密敏捷制造公共平台、机器人产业协同创新平台等若干共性技术平台。培育壮大一批智能制造产业园区，吸引一批带动作用强的智能装备制造企业落地。

4. 支持先进产品示范应用

加大投入用户需求有代表性、能集中验证机床和基础制造装备关键技术和核心装备的应用验证和应用示范基地建设，重点支持市场导向性强的产品成套性、高柔性和智能化项目。探索以政府采购等方式支持智能制造装备企业在医疗、智慧城市和消费零售等易形成高附加值产品的领域开展示范应用。

第四节　遵循生产性服务业基本规律和
发展趋势　推动首都高质量发展

党的二十届三中全会对完善发展服务业体制机制作出部署，提出"聚焦重点环节分领域推进生产性服务业高质量发展"。北京是全国率先形成服务业主导的产业结构、率先提出着力发展生产性服务业的城市，近年来生产性服务业对外开放受限、国内先发优势逐步被摊平，发展挑战不断增大。通过深入比较改革开放以来北京、上海国民经济数据表现，梳理分析21世纪以来北京生产性服务业内部结构变化，研究认为，生产性服务业过去是拉动北京市国民经济实现跨越式发展、比肩上海的主要动力，未来更是加快建设现代化产业体系的培养皿、发展新质生产力的推动器和北京市率先基本实现社会主义现代化的动力源。需发力专业化、融合化、国际化、品牌化、集成化，支持生产性服务业高质量发展，在京津冀协同发展、全国统一大市场和"两区"建设中深度融入全球经济网络，切实提高全要素生产率、增强产业质效和竞争力，塑造首都高质量发展新优势。

一、北京市生产性服务业发展总体情况

生产性服务业主要包括金融服务、信息服务、科技服务、商务服务、流通服务（物流业、批发业）五大类别，通过直接推动基于科学发明、科技创新培育壮大的新业态，并赋能改造提升传统产业，成为发展新质生产力的推动器，已成为全球产业特别是世界级城市竞争的战略制高点。生产性服务业与北京市资源禀赋天然契合，是基于首都资源禀赋的战略选择，彰显新时代首都高质量发展的鲜明特征，强化"四个中心"城市战略定位的现实要求。

一是规模大、占比高，率先在全国形成了服务经济主导的产业结构。

早在 1993 年，北京第三产业便成为国民经济第一大产业①，领先上海五年、全国近二十年②。2002 年，北京第三产业增加值首次超过上海，全年第三产业实现增加值 3208.2 亿元，上海为 3082.1 亿元。2007 年，在全国率先出台《关于进一步促进服务业发展的意见》，并在全国率先构建了地方生产性服务业统计分类标准《北京市生产性服务业统计分类标准》。2012 年，在全国率先出台《北京市"十二五"时期生产性服务业发展规划》，是全国首个生产性服务业领域的五年专项规划。2013 年，北京市成为全国首个生产性服务业规模破万亿元的城市，全年实现增加值10127.7 亿元。2021 年，全市生产性服务业增加值破 2 万亿元，占 GDP 比重过半，是生活性服务业的 2.4 倍③（见图 2-2）。

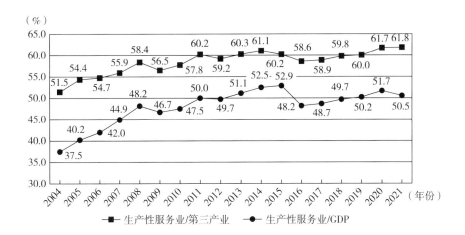

图 2-2 2004~2021 年北京市生产性服务业增加值占
第三产业增加值和 GDP 比例变化

资料来源：《北京统计年鉴》，最新数据更新至 2021 年，包括流通服务、信息服务、金融服务、商务服务、科技服务五大领域。

---

① 1993 年，第三产业占当年现价 GDP 47.2%，高于第二产业 46.8%的占比水平。

② 上海和全国分别为 1998 年、2012 年。其中，1998 年，上海第一产业、第二产业、第三产业结构占比分别为 1.9%、49.0%、49.1%。2012 年，全国第一产业、第二产业、第三产业结构比例分别为 9.1%、45.4%、45.5%。

③ 自 2022 年起，《北京统计年鉴》不再公布生产性服务业增加值统计数据。

二是质量好、效益高，金融、信息、科技服务等业态充分彰显首都功能①。分析 2001~2022 年四大行业增加值占第三产业增加值的比重变化，金融服务业占 GDP 比重由 2001 年的提升至 2022 年的 13.5% 提升至 19.7%，成为国民经济的第一大行业，相应在服务业中的比重由 19.6% 提升至 23.5%。信息服务业占 GDP 比重由 6.0% 提升至 17.9%，相应在服务业中的比重由 8.8% 提升至 21.4%。科技服务业增加值占 GDP 比重由 5.1% 提升至 8.3%，相应在服务业中的比重由 7.4% 提升至 9.9%，已成为国民经济第四大行业。商务服务业门类不断健全，业态不断丰富，增加值占 GDP 比重由 3.8% 提升至 6.2%，相应在服务业中的比重由 5.5% 提升至 7.4%（见图 2-3）。

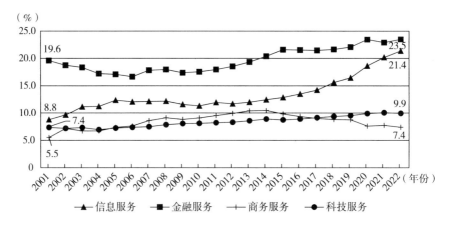

图 2-3　2001~2022 年北京四大生产性服务业占第三产业比重变化

三是服务广、辐射强，是北京服务全国新四化建设的主要领域。2022 年，北京市知识密集型服务进出口占比为 49.3%，较全国知识密集型服务进出口占比高约 7 个百分点。对内看，北京科技创新、人才、信息、金融等资源富集，大型央企和各类国际总部集聚，能够构筑形成吸引全球

① 流通服务因非首都功能疏解，区域性、一般性批发市场而外迁或关停，公路、铁路、货运等尽力绕行。

资源、配置全球要素的强磁场。对外看，依托全国庞大的市场需求，北京在服务全国"四化"建设对生产性服务业的巨量需求中获得快速发展，在改革开放红利中快速起步，在借势"入世"和"服开区"建设中深度融入全球生产网络，有效激活了企业发展动力活力，显著增强了企业的全球价值链掌控力和辐射带动力。近年来，数以万计发育于北京的企业，成长壮大在长三角、大湾区乃至全国各地，是助力各地发展的重要力量。

二、北京生产性服务业的短板弱项

北京服务业占 GDP 比重达 85%，已达到发达国家水平，但证券、保险、会计、技术、专利、标准、咨询、知识产权等知识密集型生产性服务业发展相较发达国家仍有较大差距，信用评级、金融精算师、国际技术转移经理人、知识产权经营等方面专业人才差距更为明显。

1. 部分行业相较国际先进水平专业化不足

2023 年，北京市金融业比重达 20%，已接近纽约、超过伦敦等人均 GDP 远超北京的城市，但科技服务业占比（8.3%）低于香港（2022 年的 10%）、商务服务业占比（6.1%）低于新加坡（2023 年的 11%）。金融机构类型较为单一，互联网金融、数字金融、科技金融等新兴业态规模和影响力不够，资产评估、财富管理、信托、信用评级等专业机构相对缺乏。科技服务机构龙头主体不足，行业主体以国有力量为主，缺少诸如德国史太白技术转移中心等国际知名技术转移机构。知识产权、检验检测、科技咨询等业态大多提供简单的信息交换和交易对接，发明评估、质量管理、市场分析、商业推广、交易估值等高端服务竞争优势有待增强。商务服务品牌影响力有待提升，行业以小散为主，具有品牌影响力的服务机构少，世界城市名册（GAWC）选取的 175 家全球服务机构中[1]，广告、法律、

---

① GaWC 自 2000 年起不定期发布《世界城市名册》，这份榜单被认为是全球最权威的世界城市排名，2022 年为最新发布年。GaWC 的排名依据是高端生产性服务业在全球城市的分布情况。其研究方法是基于世界知名的 175 家高端生产性服务企业（包括 75 家银行/金融/保险企业、25 家会计师事务所、25 家律师事务所、25 家广告企业和 25 家管理咨询企业）的全球商务网络（总部和各级分支机构的分布网络）。

咨询、会计4个专业服务业领域北京市没有一家总部入选。

2. 融合化业态供给和产业需求不匹配

如金融服务支撑科技创新、产业发展依然存在"油水分离""供需错配"现象，2023年北京VC/PE交易规模为851.2亿美元，低于上海（1506.9亿美元）、江苏（951.4亿美元）。从重点产业领域来看，生物医药、集成电路等重点制造业投融资活跃度不及南方省市。

3. 国际竞争力偏弱，生产性服务贸易与上海相比差距拉大

法律、会计、投行、私募等高端生产性服务业的国际影响力待提升，缺少世界一流企业。2010年前后，京沪两市服务贸易相差不多（2010年差距约为248亿美元左右），均占全国的20%左右。2022年，北京服务贸易进出口总额为1497亿美元（占全国的18%），相较上海有近1000亿美元的差距（服务贸易总额为2454.5亿美元、占全国的29.5%）。知识密集型服务贸易差距明显，2021年，北京知识密集型服务贸易698亿美元、同比增长12.5%，比上海（946亿美元）低248亿美元、增速（26.7%）低14.2个百分点。

4. 明确的政策导向和支持体系不足

北京市早在2007年在全国首次提出大力发展生产性服务业，但近年来明确支持生产性服务业发展的相关政策较少。上海专门出台生产性服务业发展"十四五"规划，已规划建设45个生产性服务业功能区；江苏2023年发布生产性服务业十年倍增计划实施方案，提出到2030年，生产性服务业增加值达到6万亿元左右，比2020年增长1倍；广东2023年提出"实施生产性服务业十年倍增计划"，2024年的《广东省促进产业有序转移条例（征求意见稿）》提出引导生产性服务业与制造业协同转移，目前正在起草关于生产性服务业促进制造业高质量发展的实施意见。随着外省市赶超发展势头不断提速，北京市生产性服务业先发优势可能被逐步摊平，影响长远发展后劲。

三、发展北京生产性服务业的对策建议

在孕育壮大新质生产力、推动首都高质量发展的进程中，生产性服务业是首都现代化产业体系构建之"基"。北京应当更好地发挥生产性服务业在发展新质生产力中的"推动器""催化剂"作用，更加注重改革创新、市场牵引、集聚发展、辐射带动，发力专业化、融合化、国际化、品牌化、集成化，在京津冀协同发展、全国统一大市场和"两区"建设中深度融入全球经济网络，切实提高全要素生产率、增强产业质效和竞争力，塑造首都高质量发展新优势。

（一）发力专业化，聚焦重点环节做强细分领域发展优势

1. 信息服务业

实施信息服务"壮腰"工程，健全大中小企业活跃迸发的"雨林型"创新产业生态。加快推进"AI+行动"落地，推动"AI大模型"从云端设备到终端设备迭代升级，扩大交通、制造、能源及消费电子等重点领域场景供给。紧抓数据基础制度先行区建设机遇，争取国家数据集团在京落地，针对性培育一批资产评估、信托、证券、跨界交易等服务机构，深度参与高校院所和创新企业数据加工治理、资源产品化等实际业务。

2. 金融服务业

着力做好科技金融、绿色金融、普惠金融、养老金融、数字金融"五篇大文章"。紧抓国家层面"扩大金融资产投资公司直接股权投资试点范围"机遇，积极争取在京落地试点，引导商业银行积极参与科技创新和创业投资等股权市场，发行适配创投基金特点的长期资管产品，为科技型企业提供股债综合金融服务。

3. 科技服务业

针对先进制造、合成生物、新型能源等重点应用场景，围绕科技创新"从1到10"所需的研发设计、风险投资、知识产权、技术转移、法律、评估咨询等专业服务，打造一批专业化程度高、创新能力强的标杆机构。围绕《工程新闻记录》、全球研发2000强等权威榜单，结合重点产业集群布局，精准高效招引一批国际科技服务企业和研发项目在京落地。

4. 商务服务业

深耕人力资源、广告、会计、律师、咨询等细分领域优势，靶向培育

一批重点头部企业。支持在海淀、朝阳、通州和重点平原新城区域探索建设特色专业服务集聚区，壮大人力资源、技术咨询、广告设计等特色服务。对标 GAWC、Brand Finance 等权威榜单，加大海外知名广告、咨询、法律、人力资源、检验认证等商务服务机构招引，提升跨国公司地区总部集聚度。

（二）发力融合化，拓展"新服务+新制造/新农业"深度融合的价值增益模式

鼓励制造业企业延伸价值链，拓展柔性化定制、供应链管理、共享生产平台等高价值环节。大力培育服务衍生制造，支持电子商务、研发设计等服务业企业通过委托制造、品牌授权等方式向制造环节拓展。促进生产性服务业与现代农业融合发展，整合农产品生产、加工、配送、营销等环节，推动农业数字化转型。以全市"两业"融合工作为抓手，优先支持生产性服务业与先进制造业融合发展，提供一批集战略咨询、管理优化、解决方案创新、数字能力建设于一体的专业化"一站式"产业互联平台。

（三）发力国际化，强化全球高端要素资源配置能力

扩大对内开放，引导存量和增量服务资源在市域内及京津冀区域合理布局，协同培育智能装备、现代物流、研发设计、信息服务、金融服务等业态。做强生产性服务贸易，用好"两区"政策先行先试，重点支持检验检测、商务、知识产权、战略咨询等相较发达国家差距较大、国际竞争力不足的行业对外合作开放力度，鼓励竞争力强的行业领头羊、隐形冠军等通过并购、小比例参股、第三方市场合作等灵活方式开展境外投资合作。探索在服贸会设立信息服务、商务服务、科技服务等主题展区，同步谋划广告、咨询、人力资源等平行分论坛，打造跨圈、跨国界的交流合作平台。着眼"一带一路"、RCEP、CPTPP 等相关基础设施建设和产业合作项目，指导在京金融机构、信息服务、商务服务等做好跨境支持。

（四）发力品牌化，全面彰显"北京服务"品牌效应

支持市属服务集团、民营服务集团跨国别、跨领域经营，鼓励头部企业通过兼并、重组、上市等方式实现规模化发展，打造"旗舰型"服务品

牌企业。围绕研发设计、会计、法律、广告、咨询、现代物流等细分领域，培育一批"专精特新"型品牌服务领军企业。鼓励民间资本、外资以独资、合资、收购、参股、联营、特许经营等形式进入金融服务、文化、旅游、现代物流等重点领域。深化科技计划项目管理、人员考评、股权激励、成果处置等科技体制改革，在加速推进科技成果产业化进程中培育壮大研发外包、技术转移、知识产权等相关联的生产性服务业。

（五）发力集成化，强化重点行业领域集成服务水平

强化研发外包、技术转移、人力资源、投行、咨询等各领域、各门类生产性服务的有机衔接和系统集成，打造优质高效的生产性服务体系。推动以资源集成、服务集成为重点的组织模式创新，引导信息服务、科技服务企业向行业系统服务集成商、综合解决方案提供商、工程总包或研发项目整体服务商转型，引导商务服务龙头企业通过跨领域兼并重组、组建专业服务联盟等模式，增强集成化服务能力。

（六）政策体系化，健全全市生产性服务业的政策支持体系和工作架构

北京市应积极对接上海、广东、江苏、浙江等设立专门生产性服务业职责处室的行业主管部门，进一步健全全市统筹支持生产性服务业的政策体系，前瞻谋划出台"十五五"时期生产性服务业专项规划。构建北京市生产性服务业高质量发展指标体系，围绕行业规模、产业集聚区打造、头部企业建设等发展目标，引导行业高质量发展。

第五节　以低轨星座建设为牵引　助推北京商业航天产业高质量发展

星座建设作为商业航天产业多环节应用发展的重要集成领域，各地竞逐发展高地。多家卫星制造企业纷纷推出"行云工程""银河5G"

"天象星座"等商业卫星星座计划，其中，2024 年 8 月，上海千帆极轨 01 组卫星（G60 星座）首批 18 颗卫星送入预定轨道，标志着国内大型万颗规模低轨星座正式开建。商业航天作为北京市六大未来产业之一，技术成熟度高，具备领先优势，市场前景广阔。近期，通过调研多家商业航天龙头企业，对比京沪发展情况，认为低轨星座建设将是北京抢获市场竞争先机、推动空天地一体化趋势的难得机遇，应主动作为、乘势而上，着力加强与中央部委沟通对接，积极争取星座建设核准，聚焦商业化卫星批量化、智能化、标准化制造能力提升，完善科技金融服务，提高龙头企业资源配置能力等，多措并举为建设全球商业航天发展高地提供重要支撑。

一、三大驱动因素叠加，低轨星座建设蓄势待发

低轨星座，即低地球轨道卫星星座，是指绕地球运行高度较低的一类人造卫星星座，其轨道高度一般在 1000 公里以下。相较传统地球同步轨道卫星，低轨星座具备传输时延小、链路损耗低等优势，发展空间广阔。

（一）商业航天保持快速发展态势

《2022-2027 年中国商业航天产业发展趋势分析及投资风险研究报告》数据显示，2023 年全国商业航天市场规模约为 19436.2 亿元、同比增加 23.2%，星座建设作为商业航天多环节应用发展的重要集成领域，在未来几年有望实现产业规模快速增长。同时，专家研判中国星网和上海垣信两个巨型星座将在未来 3~7 年进入加速组网阶段，参考美国"星链"星座先例，星网和垣信极有可能发展成为高功能集成性的巨型通导遥融合星座，挤占小规模窄带通信、遥感、导航增强等星座市场，出现"马太效应"。北京应紧抓机遇，加速优质星座建设，抢占发展先机，引领通导遥融合星座领域新高度。

（二）有效激发卫星互联网全产业链发展动能

北京商业航天产业链布局全面，覆盖卫星制造、火箭制造与发射服务、卫星运营及服务、地面设备终端制造全部环节，重点企业数量 200 余家。新一轮大规模星座建设，将有助于推动降低卫星制造成本，加大可重复使用运载火箭技术、模块化卫星平台技术[①]等关键核心技术创新及研发投入，建立标准化、智能化生产体系，吸引产业链上下游整星、整箭制造、地面终端研制、关键零部件生产等高附加值环节优质项目、龙头企业在京落地（见图 2-4）。

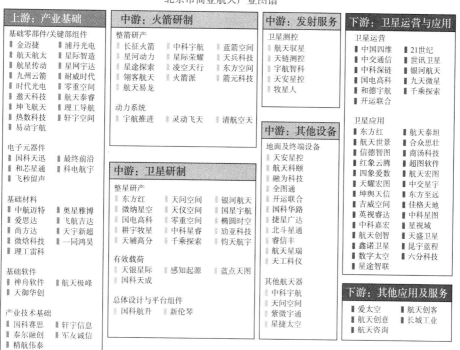

图 2-4 北京市商业航天产业图谱

资料来源：北京市经济和信息化局。

---

① 根据美国宇航公司估算，研制并使用模块化卫星平台技术，卫星成本将降低 29%。

（三）争先抢占稀缺频轨资源

频轨资源①"先占先得"②，发展低轨星座迫在眉睫。根据国际电信联盟规定，公示后频轨资源在有效期内划归申报方，其他机构不得再次申报占用。根据《中国航天》数据披露，截至2023年3月，地球静止轨道（GEO）上90%的C和Ku频段被少数国家运营商垄断控制，各国提交的轨道申请超过6万份，对卫星频轨资源的争夺进入白热化状态。

二、低轨空间为航天发展焦点，全球及国内星座部署迈入高峰期

（一）从全球范围来看，低轨卫星进入数量爆发期

1. 在发射类别方面，低轨卫星为在轨卫星中的主要类别

在轨卫星中，按轨道分类，12%为高轨道卫星、3%为中轨道卫星、85%为低轨道卫星。按照功能分类，通信卫星数量为7035颗、遥感卫星为1264颗、导航卫星为155颗，其他功能卫星为408颗（见图2-5和图2-6），按国别分类，在轨卫星最多的国家依次是美国（67%）、中国（9%）、英国（8%）。

2. 在发射总量方面，SpaceX"星链"与一网OneWeb率先发力，优势明显

"星链"由美国太空探索公司（SpaceX）于2015年提出，是在轨卫星数量最多、发射频率最快、规模最大的星座项目，截至2024年8月10日，星链从一代至二代mini共计成功发射卫星6872颗，累计服务用户超300万。Oneweb是世界第二大规模的星座，在轨卫星数量已达648颗，已完成星座一期部署，二期项目计划部署7000余颗卫星。

---

① 频轨资源是指卫星频率和轨道资源，即卫星电台使用的频率和所处的空间轨道位置，是卫星系统建立和正常工作的前提，两者具有不可再生性和稀缺性，无线电只有在有限区间频段中传输耗损相对较小，且受卫星覆盖范围、卫星高度（信号质量）、同频段卫星间距等因素影响，广阔太空中可用卫星轨道数量十分有限。

② 先占先得原则是指频轨资源采取国际电信联盟（ITU）先申报先使用总原则，要求申报后7年内，必须发射卫星启用所申报的资源，否则自动失效，9年内必须投放申报卫星总数的10%，12年内必须投放申报卫星总数的50%，14年内完成全部投放。

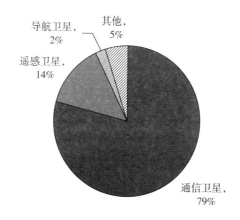

图 2-5 全球不同卫星功能占比

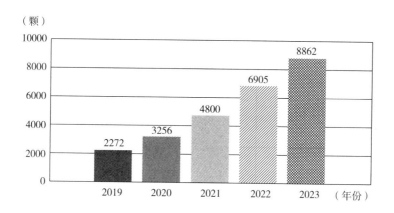

图 2-6 2019~2023 年全球卫星在轨运行数量

3. 在发射增量方面，SpaceX 的星链卫星是近 4 年来在轨卫星的主要增量

据卫星追踪网站 orbiting now 以及 UCS 数据，截至 2023 年全球在轨运行卫星数量为 8862 颗，近四年复合增速达 35.0%，其增长主要来源为 SpaceX 公司的星链卫星大批量发射，2019~2023 年内 SpaceX 共发射卫星 5420 颗，占总新增在轨卫星数量的 82.2%。

（二）从全国范围来看，厚积薄发加速推进低轨星座建设

1. 低轨星座发展劲头足，大规模万颗星座全面展开

全国低轨卫星互联网星座规划启动较早，包含鸿雁星座、虹云工程、银河Galaxy、吉利未来出行星座等，但相较国外，建设进度整体落后，正处于加速期。其中"千帆星座"于2023年启动建设，2024年8月6日成功首发，发射"千帆星座"首批组网卫星——千帆极轨01组18颗卫星。

2. 发射任务次数增加，发射成功率赶超美国

2022年，全球共执行186次轨道发射，成功178次，共计8个国家/地区开展航天发射活动，其中全国发射成功次数62次，仅次于美国位居全球第二，完全成功率达到96.88%，高于美国0.33个百分点（见表2-5）。

表2-5 2022年全球卫星发射具体情况   单位：次，%

排序	国家	发射次数	成功	部分成功	失败	完全成功率
1	美国	87	84	1	2	96.55
2	中国	64	62	0	2	96.88
3	俄罗斯	22	22	0	0	100
4	欧洲	5	4	0	1	80
5	印度	5	4	0	1	80
6	韩国	1	1	0	0	100
7	伊朗	1	1	0	0	100
8	日本	1	0	0	1	0
总计		186	178	1	7	95.7

三、京沪两地低轨星座建设情况比较

北京为我国航天事业发源地，核心研发单位占全国50%以上，低轨星座建设最具活力，与同为商业航天重点建设城市的上海相比，两地在卫星

发射、产业链布局、核心技术攻关等方面均各具特色，展现出强劲发展势头。具体来看：

第一，从卫星发射情况来看，北京拟建星座规模与核准批复进度均落后于上海。北京企业已提出商业星座卫星计划总数 2306 颗，在轨 80 余颗，其中银河航天作为国内估值最高的商业航天独角兽企业，提出的低频宽带通信星座计划规模达 1804 颗，但尚未获得国家发展改革委项目核准，无法启动项目建设。上海"千帆"星座计划规模 1.5 万颗，2024 年发射 108 颗，2027 年前完成一期 1296 颗卫星发射提供全球网络覆盖，已全部获国家发展改革委核准。

第二，从产业链情况来看，两地均积极布局，但北京覆盖范围更广。北京率先构建"南箭北星"发展格局，拥有银河航天、微纳星空、星际荣耀等众多龙头企业，覆盖卫星制造、火箭制造与发射服务、卫星运营及服务、地面设备终端制造全部环节，人工智能、数字经济等多重国内优势产业为其提供重要创新支撑。上海依托"千帆"星座，提出至 2025 年形成从火箭、卫星、地面站到终端的产业链布局，打造集资源聚集、展示、研发、应用落地为一体的卫星互联网产业集群，已集聚长三角首个卫星制造"灯塔工厂"格思航天、创新孵化载体形式运营的联辰千帆等企业，逐步构建丰富卫星互联网产业生态。

第三，从核心技术来看，两地发展各有侧重，北京聚焦于手机直连卫星功能[①]，上海注重多媒体功能和宽带通信能力[②]。北京于 2023 年 7 月成功发射国内首款搭载柔性太阳翼平板堆叠式卫星，攻关太阳翼和相控阵天线一体的"翼阵合一"关键技术，在轨组件国内首个低轨宽带通信试验星座小蜘蛛网，实现手机直连宽带卫星重要技术突破。上海发射千帆极轨 01 组星座首次实现国内平板式卫星批量化研制及一箭 18 星堆叠发射，将

① 手机直连卫星功能是指通过手机等终端设备直接与卫星进行通信，实现信息传输和定位服务等功能，这一功能打破了传统地面通信网络的限制，使用户能够在全球任何位置，包括海洋、荒漠等难以到达的区域，保持通信畅通。

② 多媒体功能是指卫星星座能够支持语音、数据、图像和视像等多种类型的信息传输；宽带通信能力是指卫星星座通过采用先进的通信技术和频段资源，实现高速率的数据传输。

平板式高通量宽带通信卫星布局低轨，具有离地较近、成本低、功耗低、时延低等优势，提供大带宽、高质量、高安全性、全球覆盖的卫星互联网服务。

第四，从产业政策保障来看，北京注重以点带面，聚焦关键性环节、引领性设施，上海注重以整体性卫星互联网建设为牵引。北京于2023年9月发布的《北京市促进未来产业创新发展实施方案》聚焦商业化中继测控通信卫星、平板式卫星、软件定义卫星等整星制造，对高精度雷达和光学成像器件、低成本相控阵天线、多模手持终端等关键组件开展技术攻关；2024年初印发的《北京市加快商业航天创新发展行动方案（2024-2028年）》，提出设立商业航天产业投资基金，加快巨型星座组网运营，推动"一带一路"空间信息走廊建设。上海于2020年4月发布的《上海市推进新型基础设施建设行动方案（2020-2022年）》，创新提出推动卫星互联网基础设施建设；2023年8～9月印发的《关于加快松江区空间信息产业高质量发展的若干政策》《上海市进一步推进新型基础设施建设行动方案（2023-2026年）》，重点提出围绕空间信息领域，推进布局构建"天地一体"的卫星互联网。

四、北京低轨星座建设存在的问题

1. 从产业链来看，各方市场协作不充分

单星制造成本居高不下，调研企业反映，北京低轨星座建设存在供应链技术壁垒高、定制化要求高、标准不统一等问题，核心关键供应链以及载荷层面还是体制内"大院大所"垄断局面，2015年后民营企业开始生产部组件，但供应链并不完整。例如，遨天科技只生产电推单个部组件，仍需要从五院体系采购载荷等核心关键组件，成本较高且排期靠后；龙头企业银河航天单星制造成本仅降至千万量级[1]，相较 SpaceX 单星成本在50

---

① 据银河航天联合创始人、副总裁刘畅接受采访披露信息，银河航天2022年单颗卫星研制成本降至千万量级，然而马斯克和 SpaceX 的首席运营官格温·肖特韦尔2019年底表示 SpaceX 单星制造成本在50万美元以下。

万美元以下，其卫星制造成本与全球先进水平仍有较大差距。卫星批量生产能力亟须提高，全国卫星制造以"定制化""小批量"模式为主，据时空道宇 CEO 兼首席系统工程专家王洋 2023 年初接受专访时表示，未来近地轨道将部署卫星 10 万颗，其中全国应在其中部署 3 万~4 万颗，每年应发射上千颗，然而微小卫星年产能尚有 90% 缺口，批量生产水平较低。

2. 从金融环境来看，资金精准有效支持不足

低轨星座建设具有技术密集和资金密集双重特性，核心技术研发门槛高、资金需求大、盈利周期长。截至 2024 年 9 月，北京市商业航天领域尚无上市民营企业，低轨星座建设产业投融资及政府支持相较上海、广州等地仍有缺口。2024 年"投资上海"政策包新增 2 万亿银行授信支持商业航天等细分赛道，"G60"实施主体上海垣信完成 67 亿元 A 轮融资；广州南沙区成立 5 亿元商业航天产业专项基金。北京市新设商业航天和低空经济产业投资引导基金亟须发挥效能，撬动地方及社会化资本聚集支撑产业发展。

3. 从与国家部委沟通来看，民营企业受限较多

卫星制造批复核准难度较大。企业调研反映，银河航天有 1804 颗星座规划，在年初时已向国家发改委提交第一期星座建设核准申请，但该申请一直处于搁置状态。武器装备科研生产许可资质繁琐。手机直连卫星等关键核心技术，因通信天线面积、电源功率等指标限制，致使卫星重量将远超 500 公斤，研制需预先获得武器装备科研生产许可资质①，相比国外已取消 500 公斤以上卫星武器装备生产许可要求，国内繁琐程序抑制民营企业研发积极性。基础电信业务牌照民营企业准入较难。据《中华人民共和国电信条例》规定，经营基础电信服务，要求经营者为国有股权或者股份不少于 51%，导致民营企业难以获取基础电信业务许可，无法独立建设和运营卫星互联网星座。新技术试验卫星发射需求申请周期过长。申请需经过频率申请、频率协调、空间电台执照申请等近 10 项审批，周期长、

---

① 据《关于促进微小卫星有序发展和加强安全管理的通知》，500 公斤以上的微小卫星科研生产需要获得武器装备科研生产许可资质。

协调难度大，企业需要 1 年甚至更长时间应对各项审核，阻碍技术更新①。

五、推动北京低轨星座建设的政策建议

1. 积极争取星座建设核准

建议高位协调争取国家发展改革委支持北京星座建设，实现大规模低轨宽带通信星座突破，建成具有全球影响力的星座创新发展高地。

2. 探索商业航天领域基础电信业务牌照试点

针对低轨卫星宽带接入服务和手机直连卫星等新业态，积极争取与国家相关单位沟通，以建设国家低轨卫星宽带接入服务和手机直连服务特区为抓手，探索开展卫星网络运营新模式试点工作，由商业航天企业建设卫星和测控站，由取得资质的地面运营商负责地面关口站建设和对用户服务等工作。

3. 探索缩短新技术试验卫星审批流程

依托"两区"建设，率先引领全国商业航天创新机制探索，建议与国防科工委、信息产业部专题沟通，加快出台针对卫星新技术试验的无线电业务管理办法，创新短期任务的特别临时授权管理，简化新技术试验卫星频率申请与发射许可的审批流程，给予快速审查通道，鼓励行业创新投入。

4. 提升商业化卫星批量化、智能化、标准化制造能力

依托天津大火箭基地、航天（沧州）科技成果转化基地、河北固安航天产业园等航天产业基础设施生产能力优势，鼓励星箭企业积极与京津冀地区生产基地对接，落地智能制造、总装测试等项目，进一步降低整星制造成本，深化京津冀产业链协同布局。

---

① 据《民用航天发射项目许可证管理暂行办法》，申请人应当在项目预定发射月的 9 个月之前，向国防科工委提供信息产业部颁发的该空间电台的《中华人民共和国无线电台执照》副本，而获得该空间电台执照，需经过频率申请、国内频率协调、空间电台执照申请等多重环节，每个环节均需较长周期，特别是国内频率协调，由于国内操作者数量多，完成全部协调难度大、周期长，从立项到获得空间电台执照往往超过 1 年。

5. 支持星座建设领域关键核心技术攻关

以大规模星座组网建设为牵引，用好"揭榜挂帅""赛马"等科研组织方式，凝练一批关键技术"榜单"。支持由头部企业牵头，组建产学研深入参与的创新联合体，针对手机直连卫星、可重复使用火箭发动机变推力等关键技术开展协同攻关，并前瞻布局航天器在轨服务、空间碎片监测与碰撞预警、再入轨航天器、太空制造等商业航天新业态。

6. 完善科技金融服务支持

以新设商业航天和低空经济产业投资基金为指引，重点扶持一批整星、整箭制造、卫星应用产业化等项目，适时启动基金二期，保持对产业的长期投资力。鼓励银行、保险业等金融机构强化资金支持和风险保障，定制设立商业航天领域纯信用、低成本信贷、中长期技术研发、技术改造等专属信贷产品，针对优质项目扩大信用贷款规模，探索延长科技信贷人员绩效考核周期，适当提高对商业航天企业不良贷款容忍度，建立完善科技金融考核激励和尽职免责制度。支持金融机构探索卫星数据资产评估和入表等金融创新服务。持续做好商业航天企业挂牌上市服务工作，做好绿色通道支持。

7. 强化龙头企业产业链资源整合

提升资源配置能力，支持龙头企业开放供应链体系，推动企业订单、产能、渠道等信息共享，定期举办供需对接活动，建立龙头企业供应链备选清单；壮大链属企业，围绕整星整箭制造、地面终端研制、关键零部件生产等高附加值环节，推动"专精特新"企业以专业化分工、服务外包、订单生产等方式与龙头企业建立稳定合作关系，嵌入本地产业生态。

执笔人：郭　颐（第一节）

　　　　唐文豪　孙　婷（第二节）

　　　　包　颖　郭　颐　冯丹（第三节）

　　　　包　颖　郭　颐（第四节）

　　　　赵宇歌（第五节）

第三章　推动首都社会现代化建设满足人民美好生活向往

党的二十届三中全会指出，在发展中保障和改善民生是中国式现代化的重大任务，必须坚持尽力而为、量力而行，完善基本公共服务制度体系，加强普惠性、基础性、兜底性民生建设，解决好人民最关心最直接最现实的利益问题，不断满足人民对美好生活的向往。首都现代化建设需要首都人民共同奋斗，首都现代化发展成果也需要人人共享，在发展中不断惠及民生。

第一节　2023 年首都社会现代化发展评价及路径建议

一、2023 年首都社会现代化发展评价

2023 年是"十四五"时期承上启下之年，经济社会发展随着地缘冲突加剧全球化逆潮、人工智能技术应用冲击就业，全球社会发生重大变革的苗头若隐若现，首都社会现代化在现代化进程中的重要性更加凸显。社会公共服务保持较好发展态势，但群众感受与指标表现存在"温差"，公共服务消费的可选择性和公益性在一定层面上成为一对矛盾，政府供给公

共服务的结果导向和效果导向更加迫切，社会领域新的改革正在路上，赋予首都社会现代化新的内涵和任务。

（一）公共服务设施建设和体系完善同步推进，兜底保障和产业发展持续提升

一是以"老老人""小小孩"为重点的公共服务设施建设稳步推进。在全国率先开展"社区老年健康服务规范化"达标创建工作，转型建设21家老年护理中心、12家安宁疗护中心、19家康复医疗机构，老年友善医疗机构创建率达98.7%。开展儿童友好城市建设，全市新增普惠托位7500多个、托位总数达到4.3万余个，累计建成爱婴医院104家、爱婴社区339家、儿童健康友好社区96家。围绕基础教育优质均衡发展推进17所优质校建设，谋划推进近50个学位补缺学校项目，在三城一区等重点功能区持续扩大优质资源供给。健全院前急救设施网络布局，全市院前急救平均反应时间缩短至12分钟左右，以医联体建设为重点推进分级诊疗，建成62个综合医联体、122个市级专科医联体。引导建设新型公共文化空间332处，开展首都市民系列文化活动1.7万场。改扩建14个体育公园，新建82处足球、篮球等体育健身活动场所，人均体育场地面积达2.9平方米以上。

二是公共服务体系建设稳步提升。积极落实企业职工基本养老保险全国统筹要求，开展个人养老金制度、职业伤害保障试点。完善养老助餐体系，截至2023年底，全市共有养老助餐点1772家，覆盖城乡社区4988个，服务老年人12万余人。推进市属高校分类发展体系建设，探索建立分类绩效考核和经费支持机制，深入推进产教融合校企合作，成立经济技术开发区集成电路产教联合体，推动校企合作项目在首都职业学校落地。持续加强首都公共卫生应急体系建设，成立北京重大呼吸道传染病研究中心，建成传染病智慧化多点触发监测预警平台。

三是民生兜底保障能力持续提升。开展稳就业专项行动，城镇调查失业率保持在4.4%的低位，在全国也处于较低水平。精准保障支持重点群体就业，北京生源高校毕业生就业率达96%，促进农村劳动力就业参保

5.7 万人，帮扶城乡就业困难人员就业 19.7 万，"零就业家庭"保持动态清零。开展全市社会保险基金管理巩固提升三年行动，推进失业保险基金管理问题、职业技能培训和评价专项整治，调整社保待遇标准惠及全市 400 余万人。

四是文体产业发展水平持续提升。全市营业性演出突破 4.9 万场，观众 1138.5 万人次，票房收入 23.04 亿元，与 2019 年相比，场次、观众、票房分别增长 117.0%、9.5%、32.1%，创历史新高。非遗资源传承利用保护成为亮点，非遗美食节、非遗购物节销售额超 4200 万元，较 2022 年同期增长 40%。第四届北京体育消费节暨京津冀体育消费节成交总额达 2.23 亿元、增长 27.4%。体彩销售渠道建设和品牌传播协同发力，体彩销售额达 108.24 亿元、增长 48.5%，筹集公益金 25.75 亿元、增长 41.7%。冰雪消费持续扩大，2022~2023 年雪季，全市开放冰雪运动场所营业收入超 3.2 亿元。

五是社会热点集中关心就业和医药。从相关网络舆情平台收集到的热点事件关注词频显示，围绕就业和医药方面的热点事件较多、关注度较高（见图 3-1）。就业方面主要关注青年就业和中年裁员，关于青年就业率的讨论多次冲上微博热搜。医药方面主要是春秋季传染病高发期关注儿童用药，国产阿奇霉素的药效讨论也多次成为微博热门话题。

图 3-1　2023 年社会领域舆情热点词频

（二）首都社会现代化各项指标持续向好

2023 年，社会现代化指标继续保持向好态势，以 2035 年目标值倒推年度变化来看，大多数达到预期目标。在服务供给维度方面，公共服务支出在公共财政支出占比超出预期值范围，公共服务支出刚性叠加经济下行压力增大，公共服务财政支出压力大于预期。在服务水平维度方面，基本公共服务清单项目达标率持续保持 100%，西城、海淀 2 个区新入选国家义务教育优质均衡区，全市基本公共服务供给的均衡性、公平性继续提升。在服务覆盖维度方面，养老、公共文化、社会保险等领域指标保持合理增长，托位数由重视数量指标转为重视质量指标，强调有效托位供给。在服务成效维度方面，城镇调查失业率控制在 5% 以内，人均健康期望寿命和新增劳动力平均受教育年限均持续增加，与预期目标相符（见表 3-1）。

表 3-1　首都社会现代化主要指标进展情况

序号	指标维度	具体指标	2020 年	2022 年	2023 年	目标值
1	服务供给维度	公共服务支出占公共财政支出比重（%）	约 50	高于 55	66.11	50~60
2		公共服务支出占国民生产总值的比重（%）	约 10	11 左右	12.88	10月15日
3		全社会公共服务支出增长率（%）	与经济发展基本同步	与经济发展基本同步	与经济发展基本同步	与经济发展基本同步
4	服务水平维度	基本公共服务清单项目达标率（%）	100	100	100	100
5		义务教育均衡发展区	以区为单位全面建成	东城、朝阳、密云等入选2022年国家义务教育优质均衡先行创建县（市、区、旗）名单	东城、西城、朝阳、海淀、密云 5 个区被认定为 2023 年义务教育优质均衡发展县	以市为单位全面建成
6		以区为单位关键衡量指标的方差	—	待评估	待评估	逐步缩小

续表

序号	指标维度	具体指标	2020年	2022年	2023年	目标值
7	服务覆盖维度	每千名常住人口拥有3岁以下婴幼儿照护设施托位（个）	—	1.3	2.1	4.5
8		每千名常住人口养老床位数（张）	4.78	7.00	4.99	9.50
9		养老机构护理型床位占比（%）	—	66	—	80
10		社区养老服务驿站（个）	915	1202	1260	全覆盖
11		公共文化设施覆盖率（%）	>98	基本全覆盖	基本全覆盖	>98
12		社会保险收缴率（%）	>98	>98	>98	>98
13	服务成效维度	人均健康期望寿命（岁）	—	82.80	82.51	84.00
14		城镇调查失业率（%）	<5.0	4.7	4.4	<5.0
15		新增劳动力平均受教育年限（年）	15.7	15.8	15.8	15.8左右
16		"七有""五性"民生保障指数	—	108.5左右	—	超过110

二、展望"十五五"首都社会现代化面临的突出问题和对策建议

社会公共服务建设是社会现代化的主要内容，长期面临着需求的多元化、无限化与供给的滞后化、有限化之间的矛盾，尽力满足社会公众需求、增进人民福祉、促进社会公平正义是社会现代化发展的主要目标。展望"十五五"时期，人口的老龄化少子化趋势、以人工智能为代

表的科技革命、政府财力的紧平衡与不平衡等形势，对公共服务供给机制和就业、教育、医疗、养老等领域都将带来深刻影响，需要做好提前应对。

一是在公共服务供给方面。财力因素倒逼公共服务供给机制改革，建议加快推动从"补供方"向"补需方"转变，培育社会化、市场化运营主体。当前公共服务供给的主要矛盾整体已经从量的不足转为质的不够，公共服务需求日益多元、优质公共服务需求日益迫切，评价指标与主观感受存在"温差"，政府大量投入与居民获得感存在巨大反差。"十五五"时期，面对经济下行压力，政府对公共服务设施建设投入、社会事业补贴与服务运营补贴资金日益紧张，推动公共服务供给机制改革是必然趋势。公共服务供给设施所有权和运营权相分离的改革推进已有十余年，当前面临的主要困难是专业化水平高、可持续运营能力足的市场主体不足。

建议：加快推动公共服务的财政投入机制从"补供方"向"补需方"转变（"老老人""小小孩"服务领域均有"养老助残券""托育券"等成效显著的探索），将有限资源补贴给真正需要的人，增强居民实实在在的获得感。在公共服务设施所有权和运营权相分离的基础上，进一步将运营主体与运营IP相分离，政府协调资源打造一批优质IP并形成示范项目激发市场活力，并配套开展绩效评价，培育一批自我"造血"能力强的社会化、市场化运营主体，不断满足社会多元化、多样化需求。

二是在就业方面。人口、人工智能因素影响就业总规模趋势性下降，建议宏观、产业、区域和投资政策协同发力。自2018年以来，常住就业人口规模呈现持续下降趋势，近期下降趋势有进一步加速迹象。从线性回归分析结果来看：社零总额和CPI与就业下降强相关，反映宏观层面需求不足是影响就业主因；在产业方面，第二产业就业溢出而第三产业承接能力下降是就业下降的直接原因，人工智能技术发展的"创造性破坏"效应是第三产业就业吸纳承接能力下降的主因（研究表明，某个职位的人工智能可替代性每提高1个标准单位，则新增岗位需求的市场占比降低1.7个百分点，意味着单个具体职位的人工智能可替代性如提高一个标准单位，即可几乎消灭该行业所有岗位新增需求）；在区域方面，核心区经济发展与就业增长相背离，平原新城等经济发展尚未对就业形成有力带动；投资方面，项目带动就业存在4年滞后期，资本、技术密集型项目带动就业少，基础设施建设类项目带动多。

建议： 从根本上说，稳就业、促就业还需要从稳内需、扩内需出发，要积极应对新技术变革对就业带来的冲击作用，依靠社会保障政策提高兜底水平，依靠技能培训支持劳动者适应变革，支持信息服务业企业加快技术改造和技术渗透创造新的就业岗位，区域政策和投资政策要注重长周期谋划、发挥好支撑作用。

三是在教育方面。人口因素导致高等教育变革期与"波峰过境"叠加，建议采取综合性举措积极应对高校建设与发展。当前至"十五五"时期，学龄人口呈排浪式冲击各个学段，小学在校生逐年下降，而初中、高中在校生逐年增长（初中生2030年达峰，高中生2033年达峰），对高招、高校及高等教育发展带来巨大影响。"十五五"时期是应对高招入学"波峰过境"的重要窗口期，现代化强国建设和首都发展对高等教育提出了新要求，高等教育的专业学科设置和办学理念、高等教育入学需求和就业期望正在发生重大变化，高等教育内涵式分类发展、提升职业教育办学水平、与区域产业协同发展综合考虑高等教育布局等是"十五五"时期需要回答的重大命题。

建议： 综合利用疏解腾退空间并在京津冀范围内统筹拓展高水平市属高校办学容量；要适应高等教育教育模式在线化、去宿舍化的国际趋势科学研究高校建设问题（如用好高校周边闲置低效商务空间、居民二手房源等）；要加快引进国外高水平理工类大学开展联合办学，快速提高北京市高等教育办学水平；要在专业设置、高等教育分类发展和职业教育发展等方面快速适应就业市场变化，满足家长对接受大学教育的就业期望。

四是在医疗健康方面。生成式人工智能深度冲击医疗领域，建议加快推动医疗卫生体系改革以适应颠覆性技术变革。生成式人工智能在医疗领域的应用已经证明其具备在短期内有效辅助医生诊断、长期可能替代医生诊断的能力，当前面临的主要障碍是监管审批滞后、优质数据集开放不足和医疗应用场景铺开迟缓，一旦技术发展跨越奇点，尽管优质医疗资源供给不足的问题可能被彻底解决，同时也可能面临"赢家通吃"的医疗服务市场格局。

建议：试点利用固定资产投资、参照首台套做法快速支持一批基层医疗服务机构的"AI+医疗"的设备更新改造；用好两区政策在大兴机场临空经济区医疗服务片区开展国际化医疗服务试点，支持"AI+医疗"创新药械在区域内使用；结合人工智能行动计划，加快推动市属区属医院医疗数据统一授权使用。

五是在养老方面。受人口老龄化加速影响，要在完善"老老人"服务体系的基础上，将初老群体和活力老人作为养老工作的主要对象，建议加快推动养老服务理念革新和机制创新，发挥好低龄活力老人应有价值。截至2023年底，北京市60岁以上常住人口占比22.6%，预计"十五五"末北京市老龄人口将超过30%，但初老群体占比高的格局中短期内仍不会改变，失能老人占少数、重度失能老人占极少数，活力老人占多数、具备工作能力的活力老人占大多数是未来的老龄人口格局，养老工作的重点和方向需要适应人口结构变化和发展趋势，从服务理念到机制创新做出相应调整。

建议：积极落实国家关于延迟退休相关政策，完善老龄人口再就业的就业服务支持和政策保障；在继续完善针对"老老人"的服务体系、硬件设施保障等支持以外，将养老工作重点适度向占多数的活力老人倾斜，重点满足文体娱康养需求，完善支持银发经济发展的产业政策体系；加强舆论宣传和文化导引，不仅要积极营造孝老、敬老、爱老的社会氛围，也要推广积极老龄观和现代化老年生活方式，促进老有所乐、老有所学、老有所为。

第二节　以"老老人""小小孩"为重点完善服务体系　促进人口高质量发展

人口是经济社会发展的基础性、战略性资源，在老龄化、少子化大趋势下，人口将成为首都发展的根本性、决定性要素。统筹平衡人口规模、结构和布局，尤其是更加注重结构调整和优化，以人口高质量发展支撑中国式现代化北京篇章，是北京市建设国际一流和谐宜居之都和率先建成社会主义现代化强国首都的必然选择。

一、北京市人口老龄化少子化的现状趋势分析

1. 老龄化

65 岁以上老龄人口占比高于全国平均。2023 年北京市 65 岁以上老龄人口占常住人口占比为 15.9%，超过全国平均水平（15.4%）。在国际上低于东京（22.9%）、香港（21.3%）、新加坡（19.1%）、柏林（18.9%）、首尔（18.3%），高于伦敦（11.9%）。预计随着北京市人均预期寿命的继续提升，且人口调控政策不变，5 年内 65 岁以上老龄人口占比将快速上升至全球主要城市的第一方阵。

2. 少子化

生育率低于全国平均和国内外大部分城市。国际上通常认为总和生育率 2.1 是人口世代更替的正常水平，2020 年北京市总和生育率为 0.87，仅高于上海（0.74）、黑龙江（0.76），远低于全国水平 1.3，低于伦敦（1.44）、柏林（1.25）、新加坡（1.1）和东京（1.08）。2023 年新出生人口 12.29 万，较 2016 年、2017 年出生小高峰均值（20.0 万）下降 38%。

3. 首都比较

从全球看，决定城市特别是首都人口年龄结构的主要因素是外来人口

的机械迁移，在全球总人口超 5000 万且老龄化率高于 10% 的国家中，首都人口老龄化率均低于全国平均水平，如东京低于日本 7.1 个百分点、巴黎低于法国 5.2 个百分点，而北京则高于全国平均水平。全球主要国家首都的总和生育率多在全国水平的八成以上，如东京为 83%、柏林为 86%、伦敦为 93%，而北京为 63%（见图 3-2）。

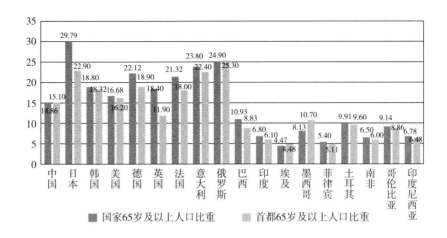

图 3-2　世界主要国家首都和全国老龄人口占比比较

二、老龄化少子化全面影响经济社会发展

人口作为经济社会发展的基础变量，影响经济社会的方方面面。欧美和日韩等老龄化、少子化国家经济上普遍面临低增长、低通胀、低利率、高债务与高收入分配失衡的"三低两高"局面；社会上普遍出现低欲望、低活力、高分化、高风险和高赡养压力的"两低三高"局面。

1. 社会心态转变、社会对立增加、社会风险加剧

一是社会心态低欲望、"啃老族"现象突出。少子社会青年更加自我，缺少合作意识、追求自由和舒适，频繁跳槽和啃老是常态。如伦敦 26.8% 的成年子女住父母家啃老。二是社会对立加剧，"少子化"造成"宠童"和"厌童"群体对立，"老龄化"造成代际对立。老龄社会权力和财富代

际转移速率趋缓，一些地区因缺少新兴产业迭代，老少之间财富、权力加剧倒挂。三是社会风险增加，"少子化"影响主体民族稳固形成文明冲突，"老龄化"引发贫穷和社会福利诉求。"少子化"的欧盟大规模吸收移民，巴黎和伦敦高生育率大多来自外来移民，冲击了本国的主体民族稳固。部分富裕国家老龄人口贫困仍是顽疾，美国65岁以上人群约有23%生活贫困，高于全国的12.4%；日本为27%，高于全国的16%。

2. 公共服务供给总量和供给结构面临巨大压力

一是社会保障可持续性有待提高。老龄化、少子化加大了社会保障的压力。俾斯麦建立德国养老体系时，人均预期寿命为不足40岁，而领取年龄为60岁，预计欧盟到2050年将出现2名年轻人赡养1名老人的情景。实行现收现付养老保险制度的国家主要依靠政府提高负债维持运营，实行基金累积制的国家则面临较大运营风险。我国实行的是现收现付制度，支出能力很大程度取决于经济发展。近年来养老保险基金收入波动上涨（2018~2023年，北京市职工基本养老保险基金收入分别为2619.5亿元、2931.7亿元、2549.8亿元、3437.5亿元、3435.8亿元、4009.4亿元），但在经济下行背景下，社保缴费提高和征缴趋严将增加企业负担。二是养老护理人员需求高、缺口大。日本看护行业劳动力缺口高达86%。德国海外护士数量位居欧洲第二，未来10年还将面临20万~30万名护士缺口。北京市养老护理员数量离2025年2.5万人的目标仍有缺口。三是妇儿和教育设施大面积关停。首尔近10%幼儿园被关停改造为养老或特需人士设施。国内浙江宁波市、广东番禺区等多地医院产科关停或停止住院分娩服务。北京市在部分区域已出现幼儿园招生不满的情况。

3. 城市空间面临重塑，城市建设要求更高，城市功能深度调整

一是城市空间失活、空心化，基础设施难以维系。美国一些城市中心出现"商业区塌陷"。东京空置房屋比例十年后预计将增长到20%以上。二是城市建设适老化改造要求增多、任务加重。老龄化程度加深，对城市空间的规划建设提出巨大挑战。如老人步行速度较慢，伦敦交通

部门为此将行人绿灯显示时间由平均 6.1 秒增加至 7.3 秒。又如大量老旧小区没有电梯，或有电梯但空间狭小进不了担架，新加坡为此出台了"电梯翻新计划"。三是城市功能需求更多就近就便小型化供给。高龄群体因行动不便，青年无子群体因倾向宅家，对包括政务服务等各类城市功能更多要求就近就便，甚至于就业选择上也会倾向社区化就业而放弃高薪岗位。

4. 产业发展兴衰变迁，服务经济规模扩张

一是农业出现大面积弃耕，威胁耕地保护与粮食安全。2023 年，日本个体农业从业者平均年龄超过 68 岁，许多老人放弃务农。2019 年我国大约有 6000 万亩耕地弃耕与农村人口老龄化有关，使全国平均农地规模减小约 4%。二是夕阳群体孕育朝阳产业，"老龄化"催生银发经济。2019 年日本养老产业市场规模约 8000 亿美元，预计到 2025 年将达到 1.2 万亿美元。欧盟银发经济规模超过 3 万亿元。预计在老年人口规模持续增长和老年消费需求快速增长的"双轮驱动"下，2025 年北京市老年消费规模将达到 3700 亿元。三是"少子化"促进儿童经济高端化发展。虽然"少子化"推动母婴行业整体进入下行周期，但培训、文娱、亲子等儿童服务快速迈向高端化发展，预计 2025 年北京市 0~14 岁儿童消费市场规模将超过 2000 亿元。四是各类新行业新业态大规模出现。宠物经济逆势增长。劳动力技术替代行业高速发展，近 5 年我国机器人市场规模年均增长率高达 22%，智能客服行业增长超 50%。陪诊、陪聊、陪护等陪伴经济兴起。

三、应对老龄化少子化，促进人口高质量发展

人口是经济社会发展的慢变量，又具有规模越小波动幅度越大的基本特征。北京市人口结构短期受机械迁移和政策因素影响，长期受国家人口发展趋势决定。应对首都人口变动趋势，既要保持战略定力，增强首都城市功能，又要适时运用差异化弹性化人口调控措施，增强首都超大城市应有活力。

（一）以"小小孩"为重点，着力完善生育养育支持政策

1. 强化地方性特色化生育支持政策

在国家个税抵扣政策基础上，探索政府、企业和社会合作共建"鼓励生育基金"，用于对生育多孩家庭进行现金补贴、购房补助和养育资助等。研究非婚生育配套保障措施，允许非婚妇女采取辅助生殖手段生育，并享有同等生育保险支持政策。针对全国提前终止妊娠规模与出生人口规模相当的现状，在做好优生优育知识宣传的同时，对意外怀孕且有生育意愿的妇女加强政策支持和社会帮扶。

2. 开展低龄幼儿普惠托育服务，降低家庭养育成本

支持公立幼儿园、托育机构率先试点降低入托年龄，通过"幼托一体化"办托等方式，优先满足2~3岁幼儿托育需求。支持社区办托，总结社区办园点经验，支持一批嵌入式、分布式、连锁化、专业化的社区托育服务设施建设，重点解决半日托、计时托、临时托等针对0~2岁幼儿的照护需求。结合党群服务中心建设和社区嵌入式服务试点工作，破解社区托育服务设施建设中的场地、资金、规划、政策等难题。

3. 完善多孩家庭落户和住房支持政策

优化调整人口落户政策，探索适当放宽夫妻投靠政策中"二孩""三孩"父母落户的婚姻年限要求。制定差异化鼓励性住房政策，根据家庭养育未成年子女的情况实施差异化的租赁和购房税费优惠政策，对多孩家庭的改善性购房执行首套利率，对购房家庭实施以"一孩"为基准的差异化房贷利率优惠措施，提高"三孩"家庭住房公积金贷款额度并予优先放款。将纳入北京市基本公共服务实施标准的保障性住房向多子女家庭倾斜，并在套型、面积上予以相应配套。

（二）以"老老人"为重点，着力完善养老服务体系

1. 优先解决失能失智老人养老问题

统筹家庭养老、社区养老、机构养老资源，完善"三边四级"养老服务体系，鼓励专业机构依托社区养老服务设施、互联网远程康复服务和家庭养老床位建设等"进门入户"，推动失能失智老人照护由设施覆盖向功

能覆盖提升。加强机构护理型养老床位占比考核要求，通过第三方照护服务嵌入式支持，保障重度失能失智老人集中托养照护，探索护理型养老床位在机构、社区和家庭之间流动。加快推进家庭适老化改造和城市无障碍设施建设，研究制定全龄友好社区和街区建设导则，为失能失智老人居家、出行提供便利。

2. 统筹医、康、养资源，支持新业态新模式发展

支持各类医疗卫生机构与养老服务机构以多种形式开展合作，推动符合条件的二级医院转型养老、康复医院，研究养老床位与医疗床位相互转换的支持政策，探索贴合实际的康复、护理收费模式，将更多项目纳入医保支持。完善养老设施专项规划和区域卫生规划协同，加快社区卫生服务中心配置老年护理站，将新建养老设施与社区卫生服务站、护理站或其他医疗设施同址或邻近设置。

3. 引导支持健康活力老人出京候鸟养老

推动建立京津冀养老服务机构联盟，为老年群体提供"旅居养老""候鸟式养老"的"一卡通"服务，建立老年群体在不同养老机构之间自由流动的激励机制。加快实现京津冀养老服务信息资源实时发布、同步共享、远程获取，推进老年人能力综合评估、信用评价等养老服务执行标准在京津冀地区互通互认。在主要出京养老目的地，支持在京优质医疗机构优先布局体外膜肺氧合系统（ECMO）和多学科协作诊疗（MDT）等高端医疗配置，重点提高急危重症抢救、慢病管理和老年病诊疗能力，形成出京养老"反磁吸"效应。

（三）吸引青年留下来，着力提升城市活力

1. 优化调整落户政策，给予青年群体合理稳定预期

对有利于支撑首都城市战略建设的相关产业，以及重点发展的副中心和平原新城等区域青年人才在落户时予以倾斜。增加工作居住证发放数量，更多增量赋予青年人。解决其留京急需的购房、子女义务教育入学问题。加强落户政策与工作居住证制度衔接，明确持有工作居住证达到一定时限即给予落户资格，稳定留京青年落户预期。

2. 助力解决青年急难愁盼问题

助力就业求职。引导用人单位从员工权益、福利、成长和志趣角度创造更多吸引青年就业的条件。加强互联网职介平台监控，加快推进灵活就业群体在京参保工作。鼓励各大院校就业服务向前向后延伸，为离校大学生持续提供就业推介服务。助力在京安居。通过长期趸租集体土地租赁住房、收购社会存量住房、调剂已有公共租赁住房等多种方式筹集房源，采取配租公共租赁住房、配售共有产权住房、给予租房补贴等方式，保障青年人才住房改善需求。助力子女入学。探索城六区外的各区放开高中教育资源，允许符合一定条件的非京籍子女报考高中。探索部分市属高校放开一定招生名额，为非京籍子女在京高考逐步打开通道。

3. 结合青年需求完善公共服务配套

鼓励具备条件的产业园区、用人单位设置孕产妇专间、开办托育班及中小学生假期托管班等。依托"共青团与人大代表、政协委员面对面"活动载体和青联、学联等组织枢纽，为更多的青年创造在北京市经济社会发展中直接建言献策的机会，增强青年的城市主人翁意识。利用老年大学、少年宫、街道市民活动中心、党群活动中心等开设市民夜校，满足青年精神文化需求。

（四）注重差异化弹性化，着力优化人口布局

1. 分区域统筹实施差异化调控措施

对照"十四五"人口调控目标和重点，将全市按圈层划分为人口减量区、平衡区、发展区和稳定区。核心区为主的人口减量区，重点推动城市更新改造，鼓励人口迁出，让核心区"静下来""美起来"。中心城四区为主的人口平衡区，紧紧围绕承载"四个中心"功能，推进老旧小区、存量产业用地的更新盘活，平衡好减量与发展的关系，着力打造领军人才"首选地"。城市副中心和平原新城为人口发展区，重点承接中心城疏解的适宜产业、功能和人口，推动功能重组。城市副中心严格落实"双限"政策，推动建成自成一体、内循环的高品质"新北京"。人

口稳定区主要指生态涵养区，重点严守生态控制底线，基本稳定人口规模。

2. 分行业统筹实施弹性化引才措施

依据服务首都高质量发展的人才需求，分行业实施更具弹性的引才政策，确保急需紧缺人才、配套支撑人群和基础保障人员供需平衡。试点对科技创新、金融、信息、商务、文化等多个行业的领军型人才予以户口指标自主支配权，允许其用于组建人才团队需要，重大项目参与成员可集中办理落户，吸引外籍"高精尖缺"人才申请落户。对高级管理人才、顶尖营销人才等软性服务业人才，研究参照硬科技相关人才引进政策予以引进。对咨询、法务、经纪和会计等高端专业服务业从业人群，加强行业人才评定，并在落户、工作居住证政策中予以倾斜。对城市运行基础保障人员，强化子女入学教育配套、职工公寓住房保障和班车通勤交通支持。

3. 统筹京津冀全域人口政策，引导人口在区域内均衡布局

加强京津冀三地人口政策协同，统筹制定三地人口总量目标和发展规划。鼓励在京老年群体出京养老，引导北京市高精尖人才支持雄安地区发展建设。突出环京地区贴边人口发展对北京的支持，支持城市基础运行保障人员环京定居。

第三节　发挥青年力量　激发城市发展活力

近年来，北京市青年吸引力有所下降，城市活力出现隐忧，在加快推进新时代首都现代化建设的进程中需要引起特别关注。本节从人口结构和人口规律入手，通过深入调研，着重探究青年特征、青年需求、城市发展对青年人的吸引和城市活力等问题，并提出相关措施建议。

一、北京青年画像：规模缩小、结构变化、外围居住、群体分化

1. 青年人口总量和占比首次下降，青年吸引力出现颓势

据七人普数据，2020年北京市20~39岁常住青年人口①共790.1万、占总人口的36.1%，相比2010年规模下降7.7%、占比下降7.5个百分点，在历次人口普查中首度出现下降。2010~2020年北京市青年人口占全国青年人口比重从1.93%提高至2.09%，仅提高0.16个百分点，低于同期上海（0.23，2.08%→2.32%）、广州（0.78，1.31%→2.09%）和深圳（0.91，1.42%→2.33%）（见图3-3）。引聚青年人口出现颓势，直接导致北京市老龄化率超过全国平均水平，2022年北京市65岁以上老龄人口占比高于全国1.4个百分点，而全球主要国家首都人口老龄化率均低于国家平均水平（见图3-4）。

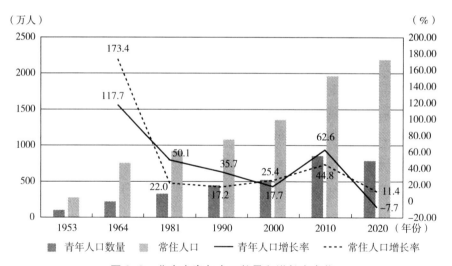

图 3-3　北京市青年人口数量和增长率变化

---

① 综合考虑联合国及我国部分组织机构对青年年龄范围的界定以及数据可得性，本节所指青年人口一般为20~39周岁。

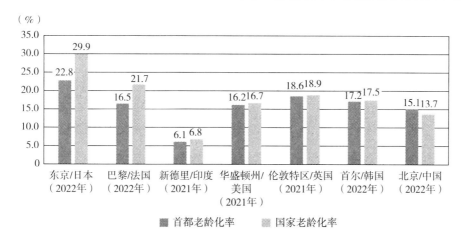

图 3-4　世界主要国家首都和国家人口老龄化率比较

2. 青年人口学历层次相对更高，平均年龄略高，来源地北方化

2021 年北京市青年流动人口中大专以上文化程度的人数达 273.1 万、占比为 68.0%[①]，远高于上海（45.0%）、广州（45.5%）、深圳（55.1%[②]）。青年人口平均年龄约 30.4 岁，高于上海（30.3 岁）、广州（29.4 岁）和深圳（29.8 岁）。北京青年人口来源地居前的是晋冀鲁豫和东北地区，占比超七成，湖北、四川等南方省份由 2010 年的第六位、第七位跌至十名以外。

3. 青年人口沿五环分布，连接北三县形成反 C 型青年聚居带，各区青年人口增减分化

青年人口规模较大的区域基本集中在南五环至南六环之间和北五环至北六环之间，2020 年全市青少年（16~34 周岁）常住人口规模超 10 万的街乡共有 6 个，分别是昌平沙河、北七家，通州永顺、梨园，海淀学院路，房山拱辰，与北三县连接，形成一个环中心城区的反 C 型青年聚居带。

---

① 资料来源：中国人口与发展研究中心。
② 深圳受落户政策引导，大专学历人口规模远高于上海、广州。

从人口区域变化来看，2010年，全市20～39岁青年人口61.2%分布在中心城区，2020年下降到47.9%。平原新城青年人口411.8万，比2010年增加80多万，占全市青年人口比重由38.8%提高到52.1%，成为主要承载地。昌平、大兴青年人口占常住人口比重超过40%，而西城仅27.3%（见图3-5）。

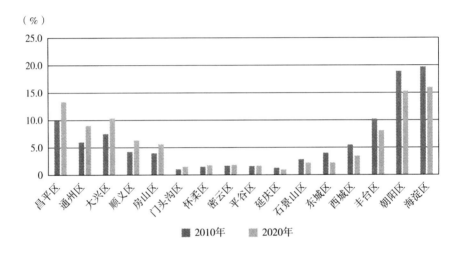

图3-5　2010年和2020年各区青年人口占比增减分化情况

4. 青年群体缺少共性特征，个性化、多元化、社群化加剧青年群体分化

20～39岁段的青年不仅跨越了Y世代（1980～1994年出生）和Z世代（1995～2009年出生）。青年因快速的城市化和大规模的人口迁徙汇聚一起，在大城市形成一个极其杂糅又相互区隔的群体，强烈的分化导致很难明确其共性特征。从融入程度来看，可以分为原住型、迁入型、常住非京籍、流动非京籍四种类型。从就业形态看，可以分为"上班族""打工族""创业族""慢就业""全职儿女"以及从事各类兼职的"斜杠青年"等。从社交圈层来看，包括古风青年、暴走族、粉圈、扮装游戏者等。青年的个体身份意识更强，正式组织依附性减弱，在社会上依赖自我能力与

个体资源谋生，更加自我化、个性化。

二、北京青年需求：扎根下来、发展起来、幸福起来

1. 扎根下来：留京生活压力大

一是住房问题。首套房贷的平均年龄由 2010 年的 27 岁快速上涨至 2022 年的 31 岁（北上广深均为 31 岁），住房自有率由"80 后"的 87.69% 降低至"95 后"的 57.52%。一线城市青年合租比例超过 65%，租金一般占收入的 20% ~ 40%。同时，租赁市场房源质量普遍较差，36.3% 的青年居住面积小于 30 平方米，低于全国城镇居民人均住房面积（39.8 平方米）。二是成家问题。北京市登记结婚对数逐年降低，2021 年北京市结婚登记对数较 2012 年下降了 40.6%。2022 年平均初婚年龄为 28.67 岁，在十年间推后了近 4 岁。据泽平宏观研究，北京市 0 ~ 17 岁孩子的平均养育成本为 96.9 万元，是全国城镇平均水平（63 万元）的 1.5 倍，排名全国第二（上海 102.6 万元）。三是落户问题。2021 年高校毕业生留京政策调整后，除七大高校自带户口指标外，其他应届毕业生很难毕业即获得户口。2023 年积分落户平均在京工作时间为 17.1 年、平均年龄 41.2 岁。

2. 发展起来：发展渠道不畅通

一是求职难。2023 届高校毕业生规模 28.5 万人，再创历史新高，叠加留学生回流、"推后就业"累积效应等因素，青年就业形势更为严峻。北京市接受过系统求职技能类指导的毕业生不足半数，劳动力需求与供给不匹配，招工难和就业难现象并存的结构性矛盾依然突出。二是发展难。青年对未来职业发展产生焦虑感与迷茫感，"青年危机感"倍增。60% 的青年认为劳动投入增加但获得感未能同步提升；30% 的青年认为职场论资排辈现象较多，上升渠道不畅。

3. 幸福起来：生活幸福感不高

一是通勤成本高。青年人口由中心城区向外围迁居后，通勤问题是影响青年幸福感的重要方面。北京市通州、回龙观、天通苑等大型居住组团，往 CBD、中关村、金融街等就业组团"向心"通勤的特征明显。百度地图数据显示，2023 年一季度北京单程平均通勤时耗 45.5 分钟，平均通勤距离 12.82 公里，继续居全国首位；1 小时内通勤比重仅为 77%，仍处于四大一线城市最低水平。此外，环京通勤人口达 33 万，近半数来自北三县。二是工作压力大。国家统计局 2023 年 7 月公布的全国企业就业人员周平均工作时间高达 48.7 小时，远高于劳动法规定的每周工作时间不超过 40 小时。一线城市除在校学生、国企工作人员外，其他青年周末能够"双休"均不超过 50%。三是社会参与少。青年群体由于平日工作繁忙、缺乏有效渠道等限制，社会参与度低。青年人际关系的长期疏离，容易陷入无社交圈、无归属感、无交往动力、无长远规划的"四无"困境。

三、城市活力画像：就业活力下降、创业活力南下、空间活力受限、消费活力扎堆

1. 青年群体就业行业出现萎缩，青年人才流失较大

近两年，信息软件业、科技服务业、金融业、教育培训等青年群体就业占比较高的行业均呈萎缩态势。猎聘网报告显示，2022 届北京高校毕业生本地求职率仅 60.26%，排在全国第八位，而上海在 85% 以上，居全国榜首。

2. 创业群体年轻化特征显著，但南下趋向明显

北京市超 60% 创业青年年龄在 35 岁以下，85 后青年是创业群体主力。截至 2022 年，拥有独角兽企业 102 家，估值约 2760.2 亿美元，数量和估值均居全国城市首位，但新能源与智能制造相关产业链带动下出现整体南移趋向。胡润榜单显示，广州独角兽企业数量比 2021 年增长 12 家，而北京减少 12 家。

3. 交通拥堵和路网配套制约活力空间延展，活动中心与青年居住中心相对分离

青年人口向中心城区外围迁居，交通通畅和路网密度成为城市活力释

放的"毛细血管",但北京市 1 小时内通勤比重处于一线城市最低水平、路网密度仅为上海和广州八成左右,制约了城市活力的延展。青年文化活动集中于东四、工体、国贸、798、亮马河、望京、五棵松和常营等地,与居住分布存在较大分离,青年居住集中的大兴和通州,青年文化活动场次仅为东城、西城的 1/10。

4. 消费趋于保守但引领潮流,进城消费仍是首选

青年群体受限于收入水平,并非消费市场主力军,疫情后消费更趋保守,当前一线城市青年储蓄收入比及储蓄金额均达 2018 年以来最高水平。长期来看,青年仍是城市消费风向的引领、消费活力的源泉。"6·18"期间青年人购买的汉服同比增长超 6 倍。北京市剧本杀门店量及客单价均居全国首位。由于五环外适配商业设施不足,以及"感受自己在北京"的情感需求,"工作在朝海、居住在五环、消费要进城",远途奔赴 CBD、三里屯等商圈消费仍是青年群体的普遍现象。

四、青年、城市、社会共同发力,积极满足青年需求,赓续青年力量,提升城市活力

(一)助力青年扎根,着力解决青年"急难愁盼"问题

1. 推动住有所居

大力实施青年安居工程,对接青年特别是应届毕业生住房需求,建设一批区位较好、交通便利、户型适宜、价格适中的青年公寓。通过长期趸租集体土地租赁住房、收购社会存量住房、调剂已有公共租赁住房等多种方式筹集房源,为青年配租公共租赁住房、配售共有产权住房。鼓励房产中介为应届毕业生、创业青年等提供租金减免服务,减轻青年住房压力。

2. 加强婚恋服务

多渠道加强宣传,引导青年树立正确的婚育观和家庭观。鼓励青年人口较多的街乡镇、产业园区、公寓写字楼等,常态化组织开展青年交友联谊活动。充分考虑青年人平衡工作与生活的需求,依法保障职工工时和休

息休假的权利。积极发展价格合理、优质便利的托育服务,鼓励具备条件的产业园区、用人单位设置开办托育班及中小学生假期托管班等,有效缓解青年人养育子女的后顾之忧。

3. 助力子女入学

针对高中阶段入学难题,探索城六区外的各区放开高中教育资源,允许符合一定条件的非京籍子女报考高中。针对高考升入普通高校难题,探索部分市属高校放开一定招生名额,为非京籍子女在京高考逐步打开通道。

(二)促进青年发展,有效激励青年发挥生力军作用

1. 优化就业服务

加强青年群体劳动者权益保障,引导用人单位从员工权益、福利、成长和志趣角度创造更多吸引青年就业的条件。加快推进灵活就业群体在京参保工作,加强互联网职介平台监控,全方位提高青年群体灵活就业保障力度。结合青年需求优化积分落户政策,加强与工作居住证制度衔接,稳定留京青年落户预期。

2. 助力创新创业

通过创新项目"赛马"和"揭榜挂帅"等制度激励青年在各类科技攻关项目中挑大梁、担重任。做实做强北京高校大学生创业园等创业孵化园区,持续办好创业大赛,建设创业实训基地,经常性组织企业家论坛等活动,为青年创业提供全链条、全要素服务。发挥好北京青年创业基金作用,适当扩大基金支持范围,做优创业担保贷款服务,加大青年初创项目扶持。

3. 汇聚青年人才

大力实施青年人才战略,完善青年人才的培养、发现、评价、使用、稳定、流动、激励等保障机制,优化人才落户、住房、子女教育、老人赡养、医疗保障等全方位服务,全方位营造引才、留才、用才、聚才的城市氛围。结合各区主导产业,着力引进独角兽企业、科技成长型企业和青年创新创业团队,在评奖评优、人大代表和政协委员推荐等方面给予倾斜。

4. 鼓励社会参与

用好"共青团与人大代表、政协委员面对面"等制度，创造更多青年发展载体，增强青年在城市经济社会发展中的主人翁意识。倡导乡镇和社区（村）举办满足青年知识性、社交性、认同感需求的社区活动，丰富青年社交场景，增强青年对社区的归属感。支持青年社会组织发展，引导青年根据兴趣爱好参与志愿服务和基层治理，打造共建共治共享的地域共同体。

（三）丰富活力场景，充分引领青年释放活力动能

1. 完善配套设施

结合平原新城建设，强化反 C 型青年聚居带基础设施和公共服务配套，重点规划一批绕开中心城区、加强聚居带内部联通的轨道交通和城市道路设施，重点推动一批城市时尚中心、运动中心、学业中心、科技研发中心、创新创业中心和实体书店、网红打卡地等城市活力中心沿青年聚居带布局。

2. 丰富文娱活动

推动公共空间微更新改造，加快街道和社区文化馆、图书馆、公共体育设施建设与提升，丰富青年文体活动场景。推动戏剧、舞蹈、音乐会、儿童剧等精品演出和工作坊、大咖同台、导赏讲座等公益文化活动常态化，满足青年高品质的精神文化需求。以社区（村）为单位，建立支持青年创意提出、宣传推广、团队组建、空间供应等的服务体系，激发青年的创意活力。

3. 引导青年消费

以青年消费时尚热潮为牵引，在平原新城和生态涵养区推动一批青年消费主题小镇建设，如延庆的冰雪和冬奥主题、房山的户外主题、通州的艺术主题等。升级改造"老牌"商场，打造新商圈，引进青年喜爱的餐饮、快消、文化品牌。升级消费模式，面向青年定点投放餐饮、电商、汽车等品类消费券拓展社交营销、直播带货、云逛街等线上消费新形态。

第四节　适应供需结构变化　奏响青年中年老年高质量就业"三部曲"

我们通过不同形式的深度调研摸底北京市青年、中年、老年就业现状，结合产业与市场形势的发展，研判各群体高质量充分就业的前景。青年失业的研究从包含 30 万样本的北京地区青年库中进行多轮筛选，最终触及 504 位失业青年。中年被裁员的研究按照常住人口口径，筛选 36 名 30~45 岁的失业人员，进行深度访谈和历时数月的跟踪追访，了解其裁员经历、就业去向和生活压力。老年再就业的研究整合了人口普查数据、智联招聘和前程无忧等相关数据，以及对相关专家和老年人进行访谈的内容，并结合对北京市周边马驹桥、燕郊等零工市场开展调研的情况进行分析。在北京市劳动适龄人口相比过去数量显著下降、老龄化程度加深的大背景下，北京市应继续推进产业升级，优化资源配置，不断改革和优化现有的就业制度，助力城市稳步发展。

一、产业结构转型升级对老中青三代就业群体形成挑战

（一）新产业新技术孵化新就业形态，为老中青群体开拓就业新蓝海，但仍需加强规范以有效保障劳动者合法权益

新产业新技术推动平台经济、共享经济快速发展，孵化出多种新就业形态，包括快递服务、商品销售、网约车驾驶员等基础型工种与产品设计、技术开发、内容付费等技术含量较高的工种。新就业形态为老中青群体提供了更加广阔的就业前景。

一是青年群体更有意愿被新就业形态吸纳就业。据智联招聘信息，北京市"00 后"等新生代群体更偏好如互联网营销师、线上家庭教师、带货主播等数字经济背景下的平台类职业，其中约 70% 期待成为"数字游

民",而传统服务业吸纳青年就业能力欠佳,如北京市文娱业在2021年大约吸纳10%的青年求职者逐渐下滑到2023年的7%左右。

二是中年群体有望通过新就业形态获得高薪再就业机会。北京市部分中年群体所拥有的职业技能"护城河"深广,选择在猪八戒、飞援等产品设计开发外包平台接单,一些从互联网大厂离职的网约设计师能够身兼数职,赚取在原单位3~4倍高的薪酬,甚至继续通过接单平台为原厂服务,拿一样的收入,但工作内容和工作量保持不变,企业则节省了将近40%的社保成本①和人力管理负担。

三是新就业形态为老年群体提供新舞台。受抖音、快手等社交娱乐类平台影响,老年博主、主播日益活跃②,时尚奶奶团、汪奶奶等老年人成为拥有千万粉丝的网红,为老年人开辟就业新路径。

同时,因为新就业形态的用工形式和就业方式相对灵活,与之相适应的劳动保障制度和社会保障体系尚不完善,新就业形态劳动者获得劳动安全卫生保护、享受社会保险和福利等方面的合法权益难以得到及时、充分保障。新就业形态全龄人群中没有合同或仅有短期临时合同的占55.4%③,未缴纳四险一金的占54%。应加快探索适合新就业形态劳动者的社会保障制度体系,给予更多支持保障。

(二)产业深度调整造成部分热门行业需求缩减,对各类就业人群形成冲击

受到降本增效、政策调整、业务线优化等因素影响,北京市以营收规模全国第一的信息服务业为代表的热门行业通过控制增量、减少存量、劝退余量的方式缩减岗位,对尚未就职的青年、已就职的中年带来冲击。

一是通过缩减招聘人数控制增量。据前程无忧调查,2022年100多家各行业头部企业中60%缩减了校招人数,美团校招从1万人缩减到5000

---

① 按照现行规定,"五险一金"企业缴纳部分和个人缴纳部分合计约占企业用工支出的近40%。

② 资料来源:《中国中老年就业创业2020年调研报告》。

③ 国务院发展研究中心灵活就业调查分析数据(2022年9月)。

人，百度、腾讯不再披露具体校招计划。智联招聘数据显示，房地产、教培等为应届生提供岗位数占比从2021年的56%缩减至2022年的26%。

二是通过突发性强的大规模裁员减少存量。纳入市人社局监测的585家重点平台企业，从企业社保缴纳人数观测到的2023年1～8月从业人员规模约为39.2万，同比减少约6.3万、降幅13.8%。

（三）市场需求与存量人才存在一定程度错位错配，尚未充分发挥人才资源效能

一是青年人才培养与市场需求不匹配，人才"蓄水池"恐变"堰塞湖"。从培养结构来看，技能型青年人才紧缺，教育培养结构不符合城市发展需求。在高校扩招背景下，学院纷纷升级大学，专业型高校升级综合型高校，高校追求"大而全"，普遍开设成本较低的文科，有针对性的技能型人才培养逐渐旁落。北京市技能人才占比仅为30%，其中高技能人才占比不足10%，远低于发达经济体40%以上的占比，致使"有人没事干、有事没人干"的就业结构性矛盾突出。相反，大专院校大多开展"订单式"培养，就业目标清晰，失业群体规模相对较小，调研显示，64.7%的受访青年表示近3个月得到过工作机会，显著高于44.2%的整体水平。从培养规模来看，高知青年规模持续溢出，没有有效承接的就业岗位。2023年，北京硕博毕业生首次超过本科生，硕博毕业生为16.1万人，本科毕业生为13.6万人。本硕博学历结构首次出现倒挂，劳动力市场高等教育信号失灵，更多更高学历教育的知识青年涌入社会却没有匹配的岗位结构承接。

二是中年人才成为产业快速发展背景下的"前浪"。当来势汹汹的青年人才"后浪"涌入就业市场，中年员工感受到被企业淘汰的危机，再就业面临"三降"风险。以互联网为代表的现代行业存在"35岁现象"，认为劳动者到35岁以后在工作能力、专业技术和体能精力等方面将会出现下滑。智联招聘数据显示，52.9%的IT/通信/电子/互联网受访职场人认为确实存在"35岁就业门槛"。许多受访中年员工表示，中年员工虽然贡献大，但近年来创新乏力、成果减少，薪资却依旧随着职级上升而提高，

是企业裁员行动时的针对性对象。从再就业现状来看，中年被裁群体再就业普遍呈现降薪、降职、降维等"三降"特征：受访群体中再就业的多数属于降薪入职，普遍降幅超过20%，甚至个别降幅高达90%，大部分降薪还伴随降职，从部门领导降职承担经办性、事务性工作，一些进入初创型企业再就业的降维去往基础类业务，"大材小用"现象频现。

三是老年人才的求职意愿与市场需求存在偏差。据老年人才网数据，北京市老年求职者专业和工作经验主要集中在财会、管理、安保等方面，相关求职信息有100多条，而招聘需求较多的是中医、养老顾问、文化教育培训等方面，供需结构存在较大偏差。

二、刚需型服务业成为发展浪潮中老中青三代就业群体共同的避风港

"刚需"指与生活密不可分的产品与服务，刚需型服务业丰富了人民衣食住行的基本需求，带来生活便捷，提升幸福感。满足人民基本日常生活需求的服务业受经济发展波动影响较小，是经济发展和产业结构转型升级浪潮中老中青三代就业群体共同的避风港。2024年二季度北京市公共服务业、新兴服务业[①]缺口人数排名前三职业为餐饮服务人员、道路运输服务人员、销售人员，都属于刚需型职业，"社会生产服务和生活服务人员"在供需两端均占比最高，需求占比为69.43%，求职占比为63.22%[②]，体现了刚需型服务业就业市场的活跃度。然而，北京市刚需型服务业就业渠道仍有堵点，具体表现在职业技能培训缺位、职业认证体系不完善、职业招聘要求设限等方面。

（一）刚需型服务业顺应人口老龄化社会发展需求，是吸纳全龄全学历全技能人群就业的有效路径

一方面，北京市人口老龄化催生对生活性服务业人才、养老服务人

---

① 新兴服务业包括居民服务业、邮政业、专业技术服务业、互联网服务、房地产、餐饮、软件和信息技术、商务服务业。公共服务业包括国家机构、卫生、教育业。

② 资料来源：北京市人力资源和社会保障局，《2024年第二季度北京市公共就业服务机构市场供求状况分析》。

才、康复护理人才的需求，此类需求增加并不能完全被技术进步所替代。从"十四五"时期到21世纪中叶，北京市少子老龄化、家庭核心化、高龄化带来的养老服务问题由隐形转为显性，对生活照料类服务业、康复护理等用工市场产生明显的刚需。另一方面，刚需型服务业的发展为全龄全学历等提供了丰富的工作岗位。刚需型服务业有的轻学历重体力，有的轻体力重技术，与全龄全学历人群各有适配。2023年，北京市服务业占全市地区生产总值（GDP）的比重保持在八成以上，体现了其吸纳就业的绝对优势。

（二）职业技能培训缺位、技能认证体系不完善，堵塞了学历不高且技能不足的青年向基础服务业发展的通道

在减量发展背景下，刚需型基础服务业如养老、护理、学前教育、托育、家政等技能人才需求仍保持高位，而学历不高且技能不足的青年群体往往渴望摆脱临时工困境、入职收入稳定且认可度较高的基础服务业[①]，这理应是"双向奔赴"的供需关系，但职业教育培训缺位和技能等级权威认证等相关机制尚不完善，导致学历不高且技能不足的青年难以达到入行标准。调研结果显示，北京市高中及以下学历青年群体75%未获得职业技能等级证书，而智联招聘数据显示，70%以上基础服务业技术岗位招聘明确要求相关技能考核证明。

（三）社区公共服务类岗位广受中老年群体热捧，但存在年龄、技术、信息三重准入门槛

社区公共服务类岗位因"离家近""收入稳定"等优势受到追求更轻松工作节奏的中老年群体尤其是中老年女性和京籍群体的追捧，但多因招聘年龄设限、技能学习渠道少、招聘信息缺失等准入型门槛无法实现就业。

一是中高端社区工作岗位通过年龄硬性要求限制中老年群体就业。如北京市60岁及以上老年群体中，受教育程度在大学专科及以上的占比为

---

① 调研发现，北京市灵活就业群体中，高中及以下学历青年对灵活就业认可度较低，更多（74%，高出平均水平10个百分点）是向现实妥协才选择灵活就业。

12.5%，倾向于选择中高端的社区岗位，而具有编制、薪资待遇较高的社区工作往往设置"35/40 门槛"；相反，年龄设限宽松的社区岗位又通常是"缺定位、少名分、待遇低"的低层次岗位，不符合高知待业中老年的就业预期，进一步减弱了该群体的就业意愿。

二是缺少专项培训渠道帮助中老年群体就近就业。离职中年和退休老年群体愿意降薪降职从事社区技能类服务，但缺少就近、高效、适配的技能培训课程学习和提升相关专业能力。

三是就业信息渠道不畅，就业信息难获取。以社区化就业为代表的大部分工作招聘信息通过网站发布，并非中老年群体的首选信息获取渠道。据前程无忧调研数据，58.3%的中老年群体求职者通过朋友、熟人、亲戚的介绍入职[①]，只有10%的老年人通过职业中介和公共就业服务机构介绍再就业，中国老年人才网和离退休人才网知晓率和利用率不足。同时，大部分招聘网站尚未开通老年就业专区，缺少老年招聘信息。

三、北京市老中青三代群体就业困境的成因出现分化

（一）青年以主动失业的本科生为主，就业意愿最弱，激活就业内生动力最为关键

北京市青年群体失业呈现以主动失业为主、以本科及以上高学历为主、以就业质量预期较高为主、以家庭经济状况较好为主的特点。

一是北京市青年以主动失业的本科及以上高学历毕业生为主，"孔乙己长衫"[②]的情结较为显著。调研显示，北京市近70%的失业青年"有业不就"，主动失业，且约75%待业青年学历在本科以上[③]。主动失业的原因集中于"没有发展前景"（38.2%）"工资太低"（26.0%），凸显知识失业[④]特征，即学历不高的青年（高中及以下层次）更容易找到工作，而一

---

① 资料来源：前程无忧，《2022 老龄群体退休再就业调研报告》。
② 该词最初源于一位网友的感叹："学历不但是敲门砖，也是我下不来的高台，更是孔乙己脱不下的长衫。"
③ 此处待业青年不包括考研、考编等慢就业群体。
④ 受过一定程度教育的人的失业，国内外研究表明知识失业者往往具备至少大学以上学历。

大批高知青年却难以找到合适的职位。访谈时不少受访青年看待一份工作的态度是"感觉收入太低的话,不能证明自己的价值;收入高但比较辛苦例如送外卖的话,又没有发展前景,也不能实现自己的价值",薪酬期待上"七八千我都觉得低""至少一万以上,毕业之前我觉得两万都低"。

二是北京市青年群体家庭情况较为良好,生存压力较小,就业意愿进一步削弱,"全职儿女"现象引发顽固性失业风险。从失业期间的收入来源来看,失业青年多靠父母接济兜底,42.7%的失业青年主要靠父母接济,位列失业青年收入来源之首。访谈发现部分受访青年比较享受当下状态,"家里人无条件宠着我,一年的压岁钱我能大概拿到两三万""有些闲置房子,又是独生子女,房租都给我",类似这种"全职儿女"可能成为顽固失业群体,与日本、韩国等国"隐居型青少年""平成废宅"相类似,是北京市步入3万亿经济体行列后的新现象。从失业青年的家庭条件来看,77%的失业青年来自一线城市(京籍占比为68%),67.9%的父母职业集中于国企或事业单位、私营企业主、个体工商户、民营或外资企业从业者等四类。访谈显示,由于家庭经济较好,约25.4%的失业青年过着类似"全职儿女"①的生活,进入就业市场的意愿进一步削弱。

三是就业供需端信息差较大,双选渠道存在堵点,对青年实现高质量就业的意愿形成堵点。猎聘人才调研反馈,青年对高校就业服务如双选会、信息库企业的信赖度高,但高校覆盖资源有限。2022年北京地区累计有50万家企业招聘应届大学生,但40余所重点高校的就业信息库企业数量合计仅有2.4万家左右(在库企业存在重复)。座谈发现,大部分受访青年没使用过"23456就业平台"以及市人社局官方网站的"就业超市"服务,对"专精特新"企业也不了解,一些潜力型中小企业往往被归类为不知名企业。就业信息渠道不畅通进一步减少了就业预期较高的高校青年的择业机会,扩大了"慢就业"群体的规模。

---

① 该名词来源于创建于2022年12月的一个豆瓣小组:"全职儿女工作交流中心",其中2/3是大学本科毕业生。主要指年轻人脱产寄居父母生活,他们会付出一定劳动换取经济支持,同时保持学习,尝试找到职业目标、考公考研上岸。

（二）中年待业群体"上有老下有小"生活压力大，就业意愿最为迫切，"中年危机"亟须引起重视

中年群体"上有老下有小"属于家中顶梁柱，北京市待业中年具有生活压力较大（以房贷压力为主）、消费态度消极、生活态度保守的特点，该群体就业意愿最强烈，被裁员后长期失业的"中年危机"也易引发重大民生问题。

一是北京市中年待业群体面临房贷、育儿等重压。房贷压力是被裁员后中年待业人群生活压力的主要来源。访谈结果显示，66.7%的待业中年群体背负房贷、平均月供约1.6万元，占家庭收入比重从裁员前的二至四成上升到五至七成，部分再就业遭遇大幅降薪的中年甚至月供大于月收入。育儿成本是中年人产生压力的另一大原因。尽管中年人自身通过衣食住行等消费降级的方式缓解经济压力，"从盒马山姆到菜市场，从SKP到淘宝，从淘宝到拼多多"，育儿支出却成为中年群体执着的"刚需"，甚至不吝增加投入，"不想让孩子跟着受委屈"成为普遍心态。如有的家长生活拮据却为孩子预留数万元滑雪费用、报八个兴趣班，有的"双孩家庭"缺少老人帮助，每月雇佣育儿嫂支出六七千元。

二是压力无处释放易引发预防性储蓄。根据访谈情况，中年待业群体被裁员后"压力确实很大，但不能在孩子面前表现出消极状态"，这又导致其无处缓解，能够消解压力的依靠"少消费、不投资、多存款"，如"钱一定要拿在手上才踏实，有备无患"，以及"存款利率降了，就把钱分散在几个利率高些的小银行里存着，坚决不做投资"。

三是对个人、家庭、政策和宏观环境的预期较为保守。一些中年待业人员自身选择在焦虑中"得过且过"，失去奋斗信心。受挫于现实，一些中年人信心和斗志减弱，"不再被裁"成为大多数受访中年当下的首要目标。对家庭希望能够维持现状，结婚、生育压力较大。

（三）老年再就业是人口红利释放的体现，就业有意愿有条件，但需要优化法律制度体系和就业环境做好保障

北京市15~59岁劳动年龄人口自2013年开始下降，2023年比2013年

减少182万。就业人口自2017年开始下降，2022年常住就业人口比2017年减少近60万。老年群体再就业有利于缓解北京市就业的结构性矛盾，弥补劳动力缺口，有利于延长人口红利期和挖掘二次人口红利，进而削减人口结构变化带来的风险和冲击。当前，北京市60岁以上老年就业占比仅有4.4%，推动老年再就业还有很大提升空间。从就业结构来看，北京市老年人就业以环卫、园林、农业生产、安保等中低端服务与学者、教授、专家等高端专业服务两端为主①，不仅不会挤占年轻人的就业空间，还能弥补城市运行、农业、家政与科研、教育、医疗等领域劳动力不足的缺口。从经济影响来看，老年人就业有利于助推银发经济发展。在日本、美国等发达国家，老年人就业服务已成为发展银发经济的新赛道，吸纳了就业和投资。如日本主营50~70岁中老年人劳务派遣的Career公司已在创业板上市；英国Rest Less老年就业和生活服务平台累计获得1800万美元融资。从国内外就业现状对比来看，2010~2020年，日本65~69岁老年群体就业率提高了约20个百分点，上升至50%以上，德国提高了8个百分点，达17%。我国65~69岁老年群体就业率从2010年的34.7%下降至2020年的27.5%，北京市65~69岁老年群体就业率从4.76%下降至4.11%。老年群体就业面临制度困境与环境困境，就业意愿与实际就业率差距大，老年人参与就业的途径需要拓展。

一是从制度建设来看，老年再就业权益保障存在制度盲区。有法律缺保护，根据劳动法，达到法定退休年龄或领取养老保险的老人就业，与用人单位形成的只是劳务关系，不受劳动法保护，无法缴纳工伤等社会保险。老年人一旦发生劳务纠纷和争议，权益难以得到保障，只能通过民事诉讼争取赔偿。有制度难落实，一些部门虽然通过制定政策性文件解决老年人工伤保险的问题，如推行建筑农民工按项目参加工伤保险制度等，但在实践操作中工伤认定、索赔都存在困难。

二是从就业环境来看，老年再就业服务体系尚未建立。老年人就业

① 根据北京七人普数据分析所得。

信息渠道不畅，据前程无忧调研数据，58.3%的老年群体求职通过朋友、熟人、亲戚介绍，只有10%的老年人通过职业中介和公共就业服务机构介绍。大部分招聘网站尚未开通老年就业专区，缺少老年招聘信息。虽有中国老年人才网和离退休人才网，但社会知晓率和利用率不足。因家庭需要难以就业，由于年轻父母职场工作压力大、托育服务体系不完善等现实问题，许多老人不得不担负起为子女照顾、接送孩子的重任，无暇就业。

三是从就业结构来看，岗位要求与老年群体的求职意愿错配。老年工作经验技能与市场需求存在偏差，据老年人才网数据，北京市老年求职需求主要集中在财会、管理或安保等方面，而招聘需求较多的是中医、养老顾问、文化教育培训等方面，供需结构存在较大偏差。存在就业"夹心层"，老年高层次人才有返聘渠道，老年体力劳动者可通过亲友推荐和零工市场就业，难以跨越"数字鸿沟"且专业技能相对较偏的老人成为"夹心层"，就业机会相对较少。访谈了解到部分有学历、有技术的老人求职一年多都没有成功。

四、激发青年动力、缓解中年压力、保持老年活力，分类施策让老中青三代就业群体各有所为

（一）应对青年就业意愿弱、失业率高企，促进青年充分就业

一是延续母校对毕业生的就业服务"引力"。完善央地一体、校企联动的毕业生去向登记系统，夯实毕业生就业状态基础数据库，为就业帮扶奠定基础。同时发挥教育"高地"作用，探索在京"双一流"高校率先启动就业质量第三方统计评价工作，推动高校积极主动、合理配置教育资源。整合各高校毕业生去向登记信息，联动企业招聘平台，开展三年、五年或更长时间的校友定期跟踪调查，提高高校就业统计的科学性、公信力。

二是保持人才培养"张力"。围绕"五子"联动首都新发展格局，在"专精特新"中小企业、科创型中小企业中深挖一批可以提供给青年见习

的岗位资源。鼓励企业兴办职业教育，建立一批校企深度融合的"学习工厂"①。借鉴以色列学术"间隔年"计划，发挥北京市四大主导产业的龙头企业示范效应，探索与高校联合导入学术"间隔年"，将企业实习效果关联学分，将实习期限关联学年计划，帮助青年在正式工作前明确职业规划。

三是提高平台经济促就业"效力"。落实平台企业用工主体责任，鼓励其参照家政行业"员工制"改革方向，打造"员工制"平台经济用工模式，更好保障新就业形态劳动者权益。建议相关部门对接平台企业，将未建立劳动关系但持续为平台提供服务的青年劳动者纳入就业监测和统计，开展劳资纠纷维权、工作强度认定等就业帮扶工作，及时预警和化解新就业青年面临的失业风险。

四是形成就业帮扶"合力"。在平原新城地区的轨道交通沿线建设青年廉租公寓，降低青年居住成本。借鉴英国"帮助租房计划"经验，探索通过发放租房券、消费券、直接租金补贴或者无息低息的租赁贷款等方式，降低租房成本，从而缩小青年薪资期望与市场薪酬之间的差距。挖潜社区就业资源，以北京市"一刻钟"便民生活圈生活服务业转型升级为抓手，围绕生活服务业数字化、绿色化转型升级，城市更新等需求与在京高校相关专业联合开拓一批社区实践岗位。借鉴上海经验，依托"市—区—街道—社区工会"四级网络，组织就业沙龙、企业参观、家长课堂等活动，引导青年走出家庭"安乐窝"。

五是提升青年干事创业内生"动力"。强化技能培训学习，聚焦工业互联网、物联网、人工智能等大数据产业，引导企业搭建职教资源共享平台。总结大兴区职业培训券试点经验，探索建立以社保卡为载体的劳动者终身职业技能培训电子档案，促进青年提升技能水平和就业竞争力。完善生活性服务业重点行业的技能等级认证体系，打通青年职业上升通道。借

---

① 根据2013年《欧洲学习工厂倡议》，学习工厂指基于真实的生产与管理过程，面向高校、研究机构和企业的具有多种功能整合的实践性学习场所。根据2019年国家发展改革委、教育部发布的《建设产教融合型企业实施办法》，提出破解校企合作"一头热、一头冷""两张皮"等问题，要求以企业为主体，以"厂中校"模式"打造支撑高质量发展的学习工厂"。

鉴德国经验，探索建立失业保险与再就业挂钩的激励机制，奖励标准与再就业时间成反比，或将失业保险金作为青年创业资助资金，扶持创业带动就业。

六是加大党政群团组织对青年的"聚力"。加强青年思想引导，进一步推动北京市"12345"向网络延伸，通过微信、微博、留言板等多种渠道积极回应青年诉求。强化"青春北京"新媒体矩阵辐射，依托社区青年汇等活动阵地打通服务青年的"最后一公里"，降低失业青年可能引发的社会风险。在人大代表、政协委员、青联委员、青年社团成员遴选上，对部分青年例如有较强政治参与意愿的"双一流"毕业青年、有学生干部经历的青年加大吸纳力度。

（二）兜牢民生底线，帮助中年被裁员群体渡过危机

一是立足"保"，做好失业兜底，兜牢民生底线。加强对企业践行劳动法的监督，落实"一站式"多元解纷和诉讼服务体系，人民法院、人社局、司法局、总工会、妇联共建劳动争议"调援裁助"服务中心。完善失业中年人的兜底保障措施，加大失业保险金政策宣传力度，保障登记失业人员的失业保险发放到位。保护被裁中年人的心理健康状态，发挥"暖翼"心理援助服务平台和心理援助热线的作用，动态监测评估群体心理健康水平。强化工青妇等党群组织干预，关心关爱身处迷茫状态或再就业产生心理落差的群体，从组织集体活动、开展心理疏导、重塑行业认知、强化职业适应等方面实施精细化帮扶服务，协助中年人度过裁员危机。

二是立足"帮"，优化就业制度，改善失业中年人的就业现状。鼓励企业吸纳中年人员就业，对吸纳35岁以上失业人员、零就业家庭、享受城市居民最低生活保障家庭劳动年龄内的登记失业人员的，予以额外补贴。激活零工就业市场，助力中年人员优质灵活就业。加强线上外包平台、线下外包兼职和劳务派遣等灵活用工新模式的规范，有效保障劳动者的合法权益。积极开展普惠托育服务，通过灵活设置托育空间、发放托育补贴的方式鼓励用人单位办托，规范发展多种形式的托育服务，帮助中年人员缓解育儿压力。

三是立足"转",积极引导人才转化,鼓励中年人才"破圈出道"。提供便民的转领域就业技能培训课程,推动中年人才跨领域转化。丰富社区化就业岗位,"社企联动"打造"三公里"就业圈,优化岗位种类,推动公益性岗位扩容提质,解决"缺定位、少名分、待遇低"问题,满足高知中年的就近就业需求。优化社区工作者招工门槛,促进主动降维中年社区化就业。根据社区人口规模,合理确定社区工作者的编制和配备标准,放宽"35/40"招工限制,扩大社区工作者的覆盖面和服务范围。发挥妇联组织优势,对大龄就业困难妇女采取针对性就业帮扶,重点对接家政企业、康养企业。

四是立足"促",促进中年群体更多更好融入首都现代化建设。引导高知高技待业中年群体助力国际科技创新中心建设,建设"三城一区"人才招聘平台,做好企业招聘信息推送。加大力度吸纳"三城一区"周边地区高知高技中年人就业,如加强回天地区与未来科学城联动招聘等。鼓励吸引中年群体前往雄安新区就业,针对曾在重点平台企业就职3年以上的员工,去往雄安新区参加求职招聘可免费入驻"人才驿站",按不同人才等级享有相应补贴、住房优惠和托育福利。进一步加大战略性新兴产业引进高知高技中年群体力度,深化信息行业供给侧改革,深化平台企业与人工智能、工业互联网、智慧交通等领域合作,助力互联网平台企业人才溢出向传统行业转进。

(三)积极应对人口老龄化,探索推动实施老年再就业三大工程

一是实施就业制度保障工程,让老人敢就业。扩宽就业人群服务范围,将有劳动能力、有就业创业需求、超过法定退休年龄的老年人纳入就业服务范围,提供职业介绍、指导等服务。制定老年再就业劳动合同指引,借鉴人社部对新就业形态劳动者的保护措施,结合北京市实际,对超过法定退休年龄、已办退休手续的再就业老人,探索将其与用人单位之间的关系认定为劳动关系。探索将工伤保险覆盖到就业老人,借鉴上海、浙江等地经验,研究制定对老年人再就业期间参加工伤保险的实施办法,保障老年劳动者的权益。建立老年人工伤保险参保的激励机制,畅通老年人

个人参加工伤保险的渠道。

二是实施就业岗位扩展工程，让老人好就业。结合社区嵌入式设施建设，为老年人就近创造多样化就业岗位。鼓励社区嵌入式设施运营主体优先聘用社区周边低龄老人。开展老年乡村振兴就业试点，在怀柔、密云、延庆等生态涵养区结合实施乡村振兴战略，吸引有技术、有能力的老年人成立老年农业技术人员工作站、乡村文旅、老年康养和民宿经营合作社。结合人工智能产业发展，让老年人成为数字经济新员工，充分发挥老年人工作经验和技术优势，成为专业领域垂类人工智能专家。建立"人工智能+老年人力"资源库，为解决老年就业信息渠道不畅、"夹心层"老人就业难的问题，建议通过人工智能、大数据挖掘抓取等方式，建立老年人力资源库，收集不同行业老年人才信息，向老年人推荐匹配适合岗位，向用人单位推荐适合的老年人才。

三是实施就业能力提升工程，让老人能就业。在职业院校开设老年人职业教育培训试点。依托民政职业大学、卫生职业学院等职业院校开设托育服务、养老护理等针对老年人招生的职业教育试点班。通过开放大学和广播电视大学等平台，为老年人提供"线上+线下"的多种教学形式选择。鼓励社会力量开展老年人就业培训，推动互联网平台企业、职业院校和社区大学、老年大学合作，为老年求职者提供自媒体运营、网络直播等实用性高、针对性强的技能培训，提高老年求职者"数字化技能"。

执笔人：刘　烨　朱跃龙　曲晰迪（第一节）

　　　　段婷婷　陈梦涵　荀　怡　王　洋（第二节）

　　　　刘　烨　朱跃龙　王　洋　段婷婷（第三节）

　　　　陈梦涵　陈思宇　段婷婷（第四节）

第四章　以新时代首都文化使命为引领　推进首都文化现代化

文化是一个国家、一个民族的灵魂，文化兴国运兴，文化强民族强。习近平总书记指出，在新的起点上继续推动文化繁荣、建设文化强国、建设中华民族现代文明，是我们在新时代新的文化使命。作为全国文化中心，北京要自觉肩负起新的文化使命，着力做好全国文化中心建设这篇大文章，推动首都文化现代化建设迈上新台阶，为社会主义文化强国建设做出更大北京贡献。

第一节　2023 年首都文化现代化年度评价及路径建议

一、新时代新的文化使命赋予首都文化现代化新内涵

当前，世界百年未有之大变局加速演进，世界范围内思想文化相互激荡，文化建设领域战略机遇和风险挑战并存，面对新形势新任务，习近平总书记提出新时代新的文化使命，强调"在新的起点上继续推动文化繁荣、建设文化强国、建设中华民族现代文明"。自党的十八大以来，习近平总书记多次对首都文化建设作出重要讲话和重要指示批示，为北京

全国文化中心建设提供了根本遵循，新时代新的文化使命对北京全国文化中心建设提出了更高要求，也赋予首都文化现代化新的内涵。

（一）首都文化现代化是社会主义核心价值观首善之区积极培育和努力践行的现代化

作为国家首都和文化高地，北京要凸显在构建国家核心价值体系中的主导作用，把培育和践行社会主义核心价值观贯穿到首都经济社会发展的方方面面，营造向上向善诚信互助的社会风尚，推动红色基因传承，培养担当民族复兴大任的时代新人，筑牢首都意识形态和文化安全防线，推动习近平新时代中国特色社会主义思想在京华大地落地生根形成生动实践，强化对国家文化意识形态和文化价值导向的引领功能。

（二）首都文化现代化是历史文化金名片不断焕发新风采的现代化

北京作为世界著名古都，有着3000多年建城史、860多年建都史，在中华文明形成演进中具有独特地位和重要贡献，丰富的历史文化遗产是长期以来作为国家首都和历史文化名城凝聚融汇、传承积淀的文化宝藏，是中华文明源远流长的伟大见证。自党的十八大以来，习近平总书记多次对首都历史文化遗产保护作出重要指示。北京要扛起这份历史责任，以古都文化作为首都文化的根脉和底色，以"一城三带"为重点，加大保护力度，以中轴线申遗成功为新起点，带动老城整体保护更上新台阶，依托长城、西山、永定河三条文化带构建历史文化遗产连片成线的整体保护格局，创新推动城市保护和有机更新相衔接、内涵挖掘和活化利用相统一，凸显北京历史文化的整体价值。从留住中华文化根脉、守住中华民族之魂的战略高度，精心传承保护传承好这张宝贵的"金名片"。

（三）首都文化现代化是文化产业优势充分释放、国际影响力不断提升的现代化

国际发达城市均占据着全球文化产业链中关键节点，它们通过培育优势文化产业来推动自身文化创新和价值观输出，如纽约有全球七大文化产品制造和传播企业中的三家总部，伦敦是全球三大广告产业中心之一、三大电影制作中心之一和国际设计之都，东京是全球公认的动漫产业之都，

巴黎是全球奢侈品集团总部和时尚产业集聚地①。相比之下，北京对自身文化富矿的开发挖掘还远远不够，尤其进入数字经济时代，知识、文化、创新、创意成为经济发展的核心资源，以数字技术为核心的科技变革对文化领域的渗透极大激发文化产业的创新活力，要加快推动文化与科技、金融、旅游、体育、时尚等融合发展，带动提升设计、影视、演艺、音乐、网络游戏、旅游、艺术品交易、会展等领域加快发展，打造先进潮流文化，建设具有国际影响力的创新创意之城。

（四）首都文化现代化是人民群众持续增长文化需求不断满足的现代化

作为一线城市，北京居民工作节奏快、生活压力大、闲暇时间少，旺盛的精神文化需求难以得到充分满足和释放。要加快建设"书香北京""博物馆之城""演艺之都"，扩大公共文化服务设施免费开放范围，丰富"首都市民音乐厅""百姓周末大舞台"等市民文化活动，完善公益演出、公益电影等配送体系，把优秀文艺作品、优质文化产品送到群众身边。让人们能够在喧闹的大都市中静下来，在快节奏的生活中慢下来，充分享受幸福美好的城市生活。

（五）首都文化现代化是大国首都靓丽形象不断彰显的现代化

综观发达国家的首都，不仅是本国的文化中心，往往也是世界的文化中心，它们注重借助文化名城、文化名人、文化活动、宣传媒介等来积极传播本国的价值观、提升本国软实力。作为历史古都和大国首都，北京历来是中外文化交流的桥头堡，也是对外展示中华文化、讲好中国故事、传播好中国声音的重要出发地。要主动服务国家文化发展战略，高质量服务保障好国家各类文化机构，利用重大活动和重要节展赛事、高端智库和国际组织交流渠道，加快建设具有国际影响力的文化地标和文化活动集聚区，培育世界一流文化团体和人才名家，打造对外文化传播精品和文化交流品牌，提升中华文化的国际影响力和在全球文化格局的话语权。

---

① 资料来源：智研咨询，《2017－2022 年中国文化创意市场发展前景预测及投资战略研究报告》。

二、2023 年首都文化现代化建设取得积极成效

2023 年是全面贯彻落实党的二十大精神的开局之年，在习近平文化思想指引下，首都文化现代化建设加快推进，一系列文化政策陆续推出，一批重大文化设施先后落地，文化消费新场景、新空间不断拓展，公共文化服务体系建设持续推进，首都文化软实力迈上新台阶。

（一）社会主义核心价值观引领作用不断增强

坚持马克思主义在意识形态领域的主导地位，稳步推进习近平新时代中国特色社会主义思想研究中心建设，2023 年在中央"三报一刊"发表理论文章 370 余篇，连续多年居全国首位[①]。持续 10 年开展"北京榜样"主题活动，宣传树立了一批"崇德向善、奋发向上"的榜样人物，截至2023 年底，在各行各业中的"北京榜样"群体达 48 万人，成为首都地区培育和践行社会主义核心价值观的重要载体和品牌。以全域创建全国文明城区为抓手，持续抓好"光盘行动"、文明旅游、"垃圾分类""公勺公筷""V 蓝北京"等公共文明引导行动，以"柠檬黄""志愿蓝""平安红""环保绿"等为代表的首都志愿者遍布城乡基层，截至 2023 年底，北京市实名注册志愿者达 461.3 万人，超过常住人口的 1/5，注册志愿服务组织、团体达 7.5 万个。

（二）历史文化名城"金名片"更加闪亮

坚决落实"老城不能再拆了"的要求，以中轴线申遗带动老城整体保护，恢复胡同肌理、院落格局和传统风貌。2023 年北京市发布《北京中轴线保护管理规划（2022 年—2035 年）》《北京中轴线文化遗产保护监督员管理办法（试行）》，通过政策为中轴线申遗保护工作的顺利推进保驾护航。2024 年 7 月在第 46 届世界遗产大会上，"北京中轴线——中国理想都城秩序的杰作"被正式列入《世界遗产名录》。以国家文化公园引领大运河、长城、西山永定河文化带建设，北京（通州）大运河文化旅游景区

---

① 高倩. 打响开局之年　为新时代首都发展汇聚强大精神文化力量——二○二三年北京市宣传思想文化工作综述［N］. 北京日报，2024-01-17.

AAAAA 级创建初验达标，12 项长城抢险保护工程实施，三山五园荣获"国家文物保护利用示范区"称号。

（三）大国首都形象持续提升

紧紧围绕"一带一路"国际合作高峰论坛、中国国际服务贸易交易会等重要主题、重大活动，引导外媒客观全面立体报道北京，推动文化交流互鉴。深耕外宣品牌，持续举办魅力北京、爱上北京的 100 个理由、"炫彩世界"——"一带一路"沿线国家特色文化展示活动、丝路大 V 北京行、国际青年北京论坛等交流活动。2023 北京文化论坛提格升级，在"传承·创新·互鉴"的永久主题、"传承优秀文化　促进交流合作"的年度主题下，海内外 650 余位知名文化人士受邀参加，打造了又一支撑首都城市战略定位的国家级、国际性平台①。北京国际电影节、国际设计周、国际音乐节影响力持续扩大，海外主流媒体、社交平台报道北京总量跃升世界前列，北京蝉联中国国际传播影响力先锋城市头名。积极推动国际性艺术总部、艺术节等在京落户，2023 年 11 月 13 日，2023 世界剧院联盟大会暨世界交响乐北京论坛在国家大剧院开幕，世界剧院联盟正式揭幕。

（四）文化产业发展迈上新台阶

2022 年，北京市文化产业增加值为 4700.3 亿元，占全市 GDP 的 11.3%，排全国第一。2023 年，全市规模以上文化企业实现营收 2.01 万亿元，同比增长 13.6%，文化新业态企业实现营业收入 1.38 万亿元，同比增长 16.2%，拉动全市文化企业营业收入增长 10.9 个百分点；占全市文化企业营业收入的比重为 68.5%，同比提高 1.5 个百分点。北京数字文化新业态展现强劲竞争力，《2023 中国文化数字化创新指数（CDI）研究报告》对全国 31 个省份的文化数字化创新能力进行了综合评估，结果显示北京在各项指标中遥遥领先，文化数字化创新指数为 87.82 分，排名全国第一（见图 4-1）。

---

① 高倩. 打响开局之年　为新时代首都发展汇聚强大精神文化力量——二〇二三年北京市宣传思想文化工作综述［N］. 北京日报，2024-01-17.

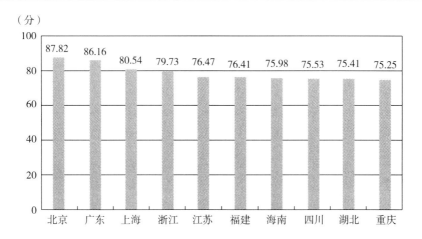

图 4-1　2023 年中国文化数字化创新指数前十名

资料来源：中国人民大学数字人文研究院、中国人民大学信息资源管理学院、中国社会科学评价研究院与界面新闻和界面商学院联合发布的《2023 中国文化数字化创新指数（CDI）研究报告》。

（五）市民精神文化生活日益丰富

看大戏、观展览、品书香、购文创、游景点等成为京城文化生活新亮点。"大戏看北京"2023 展演季升级，先后有百余部精品剧目和影片在线上线下进行展演、展播、展映，总观看人数超 3800 万人次。2023 年北京上演新创作品超 150 台，演出超 2000 场，涌现出话剧《张居正》、河北梆子《密云十姐妹》、电影《流浪地球 2》等一批京产佳作。2023 年 12 月印发《北京市建设"演艺之都"三年行动实施方案（2023 年—2025 年）》，2024 年 2 月出台《关于推进新时代首都影视产业高质量发展的若干措施》，"演艺之都"建设加快推动，2023 年全市超 300 个演艺空间开展营业性演出，全年举办营业性演出 4.95 万场，观众 1138.5 万人次，票房收入 23 亿元（见表 4-1），与 2019 年相比分别增长 117.0%、9.5%、32.1%。文化设施不断丰富，2023 年底城市副中心三大文化设施——北京艺术中心、北京城市图书馆、北京大运河博物馆投入运行，借助"旧书新知"活动打造了规范有序的北京旧书市场，新增 11 家博物馆备案、27 家

"类博物馆"挂牌，博物馆延时开放试点有序推进①。2023年1月施行《北京市公共文化服务保障条例》，为高质量提升公共文化服务保障能力提供了重要支持，市统计局调查结果显示，基层公共文化服务体系基本实现城乡全覆盖，有68.5%的居民表示到达基层文化馆和文化站的时间在30分钟（含）以内，其中有34.9%的居民到达时间在15分钟（含）以内②。

表4-1　2022年、2023年北京市文化机构及活动情况

		2022年	2023年	同比增长（%）
艺术表演场所经营情况	机构数（个）	204	339	66.2
	演出场次（场）	20315	49524	143.8
	观众人次（万人次）	374.3	1138.5	204.1
	演出收入（万元）	62954.1	230414.6	266.0
文化馆（站）活动情况	机构数（个）	357	357	0.0
	组织文艺活动次数（次）	30971	35697	15.3
	举办培训班班次（次）	34411	59059	71.6
	举办展览个数（个）	1224	1646	34.5

三、首都文化现代化建设面临的问题及挑战

首都文化现代化建设取得积极成效，但人民日益增长的美好生活关于文化的需要与文化领域不平衡不充分发展之间的矛盾依然存在，全国文化中心建设仍有一些不足和难点需逐步突破。

（一）历史文化遗产资源保护利用"活"性不足

一是文化遗产资源保护利用仍不足。北京历史文化资源丰富，拥有7处世界文化遗产，135处全国重点文物保护单位，3840处不可移动文物。虽然故宫、天坛、颐和园等文化遗产资源保护利用走在前列，但大多数文化遗产资源保护利用不足，历史名人文化、胡同文化、众多非物质文化遗

---

① 王磊. 北京绘出"博物馆之城"的美美与共［N］. 北京青年报，2024-04-17.

② 资料来源：北京市统计局，《北京市基层公共文化服务体系建设情况调研报告》。

产等并没有从不同视角、不同维度讲述历史故事，形成文脉传承。以前门大街为例，虽然注重文化传承，引入的商铺和企业多为北京老字号，但是许多老字号内所售商品的创新性与实用性仍显欠缺，形成的文化产品形态单一、功能单调、缺乏感染力和市场吸引力，降低了文化遗产资源向文化资本转化的效率，巨大的文化价值很难释放。此外，受文物保护管理、规划和消防等方面限制，部分会馆转型演出场所证照办理受阻，推进市场化运营仍存在困难。

二是传统工匠和非遗传承人队伍建设仍然偏弱。截至 2023 年底，北京地区共有国家级非遗代表性项目 144 个、市级 303 个，而仅有国家级非遗代表性传承人 87 人、市级 140 人，平均每个项目传承人都不足 1 人，难以满足传统建筑修缮和传统工艺应用需要。技艺传承人年龄普遍偏高，新生力量来源渠道不畅，就业保障力度不足，薪资收入不稳定，技艺传承后继乏力。此外，传承空间保障不够，缺少技艺应用、展示的平台，面临生存、传播和发展窘境。

（二）公共文化设施专业化、市场化利用不足

一是文化、体育等设施重建设、轻利用，闲置率高。2023 年北京市开展营业性演出的演出场所 339 个，全年平均演出 146 场，东城区、西城区、朝阳区和海淀区全年平均演出场次相对较高，其他区每个场所全年平均演出仅 48 场，不足全市平均水平的 1/3，郊区剧场利用率不高现象仍较普遍。2023 年全市拥有体育场地 4.43 万个，除大型场馆外，其余场馆举行比赛和文艺演出的时间较少，利用率不高，而北京赛事举办成本相对较高，一场赛事需要与公安、消防、城管、广电等很多部门协调，这也导致有的场馆甚至一年下来一场体育赛事都没有，部分场馆也只在上级检查和参观时开放，大部分时间处于闲置状态。一些乡镇文化活动中心、图书室等虽然硬件建设较好，但或缺少群众需要的活动，或缺少受欢迎的书籍，也导致实际利用率不高，部分书屋"只见房子不见读者"现象依然存在。

二是文化事业单位发展缺乏活力。北京公共图书馆、博物馆、文化站等基本都属于文化事业单位，普遍存在市场活力不高的现象。以博物馆为

例，北京博物馆80%以上为公益一类事业单位，博物馆运营资金主要依赖政府拨款，缺乏提升服务质量、开发文创产品的积极性，而美国70%的博物馆为私立博物馆，由专业化团队运营，运营经费约25%来自政府，其余主要来自博物馆通过提供服务获得经济收益。北京多数体育场馆是政府出资建设，建好以后交给体育部门或下属事业单位管理，靠财政拨款运营，市场化运作水平不高，主动策划、组织开发体育竞赛、体育培训、文艺演出等高附加值服务较少，经济效益不佳。

（三）文化产业发展依然面临各方面挑战

一是文化产业园区建设面临政策、运营、人才等多样问题。北京文化产业政策虽然较多，但不精准，政策"获得感"较弱，文化产业园区进入精细化管理、强运营阶段，但目前缺乏针对文化产业园区合作运营的专项政策。文化产业园区的老旧厂房更新改造多以国有企业自筹资金为主，缺乏民企资本进入和退出机制，对投资主体参与老旧厂房更新改造之后的权益缺乏有效保障。文化产业园区的专业化复合型运营人才匮乏，现有人才多围绕园区招商、物业管理和合同管理等，而关于园区文化活动营销、新媒体传播、文化消费新场景和新空间的营造等人才不足。

二是缺乏成熟的文化产业商业运作模式。文化衍生产品原创性不足，产业链条相对较短，依然停留在演出靠票房、景点靠门票、文物保护靠财政拨款的发展阶段。相比之下纽约百老汇每年演出收入超过17亿美元，并为纽约带来上百亿美元的附加收入；巴黎奥赛博物馆由废弃火车站改造而成，与卢浮宫、蓬皮杜中心并列为三大艺术中心。而北京市演出收入依然靠数量较少的公有制艺术表演团队来贡献，2022年有市属艺术表演院团13家，占全市演出团队的2.2%；演出4505场，占全市演出团队表演场次的23.7%；演出收入1.6亿元，占全市演出团队演出收入的28.4%；非公有制艺术表演团队2022年团均表演25场，仅是市属艺术表演院团的7.2%，团均收入70万元，仅是市属艺术表演院团的5.7%。

（四）城市文化品牌凝聚力还需进一步凸显

一是具有国际辨识度的城市文化标签还不够明显。北京文化底蕴深厚、资源优势突出，但尚未形成主题鲜明的、差异化特色化的街区文化，缺少统一鲜明、具有高辨识度和美誉度的城市文化品牌、顶级文化 IP，尚未形成诸如伦敦"戏剧之都"、巴黎"浪漫之都"、东京"动漫之都"的城市印象，尚未形成诸如纽约百老汇、伦敦西区、巴黎塞纳河畔的文化地标区。

二是影响世界潮流的文化产品、文化平台不够彰显。能吸引全球顶尖文化资源、助力国内文化走出去的平台渠道还不多，缺乏诸如美联社、路透社等具有广泛影响力的新闻媒体，缺乏诸如迪士尼、好莱坞等具有国际知名度的文化品牌，传播核心价值观、讲好中国故事的能力还需提升。北京文化论坛还处于起步发展阶段，作用仍有待发挥，北京国际电影节、国际设计周等文化品牌活动全球影响力仍有待提升。文化的包容性、开放度不足，外籍人士比例偏低，2023 年北京入境游客 116.8 万人次，仅为上海的 32%。

四、持续推进首都文化现代化的措施建议

推进首都文化现代化，建设全国文化中心，是以习近平同志为核心的党中央赋予北京的重要职责，要把全国文化中心建设放在中国特色社会主义伟大事业全局和新时代中国特色社会主义进程中来思考，放在实现铸就社会主义文化新辉煌的目标任务中来运筹，放在首都"四个中心"建设的协调推进中来把握，始终以首善标准做好首都文化这篇大文章。

（一）践行社会主义核心价值观首善之区，凸显首都在构建国家核心价值体系中的积极作用

一是以社会主义核心价值观凝聚首都发展共识。强化首善意识，用核心价值观引领首都经济社会政策制定和重大改革。统筹推动文明培育、文明实践、文明创建，推进城乡精神文明建设融合发展，奋力建设社会风气和道德风尚最好的城市。健全诚信建设长效机制，深化社会信用体系建设，加强诚信宣传，弘扬诚信文化，建设"诚信北京"。推动新时代文明实践与接诉即办机制对接，坚持把深化拓展新时代文明实践中心建设作为

走好群众路线、做好群众工作的重要载体。

二是提升马克思主义理论研究和对外交流水平。依托首都知名高校，建设若干重点马克思主义学院，打造成全国一流的马克思主义教学、研究、思想阵地，加强对建设中华民族现代文明和"两个结合"重大意义的研究阐释，建构易于国际社会理解和接受的新范畴、新表述，引导国际国内学术界开展研究讨论。

三是创新传播方式，增强核心价值观的感染力和向心力。推动从自说自话式的独白型传播向交流互动式的对话型传播转型，从"说教"传播向"体验"传播转型，从"显性"传播向"隐性"传播转型，将内容及其代表性的视觉性、文化性符号策略性地融入各类传播载体中，让核心价值观内容更好地被人民大众喜闻乐见、入心入脑。

（二）精心保护传承好历史文化名城"金名片"，多元立体赓续中华文脉

一是实施传统文化符号挖掘提炼工程。深入挖掘北京历史文化名城蕴含的丰富内涵，提炼精选一批能够凸显中轴线、老城、三山五园以及大运河、长城、西山永定河三条文化带等历史文化遗产的经典性元素和标志性符号，合理应用于城市雕塑、广场园林等公共空间。围绕提炼出的传统文化符号，创作一批具有古都文化底蕴、融合现代文化特色的艺术作品、影视作品、美术作品，打造一批非遗游、红色游、运河游等具有高辨识度的文旅IP，不断解码首都文化基因，推进历史文化资源活化利用。

二是实施历史文化遗产数字传承与利用工程。发挥北京数字经济与演艺资源双重优势，选择具有代表性的历史文化资源，深入挖掘历史文化资源背后的历史故事、文化价值、艺术价值，运用"5G+AR"等技术将传统文化与前沿科技创新交融，使历史文化遗产"活"在当下。加快对现有非遗文化、胡同文化、红色文化等历史文化资源的数字化转化进程，鼓励利用物联、移动技术、虚拟技术、元宇宙等实现数字历史文化资源与多种服务设施、场景的连接，打造场景角色扮演、实景游戏等项目，如通过红色剧本杀体验惊心动魄场景、通过沉浸式实景游戏穿越历史时空。

三是创新历史文化资源活化利用模式。探索政府、事业单位与企业主体通过合作经营、授权经营等模式，共同推进历史文化资源活化利用项目，探索与专业企业合作开发文创产品，实现"政府保护"与"社会保护"并重。推动相关部门在政策、资金、监管等方面提供支持，通过设立专项资金、提供税收优惠等方式，鼓励民营企业用好自身的市场、技术和管理优势，参与文化遗产保护与利用，为文化遗产的活化利用探索出更多新途径。

四是实施传统工艺传承人才振兴计划。组织具有京味儿民间文化的扎燕风筝制作技艺、兔儿爷制作技艺、琉璃烧制技艺、北京泥人张、北京绒花等项目优秀传承人开展巡回讲习，扩大传承人群培训面。积极推行现代学徒制，建设一批技能大师工作室，鼓励代表性传承人参与职业教育教学和开展研究。鼓励技艺精湛、符合条件的中青年传承人申报并进入各级非物质文化遗产代表性项目代表性传承人队伍，形成合理梯队。

（三）努力建设面向世界的文明交流互鉴窗口，让中华文化更好地走向世界

一是塑造一批具有世界美誉度的城市文化地标。利用北京文体旅融合优势，创新文化内容生产、运营模式，推动南中轴、首钢园区、城市副中心三大文化建筑等主动承担"试验田"角色，完善场景搭建、深化内容培育、实现市场化运营，建设具有创新活力的"文化地标"新形象。支持国有文艺院团与国家大剧院、长安街演艺区等地标性演出场所合作开展驻场演出，支持国际知名演艺集团和演艺经纪机构落户北京，擦亮北京文化演出地标名片。

二是打造一支融合新兴媒体和传统媒体的综合性传播主力军。针对北京文化资源"中央多、地方少"的特点，加快建立央地统筹协作新机制，在服务保障好国家队的前提下，避免各自为战、重复建设、同质化竞争，做大做强主流思想舆论，将中国表达和世界话语权体系有效衔接，讲好中国故事，传播中国方案。基于抖音、快手、爱奇艺等社交媒体及数字文化传播平台企业集聚优势，争取央媒等主流官方媒体联合社交媒体加快融媒

体平台建设，打造特色视听传播平台和内容品牌。

三是高水平办好北京文化论坛。秉持全球视野设置论坛议题，将更多全球共性议题纳入论坛研讨范围。发挥在京国际组织、跨国公司等主体国内外资源链接作用，邀请诺贝尔文学奖得主等重磅嘉宾参加论坛，提升论坛专业化、高端化、国际化水平。谋划设立永久会址，进行常态化活动宣传推介，打造"永不落幕的北京文化论坛"。推出论坛中英文出版物，展示论坛阶段性成果，提升文化传播效能。

四是做精做强一批具有国际影响力的文化活动。继续办好北京国际设计周、图书节、电影节、马拉松等品牌文化活动。推广"专业策展+社会资本+市场运营"的"以节养节"模式，引导专业机构通过招投标等方式挑头策展，撬动社会资本、票房和衍生品售卖等对节展的资金支撑作用，激发国际节展市场化动能。积极吸引国内外高端文化要素集聚，吸引更多有影响力的文化、艺术、体育等领域国际组织在京落地，推动更多国际性艺术总部、艺术节、艺术赛事、演艺论坛等落户北京。

（四）全力打造具有国际影响力的文化产业发展引领区，发挥文化重要引擎和增长极作用

一是创新文旅产品供给，打造更多文化消费新空间。鼓励运营商以文化空间为载体、文化消费场景为牵引、文化内容为引擎，推动文化产业园区内老旧厂房、仓库等闲置空间有效利用，引入国潮店、脱口秀等新形态，推动以"物"为核心的传统消费场景向以"人"为核心的文化消费新场景转变。支持文艺院团、创作团队与市属公园合作开发"公园+剧场""公园+演艺""公园+新潮娱乐"等产品。瞄准青年群体文旅消费新特点，利用"元宇宙""剧本杀""小剧场"等形式，不断探索青年经济新模式。

二是加强央地联动，推动数字文化贸易发展。利用北京数字经济优势，加强与中央直属文化出口重点企业对接，积极培育网络文学、网络视听、网络音乐、数字动漫、数字出版、线上演播、电子竞技等领域出口竞争优势，提升文化附加价值，打造具有国际影响力的中华文化符号。对接国家相关部门共同谋划探索搭建全球知识产权交易平台，针对文创IP、数

字影音等重点知识产权领域，形成明码标价、按需收费、公平合理、售后完善的全球知识产权定价和交易体系，激发文化市场主体的创新和创造活力。

三是创新园区管理，打造具有国际影响力的文化产业集聚区。借鉴郎园、德必等"轻资产运营"模式，鼓励国有产权方承担文化产业园区重资产改造投入，并通过公开招标等方式，将运营管理交由专业化运营主体，激活文化产业园区发展活力。推动文化产业园区企业加强推动自身运营服务能力培育，打造具有自身特色的运营品牌，形成"物业租金收益+产业服务收益"复合型盈利模式，探索运用 REITs 等模式引入社会资本参与园区项目建设，促进园区可持续发展。

（五）努力建设人民幸福标杆城市，不断满足人民多样化、多层次精神文化需求

一是深入推广公共文化设施社会化运营模式。借鉴景山市民文化中心、角楼图书馆等社会化运营经验，由财政资金适度托底，以政府投资建设必要的公共文化设施、支持部分运维费用保障、购买运营管理服务等形式，通过招投标方式遴选专业化运营团队全面承接公共文化空间运营管理，从"政府办"向"政府管"转变，通过"政府载体+社会运营"的创新模式，更好地契合居民对精神文化需求的个性化、多样化需求。

二是鼓励事业单位针对艺术场馆、体育场所等文体空间积极探索公私合作运营模式。用好 PPP 新机制鼓励通过市场化方式吸引特许经营者、把"属于市场的还给市场"的机遇，梳理全市艺术表演场馆、体育场所等资源，有序推进事业单位、国有企业与民营企业开展高效公私合作，引入可控的市场化 BOT 场馆运营模式，确保艺术表演场所、体育场所的维护与发展。深挖艺术表演场所、体育场所在时间利用上的潜力，加大开放力度和延长开放时间、拓展相关运动项目、增加经营内容等，扩大服务对象的辐射面。

三是用好各种文化基金，激发文化艺术创新创造活力。加强对文化项目资助规划的设计和资助边界的探索，提高资助精准度、集中度、美誉

度，通过资助什么、不资助什么、重点资助什么来向文艺界传达正确的信号。创新资助方式，在熟悉艺术活动、精品培育全流程的基础上，不断优化基金运作、项目实施周期等制度，探索更为精细化、阶段化的资助政策。更加专注孵化精品，帮助方向正确、艺术价值高、潜力较大，但短期内市场不能完全配置资源的项目度过成长期。

第二节　推动文化市场主体高质量发展促进首都文化产业提质增效

文化产业是一个兼具经济效益和文化价值的领域，也是首都经济的重要组成部分。北京立足全国文化中心的城市战略定位，充分发挥首都文化资源优势，推进文化产业发展，产业增加值保持平稳增长态势，多项文化产业指标居全国首位，但与国际大都市相比，北京尚未形成高精尖文化产业体系，文化产业国际影响力仍显不足，需进一步发挥文化市场主体在全国文化中心建设中的积极作用，推动文化产业提质增效，切实提高文化软实力和影响力。

一、北京市文化市场主体发展现状

改革开放特别是"十一五"以来，北京市加大文化市场主体培育和发展力度，鼓励和引导社会资本进入文化产业，文化产业市场主体快速增长，文化产业规模稳步壮大。

（一）文化市场主体快速增长，发展活力不断增强

依托首都文化资源优势，北京文化市场主体发展活力不断增强。规模以上文化及相关产业法人单位从2014年的3820家增加到2022年的5450家（见图4-2），年均增长4.5%，相当于上海的1.5倍，占全国的7.6%；实现营业收入从6876.9亿元增加到17797.3亿元，年均增长12.6%，相

当于上海的 1.6 倍, 占全国的 14.4%。

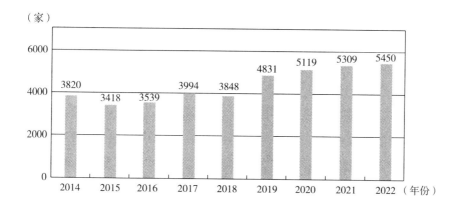

（家）

图 4-2 北京市文化及相关产业法人单位数量变化情况

资料来源: 历年《中国统计年鉴》。

文化企业整体实力持续增强, 国家文化和科技融合示范基地数量、入选"全国文化企业 30 强"数量、入选"国家文化出口重点企业名单"数量均居全国首位。北京地区已有国家文化和科技融合示范基地 16 家, 占全国总数的 15%, 其中 2 家集聚类示范基地、14 家单体类示范基地①。2023 年公布的第十五届"全国文化企业 30 强"中, 北京地区 6 家企业入选, 5 家企业被列入"全国文化企业 30 强提名"。2023～2024 年度国家文化出口重点企业名单中, 北京共有 63 家企业, 占全国的 18.3%, 其中市属企业 27 家。

（二）文化产业增加值占比保持全国首位, 核心领域优势明显

北京文化产业增加值从 2011 年的 1358.7 亿元增长到 2022 年的 4700.3 亿元, 年均现价增长 11.9%。2022 年北京文化产业增加值规模排在广东、江苏、浙江之后, 在全国各省份排第四, 文化产业增加值占 GDP 比重为 11.3%, 占比排全国第一（见表 4-2）。

① 根据科技部等认定的第一批至第五批国家文化和科技融合示范基地名单整理。

表 4-2　2022 年全国文化产业增加值占比前五的省份情况

单位：亿元，%

	全国	北京	浙江	上海	广东	江苏
文化产业增加值	53782.0	4700.3	5145.0	2816.1	6986.7	5907.2
文化产业占 GDP 比重	4.5	11.3	6.9	6.3	5.4	5.0

资料来源：根据国家统计局及各省市统计局网站数据整理。

　　北京文化核心领域优势明显，2023 年北京规模以上文化核心领域法人单位实现营业收入 1.83 万亿元，占规模以上文化产业营业收入的 91.1%，比全国核心领域占比高 26.2 个百分点；其中北京市新闻信息服务、内容创作生产、创意设计服务、文化传播渠道四个细分领域的营业收入，分别占全国总收入的 31.2%、22.2%、16.8%、19.8%（见表 4-3）。

表 4-3　2023 年北京市规模以上文化企业细分领域情况

单位：亿元，%

	营业收入	同比增长	占全国比重
合计	20140.1	13.6	15.6
文化核心领域	18339.3	13.9	21.8
新闻信息服务	5382.4	8.9	31.2
内容创作生产	6272.6	32.3	22.2
创意设计服务	3563.4	-0.6	16.8
文化传播渠道	2935.6	8.3	19.8
文化投资运营	50.4	11.1	7.5
文化娱乐休闲服务	134.8	69.2	7.7
文化相关领域	1800.8	11.1	4.0
文化辅助生产和中介服务	748.2	22.2	4.8
文化装备生产	82.7	-7.7	1.3
文化消费终端生产	969.9	5.5	4.1

资料来源：根据国家统计局、北京市统计局相关数据计算。

（三）"文化+"不断拓展产业发展新空间，新业态支撑有力

近年来，北京充分挖掘文化、科技、旅游等资源优势，促进了"文化+科技""文化+旅游""文化+体育"等融合发展，互联网信息服务、游戏服务、广告服务、文娱平台服务、数字内容服务、版权和文化软件服务等新兴业态成为文化产业发展的新动能。

2023年全市规模以上文化企业中，新业态特征比较明显的16个行业小类①共实现营业收入1.38万亿元，占全市文化产业营业收入合计的68.5%，比全国平均水平高28个百分点；同比增长16.2%，比全国高0.9个百分点；占全国文化新业态企业收入的比重为26.3%，较上年提高0.2个百分点；拉动全市文化企业营业收入增长10.9个百分点。

聚焦"文化+旅游"，持续打造"漫步北京"品牌，推出100个新晋北京网红打卡地和"北京微度假"文旅新消费品牌，发布台湖演艺车间体验基地、瞭仓艺术馆体验基地等文化旅游体验基地名单。聚焦"文化+体育"，完善文化体育设施建设，依托冬奥遗产，借助冰雪运动热度发展冰雪产业。

二、北京文化市场主体发展存在的主要问题

北京文化资源基础雄厚，文化市场潜力巨大，但首都文化产业的国际影响力不强，文化产品和服务的供给质量有待提升，难以充分满足人民群众日益增长的高品质文化需求，与纽约、伦敦、巴黎等国际城市相比，在文化软实力、文化品牌效应等方面均存在较大差距。

一是缺乏在国际市场有较强影响力的文化领军企业。尽管北京在入选"全国文化企业30强"、入选"国家文化出口重点企业名单"等方面企业数量居全国首位，但这些大企业以央企、国企为主，市属企业相对较少，如全国文化企业30强中仅1家市属企业，其余5家均为央企或国企；国家

---

①　新业态特征明显的16个行业小类是：广播电视集成播控，互联网搜索服务，互联网其他信息服务，数字出版，其他文化艺术业，动漫、游戏数字内容服务，互联网游戏服务，多媒体、游戏动漫和数字出版软件开发，增值电信文化服务，其他文化数字内容服务，互联网广告服务，互联网文化娱乐平台，版权和文化软件服务，娱乐用智能无人飞行器制造，可穿戴智能文化设备制造，其他智能文化消费设备制造。

文化出口重点企业名单中有 27 家市属企业，其余 36 家为央企或国企。与国际城市相比具有较强影响力的文化领军企业更加缺乏，如 2023 年全球 500 强企业榜单中，严格意义上的文化企业北京未有上榜，与美国有亚马逊、康卡斯特、迪士尼、华纳兄弟等多家文化企业相比有明显差距；全球文化创意产业上市公司 100 强中，中国有 11 家，其中北京仅有 3 家（京东、百度、神州数码），而美国有 50 家、日本有 22 家；2023 全球媒体品牌价值 50 强榜单中，北京仅有字节跳动、百度、爱奇艺 3 家企业的品牌上榜，而美国有 30 个品牌上榜；2023 年全球出版 50 强榜单，北京有 2 家企业上榜，中国出版集团排 27 位、中国科技出版传媒集团排 39 位，营业收入与世界榜单前 10 名的企业相比差距较大，2022 年中国出版集团营业收入 8.3 亿美元，仅为排名第一的里德爱思唯尔出版集团（63.3 亿美元）的 13.1%。

二是北京文化企业规模偏小，部分领域盈利能力较弱。第四次全国经济普查数据显示，2018 年北京有经营性文化产业法人单位 14.7 万个，从业人员 111.0 万人，每个法人单位平均从业人员仅为 7.6 人，比全国平均水平少 2.3 人。从规模以上文化产业法人单位来看，2022 年北京有 5450 个，从业人员 54.9 万人，每个法人单位平均从业人员为 100.6 人，比全国平均水平少 7 人。北京文化企业部分领域盈利能力相对较弱，2021 年北京市新闻信息服务领域规上企业实现利润 54.7 亿元，营收利润率仅为 1.1%，比全国平均水平低 12.8 个百分点；创意设计服务领域规上企业实现利润 84.6 亿元，营收利润率仅为 2.1%，比全国平均水平低 2.2 个百分点（见表 4-4）。

表 4-4　北京市 2021 年不同文化产业盈利情况　单位：亿元，%

	北京		全国
	利润总额	营收利润率	营收利润率
合计	1429.4	8.1	7.3
文化核心领域	1343.3	8.5	8.8
新闻信息服务	54.7	1.1	13.9

续表

	北京		全国
	利润总额	营收利润率	营收利润率
内容创作生产	1131.8	28.9	13.8
创意设计服务	84.6	2.2	4.3
文化传播渠道	97.1	3.6	1.3
文化投资运营	16.3	36.1	40.3
文化娱乐休闲服务	-41.3	-36.7	-13.1
文化相关领域	86.2	5.0	4.8
文化辅助生产和中介服务	38.9	5.1	6.7
文化装备生产	3.7	3.1	5.2
文化消费终端生产	43.6	5.2	3.2

资料来源：根据国家统计局、北京市统计局相关数据计算。

三是文化资源利用不足，且存在流失现象。许多文化服务的产业链还没有完全成型，文化与文物、旅游、园林、科技、城建、休闲等关联产业的发展水平存在错位，文化资源优势转化为产业优势亟待提升。文化旅游景点多数仍处在以门票收入为主的简单经营模式，与之相关的历史文化装饰、服饰、纪念品、影音、书画、会演、娱乐等产品服务链的生产、经营活动与文化内涵的发掘与利用远没有得到体现。在各大城市"抢人"、加码文化扶持政策的背景下，北京优质文化资源存在流失现象，如国际服装服饰博览会、数控机床展览会等传统优势展览品牌流向外地，创意设计服务产业从业人员从 2018 年的 10.8 万人下降至 2023 年的 9.7 万人（见图 4-3）。

四是企业缺乏开发北京历史文化资源的动力。部分企业缺乏对北京历史文化资源的了解和认识，或者有了解，但市场转化费用过高，大兴董陶窑创始人指出传统工艺注重实用和美学，而现代文化产品注重短平快的经济项目。如何将传统与时尚对接，提升文化产品的品质、品位、修养，是众多文化企业面临的困难，现有文化企业多通过培训、演出、出版图书、纪录片等方式培育消费市场，但引导消费、培育市场的周期很长，亏损成为常态，导致企业不愿意投入。

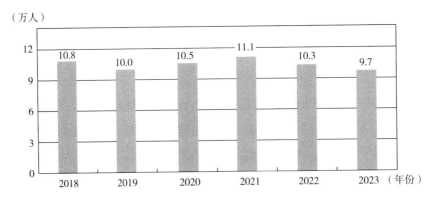

图 4-3　北京市创意设计服务产业从业人员数量变化情况

资料来源：北京市统计局网站。

五是文化产业政策仍不完善，营商环境仍有提升空间。文化产业与文化事业尚未贯通发展，现代文化市场体系和营商环境建设还有欠缺，支持文化产业发展的土地、人才等政策力度仍需加大。文化相关行业管理存在部门、区域分割问题，使本应完整的文化产业链发生断裂，导致市场配置资源的基础性作用没有充分发挥。以新闻出版业为例，虽然部分国有出版机构已经转制成企业，但事业单位的管理模式尚未完全改变，造成管办不分，出版单位缺乏活力和市场敏感性，难以适应市场经济的发展。而日趋活跃的民营出版机构，因出版政策和管理方面的原因，需要靠购买书号运营。

三、推动北京文化市场主体高质量发展的对策建议

一是深化央地合作，打造一批具有全球竞争力的文化旗舰企业。持续深化国有文化企业改革，借助中央大型国有文化企业实力雄厚的优势，强化本地文化重点企业的创新能力，支持本地文化企业参与和承担国家重大文化工程项目，将龙头企业培优扶强作为重要方向，加大对文化企业领军团队培育和引进力度，遴选一批予以专项扶持。吸引国际知名文化企业总部、文化科技研发中心等机构在京发展，增强全市文化产业的整体实力。

二是积极培育壮大民营文化企业。促进民营文化企业依法平等使用资

源要素、公开公平公正参与竞争、同等受到法律保护，推动民营文化企业改革创新、转型升级、健康发展，持续实施"十百千"文化企业培育工程，打造具有全球竞争力的文化品牌和最强阵营。引导中小微民营文化企业走"专、精、特、新"发展之路，研究制定精准扶持政策，完善文化产业综合服务平台，增强盈利能力和发展后劲，形成富有活力的文化企业集群。

三是助力企业打造具有首都特色和全国影响力的文化精品。对接国家相关扶持资金，设立首都专项基金，用于鼓励历史文化资源的利用与转化，拓展资金使用思路，对代表北京历史文化特色的旅游产品、文化产品进行国家推广，制作成国礼。引导和支持北京传统文化企业积极参与国家中华优秀传统文化传承发展工程、文艺作品质量提升工程。

四是推动文化产业与其他产业融合发展。重点支持文化科技、文化金融、文化体育、新媒体产业、动漫网游及数字内容、影视产业、创意设计服务、会展服务、出版发行和国家文化产业创新实验区等功能区建设，不断增强文化产业融合发展能力。以建设全球数字经济标杆城市目标为导向，发展数字文化产业总部经济。加强虚拟现实、交互娱乐等重点领域标准研制，积极参与文化产业国际标准制定和应用推广。发挥国家文化与金融合作示范区、国家文化产业创新实验区先行先试作用，创新文化金融产品和服务。

五是推动各区域结合资源禀赋差异化发展。结合各区文化资源禀赋和产业发展基础，推动形成差异互补、专业集聚的文化产业发展良好态势。核心区重点推动优秀传统文化传承与创新，提升天桥演艺区、琉璃厂、南锣鼓巷等区域发展品质，展现大国首都形象和中华文化魅力。中心城区重点发展文化科技融合的现代文化产业，打造高精尖文化产业集群，加快推进中央商务区、中关村地区、新首钢地区、首都商务新区等建设。城市副中心重点发展演艺、设计、文化旅游等产业，加快各类特色小镇建设。平原新城重点发展战略性新兴文化产业，打造北京大兴国际机场临空经济文化产业新空间和辐射带动京津冀的视听产业走廊。生态涵养区重点发展文化+旅游、文化+体育等产业，利用好2020年世界休闲大会、2022年北京冬奥会和冬残奥会等大型赛会，提升产业发展质量。

第三节　把握中轴线列入世界遗产名录契机
推动中轴线"文化脊梁"焕发新活力

2024 年世界遗产大会审议宣布"北京中轴线——中国理想都城秩序的杰作"列入《世界遗产名录》，引发社会各界热议。习近平总书记强调，要以此次申遗成功为契机，持续加强文化和自然遗产传承、利用工作，使其在新时代焕发新活力、绽放新光彩；百度指数显示，申遗成功后的两个月内，"北京中轴线"平均热度超过上年同期的 2 倍。北京市以中轴线申遗保护为契机，带动中轴线区域的腾退整治、开放利用等工作成效显著，但尚未形成"以点成线带面"活化带动效应，活化机制有待进一步完善。需以统筹空间布局、畅通机制堵点、推动多元利用为抓手，提高社会参与、旅游发展、阐释展示、国际交流水平，放大中轴线整体 IP 效应，释放"金名片"时代新活力。

一、申遗强力带动中轴线面貌焕新

自 2012 年申遗以来，在持续推进文物腾退和老城更新的基础上，中轴线活化形式和功能价值不断拓展深化，持续涌现新的机制模式，"以用促保"成效显著并呈现"三新"趋势。

一是腾出"新空间"，带动老城整体保护复兴。中轴线申遗强力推动了老城更新活化：部市合作①推动中轴沿线重点文物建筑的腾退修缮和开放。太庙、社稷坛、天坛、景山、先农坛等一系列中轴线遗产要素和文物

---

① 北京市与国家文物局建立了部市合作联席会议机制，涉及中央单位、军队，由首都规划建设委员会办公室开展协调工作；属于北京市、区相关事务，由北京市推进全国文化中心建设领导小组负责统筹调度。成立北京中轴线申遗保护工作办公室，负责联络相关单位，分类提请相关议事协调机制进行调度。

建筑的历史风貌得以恢复，开放提供文博展陈等公共服务。"申请式腾退、改善"① 和"共生院改造"模式推动百姓烟火气成为遗产重要组成。如遗产区的南锣鼓巷历史文化街区作为东城区首批"申请式腾退、改善"试点，其中60%的居民腾退外迁；同时为留住居民提供定制化方案，将雨儿胡同30号院（两户原居民留住）腾退空间打造成为具有居民聚会、共享书屋等功能的公共服务空间，实现建筑共生、居民共生、文化共生②。

二是植入"新场景"，打造文化体验新地标。中轴线区域在提供文博展陈等基本公共服务的同时，文化消费场景日益多元，成为文旅消费"新引擎"。2024年1~7月缓冲区生活服务业线上交易额同比增速约为城六区的2倍③，外地游客增速、消费拉动效果领先于全市水平。"1+1+X"（主管部门监督+市场主体运营+众多内容合作商或空间主理人）社会化招商运营成效显著，中轴线区域在全国率先开展文物建筑社会化招商运营④，推动社会、经济"双效兼顾"，如美后肆时景山市民文化中心布局剧场、餐饮等21处活动空间，财政补贴由2022年的425万元降至2023年的300万元，运营方延伸服务收入由190万元升至260万元；泰安里（市级文保单位）按照"50%公益+50%商业"布局咖啡、演艺等9个业态空间，成为青年人热衷打卡地。文化活动牵引多场景融合，"白塔之夜""大戏看北京—会馆有戏""古建音乐季"等推动"中轴线文化空间+演艺、集市、音乐、非遗等"相结合，"古建音乐季"线上观众超1000万。

三是融合"新技术"，赋能中轴线申遗和活化。中轴线申遗是全球首次利用数字化技术全过程参与的世界文化遗产申报，数字化成为申遗和活化的重要创新与关键标签（见图4-4）。持续筑牢中轴线数据底板，市测

---

① 申请式腾退指居民可以按照个人意愿，退还房屋使用权，并获得补偿及安置；申请式改善指不愿腾退的居民可自愿申请房屋改善，住户必须先拆除自建房等违建。

② 资料来源：北京市文物局官方报道。

③ 资料来源：美团平台数据。

④ 西城开创了国内首个将文物建筑面向市场公开招商，已推动两批16个文物活化利用项目落地；东城通过公开征集或定向邀约的方式引入社会力量，2023年明确了第一批活化清单；东城区发布首批10个焕发会馆活力合作征集项目，推出"会馆有戏"品牌。

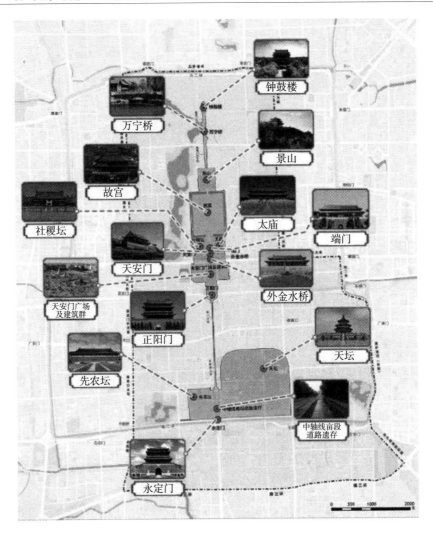

图4-4　北京中轴线遗产区及缓冲区示意图（框内）

绘院等机构开展中轴线遗产点数字化采集，为遗产考古、保护和数字利用提供基础支撑；线下沉浸式体验成为重要展陈形式，如鼓楼展陈"时间的故事"布置12个交互体验展项，日参观量较开展前提升了近3倍；线上打造数字世界的中轴线，腾讯与北京京企中轴线保护公益基金会（下文简称中轴线基金会）成立"中腾基金"，以"数字技术资源投入+公益捐赠"

方式投入 1 亿元，其"数字中轴"项目通过开发"北京中轴线"官网、"云上中轴"小程序等实现云端可游可玩，截至 2024 年 7 月，"云上中轴"累计访问用户数超 450 万①。

二、中轴线文化空间活化利用仍待走深走实

中轴线活化利用虽取得极大成效，但站在申遗成功的更高起点，需进一步提高其活化利用效能。但中轴线区域尚未形成"以点成线带面"活化带动效应，北京中轴线 IP 从"活起来"到"火起来"还有一定距离，活化机制仍需完善。

（一）大量文物建筑处于"休眠状态"，腾退、再利用难

中轴线重点文物建筑已实现"能退尽退"，但低级别文物及平房区的腾退利用任重道远：截至 2024 年 5 月，核心区对外开放文物仅占 27%，其中全国重点文保单位的对外开放比例达 63%，市级、区级文保单位只有28%、16%，约 10%的文物无人使用②，历史文化价值被淹没，其腾退利用面临资金压力及产权问题的制约。

一是政府财政依赖大，社会资本吸引力弱。如申请式退租作为被占用文物及周边平房院落整体改造提升的重要方式，主要通过"国企实施+财政支出或国有企业贷款"的路径推进，退租后的房屋主要用于文化设施及补充公共服务短板，投入大（据《北京市城市更新行动计划（2021-2025）》，核心区平房区 5 年计划退租 1 万户，按 300 万元/户计算，共需资金约 300 亿元）、风险高、周期长、利润低，社会资本投资意愿低，资金压力较大。

二是产权多元复杂，腾退利用的社会共识需进一步凝聚。中轴线区域文物及平房院落的权责复杂③，涉及政府、产权单位、私房主、租户等多

---

① 资料来源：国家文物局官方报道。
② 资料来源：中国城市规划设计研究院，《首都功能核心区文物保护利用整体规划》。
③ 核心区文物主要为国有产权（央属 192 处、市属 137 处、区属 319 处）。还有在京部队文物 20 处、私产 37 处、宗教产 9 处、混合产 18 处、产权不详的文物 21 处；平房院落有直管公房、单位自管公房、私房等多种产权类型；直管公房为国有产权，多被单位或个人使用。

方面，常面临产权方或租户"不愿退""退不完全"的困境，腾退利用的社会共识需进一步凝聚。2019~2023年，核心区腾退出近350套四合院，约70%为共生院①，大量零散院落由于产权难协调、活化路径不明确等原因处于闲置状态。

（二）众多文化地标活力未被充分激发，吸引力不强

部分已开放利用的重要文化资源游客吸引力不强、文旅服务能力不高，需进一步提高活化利用效能。

一是社会化运营"点"状有突破，但机制层面仍有制约。中轴线区域虽已逐步开放文物建筑的社会化招商运营，涌现了诸如隆福寺、泰安里等成功运营的文化新地标，但大多还是由相关行政或事业单位管理，市场化赋能不足。主要原因是文物建筑"保""用"存在隐性壁垒，活化利用标准不清晰导致多数市场主体"不敢用""用不活"。调研中了解到，文物空间的准入业态类型、软装建设标准、市场化收费标准尚不明确；市场主体对文物能否"用"、怎么"用"、是否会影响文物保护相关规定等存在较大顾虑；市场化运营的首期合同规定不超过5年，"回本"压力大更降低了市场主体进入意愿；文物建筑"重保不重用"情况较为普遍，在修缮过程中并未考虑后期应用场景，对物业水电、亮化等基础设施的铺设不符合实际运营需求，修缮、利用脱节，缺少"全周期运营"。

二是重要文化街区的服务消费业态亟须织补和更新。如带动中轴线周边消费活力的主要区域——前门大街，业态老旧、重复、文化创意匮乏等问题仍十分突出，前门主干道上有的老字号、美食，鲜鱼口和大栅栏也有，甚至更密集；仍存在着大量10元店、布鞋店等老旧业态；前门地区客单价在25元左右，相较10年前降低了10元②；天桥演艺区在餐饮、住宿服务、停车服务方面均有不足，购物、娱乐等配套设施偏少，多元化的演艺消费场景缺失，无法通过一场演出撬动更多消费，商业生

---

① 资料来源：北京九门营造建筑设计咨询有限公司，《北京老城保护和城市更新项目发展研究报告（2023）》。
② 资料来源：京文创研究院。

态亟待重塑。

三是"文化空间+数字技术"仍需提效。在数字应用场景环节，数字体验与展陈表现力有待提升。如位于中轴线北段的宏恩观数字艺术馆尝试通过沉浸式和交互式的数字展陈展现中轴线文化内涵，但其运营方表示"大众对中轴线文化还不够了解，对数字展走马观花多，深度体验少"。在数字资源社会利用环节，缺少文化遗产数字资源社会化开发利用的公共服务平台，可提供类似功能的"中轴线纹样数字基因库"建设仍处于前期准备阶段①。

（三）中轴线"整体活化"协同机制仍需完善

中轴线 IP 整体活化涉及文旅、文物以及跨区行政部门等各个方面，协同难度大，活化"合力"有待强化。

一是中轴线 IP 管理机制尚不完善。无论是文创产品开发、多元业态植入还是相关活动举办，都需依托中轴线 IP。北京中轴线 IP 由北京中轴线遗产保护中心所有，由中轴线基金会运营。但调研中相关市场主体反馈，北京尚未完全落实中轴线"IP 授权+基金会投资运营+收益反哺基金会"的价值管理闭环，中轴线 IP 活力有待进一步释放。

二是跨区域、跨部门协同不足。北京中轴线恰好属于东城与西城两区分界处，不同文化空间分属两区管理，同时涉及文物、文旅、市场监管、消防安全等多个方面，目前尚未形成有效的多部门协作机制。东城区文创园区协会反映，东城区推出的钟鼓楼音乐会等活动吸引了众多游客，并通过街边安装摄像头的方式避免游客及观光车停留聚集，却间接将大量客流引至西城，为城市管理带来负面影响。

三、政策建议

北京中轴线申遗成功是新的起点，要通过高水平的传承利用使它"到心里"，"活"在新时代。建议以中轴线"整体活化"为目标，统筹空间

---

① 2024 年的北京中轴线文化遗产传承与创新大赛新设"中轴纹样"赛道，是为后续即将建设的中轴线纹样数字基因库做基础工作。

布局、畅通机制堵点、推动多元利用，打造更为丰富的文化业态和文旅场景，让中轴线真正活起来。

（一）统筹文旅资源布局，推动中轴线区域整体活化

立足北、中、南三大片区文化资源禀赋，以点带面整体激活中轴线文化空间。在中轴线北片区依托钟鼓楼—地安门外、国子监—雍和宫、北大红楼文物集群等重要节点，强化与周边众多的名人故居、王府、四合院等文化空间的联动，集中展示京味文化、古都文化、红色文化。在中轴线中片区、依托中南海—天安门节点落实国家政务、国际交往功能，探索推动东交民巷使馆区适度开放；依托故宫—王府井—隆福寺"文化金三角"重要节点，结合美术馆等既有设施，加强周边创新创意产业的发展。在中轴线南片区，强化前门东会馆群、前门—大栅栏商业集群、天桥演艺区等核心节点的协同联动，融合先农坛、天坛等文化地标元素，打造集"演艺+商业+旅游"于一体的南中轴文化集群。

（二）畅通机制堵点，盘活"休眠"文化空间

一是推动文物"分级分类"开放利用。研究制定《中轴线区域文物分级分类活化利用及社会化运营指导意见》，明确高级别文物主要提供文博展陈等公共服务、中低级别文物提供"公共服务+市场化延伸"服务相结合、文物周边配套建筑、街区等鼓励提供多元市场化延伸服务的原则，在此基础上明确量化各级文物软装标准、社会主体准入条件、准入业态、市场化运营收费标准等，以"底线"思维为腾退文物利用留足空间。盘点中轴线区域闲置文物空间，梳理形成可市场化利用白名单，给予相关营业证照办理便利。适当调整文物利用首期合同期限，通过定期考核结果来确定是否延续合同。

二是梯度培育市场化运营主体，提升中轴线综合运营能力。一方面打造国际一流文化产业集团。如在中轴线南片区，以西城区国企天桥盛世为牵头方，引导其整合社会资本和优秀文化资源，建立多元化的运营管理平台公司，培育成为具备剧场演艺、IP运营、文化投资、产业招商等全链条、一体化综合服务的大型文化产业集团，着力提升天桥演艺区及中轴线

南段整体文化实力。另一方面探索建立"中轴线市场运营主体白名单"。梳理国内外知名文化创意、潮流品牌、数字体验、城市更新等行业的文化内容和服务企业，主动招募其参与中轴线活化利用，根据各类文化空间的盘活需求给予企业优先选择、运营补贴等政策倾斜。支持市区两级国资公司与白名单企业合作建立混合所有制管理平台公司，"公益+商业"统筹推进各类空间的活化利用，即公益性项目由政府主导，委托合资公司实施；商业性项目由合资公司主导实施，降低政府投资风险，发挥市场主体活力。

三是鼓励原住民与社会力量参与文化空间腾退利用。以宏恩观建筑群、南锣鼓巷建筑群等为试点，支持运营主体介入推动腾退，深化"共生院"模式。从国际经验来看，允许社区成员从遗产利用中获利①是凝聚社会力量的重要方向。可以依托租赁、共同参股等方式鼓励原住民通过收取租金、经营分红等方式参与腾退利用；支持在共生院的闲置空间中引入北京传统形式的小茶馆、小酒肆、传统手艺展示等业态；借鉴2008年"奥运人家"活动经验②，面向国内外游客推出"中轴人家"老北京居住生活体验活动，打造"生活中的中轴线"。丰富腾退利用的社会资金渠道，借鉴意大利设立"艺术补贴"的经验③，依托中轴线保护公益基金会，创立中轴线区域文化空间腾退利用基金，吸纳企业、个人捐款或投资，提供捐赠方或投资方税收抵免、合作营销等政策支持，减轻腾退的财政压力。

四是设立"文化街区活化提升示范项目"，发挥固定资产投资"四两拨千斤"效果。以政府固投为抓手，考虑在前门大街、环钟鼓楼地区等腾退基本完成、有业态更新需求的区域发起"文化街区活化提升示范项目"。

---

①　如在欧洲文化线路的圣奥拉夫之路挪威段，当地政府充分支持草根力量参与线路开发，每隔一定距离设置一家由当地农民经营的小规模旅馆，帮助有商业意愿的社区居民将闲置建筑改造为住宿设施等，与当地居民的互动使得圣拉奥夫之路成为活着的文化体验遗产路段。

②　"奥运人家"活动是由政府出面，公开向社会招募北京市民家庭，为奥运观众和旅游客人提供住宿接待服务，让海外游客走进北京市民家庭、体验市民生活的民间友好交流活动。

③　意大利通过给予相应税收抵免、广告营销权等政策，吸纳企业、个人资金捐赠，支撑完成了罗马斗兽场、西班牙广场以及许愿池的修复。

一手抓硬性"设施投入"，支持硬件设施（如数字化展陈设备、体系化的文物介绍标识等）及周边环境整治（如停车场、公共服务设施等）的配套提升，通过政府背书等方式吸引运营主体和社会资本参与；一手抓软性"考核指标"，制定项目的公益服务水平、市场运营效能、文化价值阐释水平等软性验收指标，鼓励适当引入书店文创、特色餐饮、虚拟体验等文化消费业态，形成集文化、生活、办公、商业等功能于一体的街区示范；建立项目"联席会议机制"，实现"运营前置"，由项目委托方统筹文物局、文旅局、市场监管局、跨区行政主体、运营方、业内专家等建立项目"联席会议机制"，项目启动前明确活化利用方向，协商明确文物利用的敏感、难点问题，统一认识、协同推进。基于整体运营需求配套物业水电暖通等基础设施，保障改造、招商等环节按统一的文化调性推进。

（三）放大中轴线IP效应，为中轴线注入新活力

一是完善中轴线IP运营机制。引导中轴线遗产保护中心、中轴线基金会、相关企业形成常态化联动机制，落实中轴线"IP授权+基金会运营+收益反哺基金会"的运营模式，畅通中轴线IP向文创产品、文旅产品的开发、转化渠道，提高中轴线IP运营和传播效能。

二是设置中轴线主题游径，打造文旅消费新热点。紧抓北京对多个国家实行免签政策，与美团、携程等平台合作，打造适宜漫步、骑行、研学的主题游径等文旅产品，如以红色资源为径，串联北大红楼、李大钊故居等革命旧址，沿途布局"重走革命路"体验馆；以名人足迹为径，串联鲁迅故居、郭沫若故居等名人故居，结合名人故事在适当区域布局"我与先辈面对面"等沉浸互动式微戏剧；以戏剧演艺为径，串联各大戏剧会馆、剧院，引导院团创排上演中轴主题戏剧；以非遗"老字号"为径，串联六必居、月盛斋等品牌门店，鼓励其与霸王茶姬等时尚餐饮、泡泡玛特等潮玩手办等IP联名开发新消费产品。借鉴西安的"入城仪式"，打造常态化的北京中轴线"中华迎宾礼"，让游客感受中华气派、大国风度。

三是打造线上线下融会贯通的数字文旅新场景。利用好"中轴线基金会等资金资源+中轴线文化遗产资源+中轴创意大赛等创意资源",支持腾讯、北京河图、蓝色光标等主体加强虚拟人、VR/XR等技术在中轴线展示阐释和传播中的开发应用,提供高品质数字中轴体验。线下焕新,在正阳门、永定门等标志性建筑布局数字展陈、虚拟体验等,吸引游客从高处观赏中轴线的壮美景观;在王府井大街、前门大栅栏等重要商圈建设开展"数字沉浸展""数字长卷"等文化项目,促进传统地标数字化升级。线上游玩,开发"中轴线+游戏""中轴线+动漫"等超级数字场景,如把游览过程开发成寻宝游戏等。打造中轴数字新基建。整合北京市测绘院、"数字中轴""万象中轴"以及在建的"中轴线数字纹样基因库"等资源,建立面向社会开放、授权的中轴线数字服务平台,鼓励中轴线数字资源市场化开发利用。

四是加强对外交流与传播,释放中轴线IP国际影响力。打造国际交往新载体。联动天桥盛世平台运营公司,将先农坛打造成为承担重要外事活动、国际文化交流活动的新的国家会客厅;借力"四平台"创办中轴线主题国际活动。如依托北京文化论坛,设置"推动文明交流互鉴、构建人类命运共同体"分论坛,邀请世界文化遗产相关国际组织和各缔约国参会交流;依托服贸会,设置"文化遗产旅游服务"分论坛,面向国际旅游服务机构推广中轴线文旅产品;依托中关村论坛,设置"数字技术在文化领域的前沿应用"分论坛,同时举办中轴线数字化保护利用项目国际评选活动;依托金融街论坛,设置"社会资本在遗产保护中的利用"分论坛,拓展中轴线遗产保护利用的国际金融合作。拓展中轴线IP国际传播渠道。充分利用海外社交媒体,通过"国际城市轴线的差异比较""发现国际城市建筑对称之美"等话题带动,强化北京中轴线IP的国际传播,让"北京中轴线"在促进文明交流互鉴、增进民心相通等方面发挥更积极的作用。

第四节　大力发展演艺经济、赛事经济
激发首都文体旅融合发展活力

一、坚定文化自信，文体旅为首都经济发展注入新活力

2023年，北京市文体旅市场全面复苏，产品供给不断丰富，业态升级加速演进，消费潜力充分释放，首都文体旅高质量发展迈上新台阶。

（一）演艺经纪蓬勃发展

2023年，北京市演艺市场强劲复苏，共举办营业性演出4.9万场，观众1138.5万人次，票房收入23亿元，与2019年相比，场次、观众、票房分别增长117.0%、9.5%、32.1%。多种艺术类型演出活跃首都舞台，脱口秀演出场次超过1.4万场，话剧演出超过5000场，成为专业剧场演出中最受市场欢迎的艺术门类。演唱会呈现繁荣发展态势，超300个演艺空间开展营业性演出，大型演唱会强势拉动跨城观演和文旅消费，2023年北京市举办演唱会等大型演出活动100余场，观众超100万人次，票房收入超7亿元。"大戏看北京"2023展演季与惠民文化消费季联动，先后有百余部精品剧目和影片在线上线下进行展演、展播、展映，总观看人数超3800万人次。2023年推出15个演艺空间培育类项目，深度盘活了一些利用效率不足的城市空间，以正乙祠戏楼、颜料会馆、湖广会馆为典型代表的百年会馆举办演出活动近400场①。

（二）赛事经济方兴未艾

北京积极满足人民群众对美好生活的期待，在保障赛事品质的同时，多层次增加体育赛事供给，持续扩大体育赛事覆盖面。2019~2023年，北京体育赛事举办数量由474项次增长至975项次，增长105.7%。其中，

---

① 资料来源：北京演出娱乐行业协会官方报道。

国际赛事 39 项次，增长 39%；全国赛事 84 项次，增长 236%；跨省份赛事 30 项次，增长 36%；市级赛事 514 项次，增长 132%；区级赛事 308 项次，增长 74%。为充分用好"双奥"遗产，北京大力推进冬奥项目赛事体系建设，2023 年共承办 5 项冰雪顶级赛事，引进和支持 55 项全国、京津冀以及市级冬季项目赛事。北京以马拉松为支点将体育赛事"流量"转变为消费"能量"，2023 年共举办 36 场路跑赛事，排名全国第六，北京马拉松参赛人数达 3 万，密云马拉松、城市副中心马拉松参赛人数 1 万~2 万人，促进了地区体育休闲消费增长[①]。

（三）旅游市场发展势头良好

2023 年，全市接待游客 3.29 亿人次，增长 80.2%，比 2019 年增长 2.0%；实现旅游收入 5849.7 亿元，增长 132.1%，恢复到 2019 年的 94.0%；人均消费 1778.0 元/人次，增长 28.6%，恢复至 2019 年的 92.0%。从重点监测景区来看，2023 年 258 家景区（不包括环球影城）共接待游客 4.14 亿人次，增长 101.1%，比 2019 年增长 30.6%，其中 75 家事业单位收入合计 107 亿元，增长 27.9%；183 家企业单位营业收入合计 97 亿元，增长 48.2%。从乡村旅游来看，2023 年全市观光园接待游客 936.2 万人次，增长 32.4%；总收入 21.2 亿元，增长 15.4%；民宿等经营乡村旅游单位接待游客 1273.9 万人次，增长 17.9%；实现收入 15 亿元，增长 9.1%。从入境旅游来看，2023 年北京接待入境过夜游客 116.8 万人次，较上年增长 384.8%，恢复到 2019 年的 31.0%；国际旅游收入 16.6 亿美元，增长 275.7%，恢复至 2019 年的 31.9%；人均消费 1421.2 美元/人次，较上年下降 22.3%，较 2019 年增长 3.1%[②]。

二、首都文体旅高质量发展存在的主要问题

（一）首都演艺经纪吸引力减弱、留存力不足

一是政策环境"亲和力"不足。演艺经济红利背后离不开当地政府以

---

① 资料来源：《中国体育报》。
② 资料来源：北京市文化和旅游局发布的《2023 年北京市文化和旅游统计公报》。

及相关部门的保驾护航，调研了解到，虽然很多演艺企业很重视在京市场，但考虑到不了解北京优化流程的相关政策和政府对于安全管理的态度等因素，对在京举办演唱会持观望态度，首演、压轴收官等号召力强的演唱会更愿意选择上海、广州等地。

二是演出经纪公司市场支配力偏弱。演唱会自身产生的收入主要为票房、赞助和明星周边三大板块，主要由艺人团队、演出经纪公司（主办方）、票务平台、场馆四方获得，背后有资本支持的演出经纪公司具备强大的市场配置力。北京虽有罗盘文化、京奇非凡等演出经纪公司，但相比上海华人文化演艺有限公司（CMC Live）等全国头部企业，在资源整合、吸引头部艺人等方面仍有较大提升空间。北京虽然拥有保利文化集团、北京演艺集团等大型国有文化企业，在传媒娱乐界的人脉、影响力和资本实力均不弱于外省份，但参与市场竞争、进行演唱会等文娱投资的意愿不强。

三是场馆市场化运营能力不足。北京场馆资源丰富但"冷热不均"，凯迪拉克中心排期最满（约占全市一半），但工人体育场、国家体育馆、国家速滑馆等利用率不高。访谈相关协会专家了解到，北京利用率不高的场馆多由事业单位或国资公司管理，市场敏锐度不高，且倾向以收取场租的"保稳"方式参与。

四是票务平台面临竞争压力。我国演出票务市场已经形成以一级专业票务平台与二级票务平台共存的多元化格局。一级平台，大麦（北京市占比预计不低于60%）仍然一家独大，但纷玩岛（上海市占比约为20%）、票星球（上海市占比约为7%）、猫眼（天津市占比约为6%）等外省市平台发展势头强劲①。大麦虽为北京公司，已被阿里100%股权收购，未来需警惕业务流出风险。二级平台，北京仅有票一家，其他均分散在上海、杭州等城市。

（二）赛事经济发展可持续性不足、经济效益下降

一是缺少带动效应好的品牌赛事。顶流商业赛事带动效应好、品牌价

---

① 资料来源：综合券商机构、灯塔数据和第三方咨询机构的测算数据。

值高，是撬动"赛事经济"的关键引擎。近年来，北京在足球、篮球等热门领域引育商业赛事不足，近五年仅有一场梅西邀请赛。虽然北京市围绕科技、时尚等领域虽布局了数智体育公开赛、小轮车公开赛、攀岩锦标赛等，但大多级别低、影响力不足。

二是缺少大型赛事的"操盘手"。专业高效的企业操盘运营是引育顶级赛事的关键。北京市大型赛事主要依靠政府举办，赛事结束后机构随之解散；群众性赛事大多通过政府购买服务交由协会举办（主办和承办完全由政府组织约占 65%①），企业参与度不高；赛事组织类企业中近九成是小微企业，虽有万达体育、中奥体育等头部企业，但"绑定性"不强，真正市场化、专业化、国际化的运营团队数量与层级均不足。

三是赛事空间活力亟须提升。2008 年之前建设的大部分场馆由事业单位管理运营，链接全球赛事资源能力偏弱，调研中多家场馆反映曾尝试举办国际赛事、开发场馆冠名等，但因自身资源储备不足、协调能力有限，均未达成合作。此外，北京市体育场所及周边消费项目相对单一，缺少集赛事、运动、休闲娱乐、培训、餐饮、购物于一体，适宜年轻人或家庭长时间停留的体育消费空间。

（三）文体旅融合发展质量仍有待提升

一是文旅宣传与演艺热点、赛事热点的有机融合不足。随着人们消费习惯的变化，"演艺""赛事"与"旅游"的关系正在悄然改变。过去演艺、赛事往往是旅游观光的附属活动，而今演艺、赛事则成为许多人策划出行的原动力。北京市文旅宣传与演艺、赛事热点的结合仍不够紧密，针对国家博物院、故宫、天安门等重点景点的预约方式、出行路线、安检要求等内容缺少"一站式"引导，许多外地观众来京后不知道哪些景点可去、有什么纪念品可买，致使客源流失。

二是"以演促旅""以赛促旅"联动服务内容单薄。为更好地推动"以演促旅""以赛促旅"，国内外许多城市在大型演出、赛事的同时推出

---

① 资料来源：北京市体育竞赛管理和国际交流中心。

配套优惠活动，如柏林爱乐音乐厅为旅游交通票"Berlinpass"的购买者提供观演优惠，实现从"游客"与"观众"的双向转化。北京与热门演出联动的文旅活动及优惠数量仍然较少，且大多局限在单个商家的定向优惠，以演促旅、以赛促旅难以成"势"，"演艺+""赛事+"文旅产品和服务的内容亟待丰富。

三是热门演艺IP、赛事IP开发仍待挖潜。头部明星和大IP的加持能够带给消费者更高的情感价值，有效提高人们的消费意愿。北京在借力大IP拉动关联消费方面开展了一些探索，但联动营销案例仍不多见，演艺活动、赛事活动的经济拉动效应远未充分发挥。同时，部分院团演出能力优秀而商业运营能力不足，在文创产品和衍生配套周边产品开发等方面缺少经验，剧目IP价值发掘"心有余而力不足"。部分院团反映，受制于运营经验较少、缺少文创研发合作对接渠道、资金实力不足等因素，一些热门优秀剧目的衍生品迟迟难以落地。

三、促进首都文体旅融合发展的对策建议

充分认识体育赛事、文化演艺、文娱旅游赋能城市发展的重要作用，提高办赛、办演能力，打造具有首都特色的赛事、演艺品牌，聚集人气拉动消费，促进首都经济高质量发展。

（一）放大"演唱会+"效应，释放首都演艺经济活力

一是培育多元文化娱乐供应商。借鉴全球头部现场娱乐公司Live Nation、上海CMC Live经验，依托北京平台公司流量优势以及国有大型演出公司资源优势，推动头部演出经纪公司、票务平台等通过投资、并购等向上游内容端和下游场馆方拓展，实现"演出主办+艺人经纪+在线票务业务+场馆运营+赞助广告"全产业链布局。

二是激发文体场馆市场活力。有序推进国有场馆所有权与经营权分离，探索委托经营、合股经营等方式将场馆交由专业能力强、市场化运作经验丰富的公司负责运营。开发以冠名权和豪华包厢为核心的无形资产，提高场馆经营效益。紧抓设备更新和消费品以旧换新契机，引导有条件场

馆更新演出所需专业设备。探索运用 REITs 等模式参与利用率低场馆更新改造，撬动社会资本参与场馆运营管理。

三是加强票务平台建设。培育正规二级票务市场平台，通过设置卖家准入门槛、平台担保机制、追溯交易路径等提高票务交易透明度和规范度。积极培育引进细分领域垂直平台，支持中演票务通、保利票务、北演旗下"大眼睛票务"等发展壮大，形成新的竞争优势。在确保安全的前提下引导各场馆优化内部空间，释放更多看台、场地座席，提高实际可销售门票比例。

（二）聚焦育主体、活场馆，激活首都赛事经济潜力

一是引育高水平专业化运营主体。借鉴上海久事体育，探索通过投资、入股等方式，整合北京国资公司、北控置业、首钢体育、新浪体育、咪咕体育等场馆、赛事、会展、宣传资源，组建市属综合性体育产业集团，提升国际化、市场化、专业化水平和全链条运筹能力，打造培育孵化体育 IP 的主力军，形成"企业主体、市场运作、政府支持"的办赛模式。主动对接 Excel 体育、WMG 沃瑟曼传媒等全球头部赛事经纪公司，通过在京设立分支机构、赛事承办委托等方式引入其赛事经纪人/团队，链接吸引全球赛事资源和场景落地。

二是打造一批精品赛事 IP。借势奥运网球等领域突破契机，支持首钢联合首创、MLB 中国等主体，利用首钢园大跳台外广场（约 10000 平方米）等空地引进网球商业赛、MLB 棒球赛。通过市场化运作和业内专家指导，构建国际首创的新能源智能驾驶赛事标准，形成"耐力与拉力、赛事与活动、专业与公众"多维度新能源智能汽车赛事体系。统筹现有飞盘、桨板、独轮车、街头运动等赛事，谋划"北京潮流时尚体育公开赛"。

三是"借赛引流、以赛育馆"提升空间效能。有序推动区级事业性场馆所有权和运营权分置改革，统筹安排运动队训练和赛事活动，导入赛事、赞助等资源，培育赛事品牌、孵化体育 IP、促进消费协同融合，提升场馆整体空间效能。梳理商业配套不足体育场所，支持其纳入城市更新项目库，借鉴上海洛克公园经验，探索引入中体产业、洛合体育等专业运营

机构对场所及周边开展系统规划，打造可观赛、可运动、可消费的一站式运动街区。

（三）推动"以演促旅""以赛促旅"，塑造首都文旅消费新势能

一是创新演艺与旅游融合模式。结合北京的历史文化资源，开发具有地方特色的旅游演艺产品。将演艺活动与旅游景点相结合，打造独具特色的演艺旅游线路，增强游客的体验感。

二是丰富赛事与旅游融合内容。依托北京的体育资源优势，培育具有国际影响力的赛事，吸引国内外游客。开发多样化的赛事旅游产品，如体育研学、体育度假等，满足不同游客的需求。

三是完善政策支持与市场机制。出台专门针对"以演促旅"和"以赛促旅"的政策措施，提供资金支持、税收优惠等。鼓励社会资本参与演艺和赛事旅游的开发，形成政府引导、市场运作的良性机制。

第五节　深化两权分离　创新社会化运营
推动首都公共文化服务高质量发展

发展公共文化服务是保障人民文化权益、改善人民生活品质、补齐文化发展短板的重要途径。推动公共文化服务社会化发展，充分发挥专业化运营团队的作用，深化两权分离，有助于盘活公共文化资源，满足当地居民日益丰富的文化需求，也是政府履行和转变公共文化服务职能的重要方式。近年来，北京市积极鼓励社会力量参与公共文化服务，不断推动公共文化服务向高水平迈进，但依然面临社会化运营形式单一、非基本公共文化服务优惠收费实施难、社会化主体独立运营难等问题。建议通过完善政策支持体系、积极培育多元主体、创新社会化运营模式，促进首都公共文化服务社会化发展可持续运行，让人民享有更加充实、更为丰富、更高质量的精神文化生活。

一、北京公共文化设施社会化运营现状及存在的主要问题

北京市拥有丰富的公共文化设施资源，截至 2023 年，全市共有备案博物馆 226 座，市区级公共图书馆 20 个，市区级文化馆 18 个，街道（乡镇）文化站 339 个，包含村（社区）综合文化室的四级公共文化设施 7110 个，基本形成 15 分钟公共文化服务圈，人均公共文化服务设施建筑面积 0.384 平方米，是上海的 1.8 倍，在全国处于领先水平。

怎样管好、用好这些设施资源，确保它们能够有效服务于居民，是一道绕不开的必答题。近年来，国家、北京先后出台多项政策文件鼓励社会力量参与公共文化供给，在政府主导、社会参与理念下，各区积极引导鼓励专业化社会机构运营公共文化设施，已涌现出海淀北部文化中心、东城景山市民文化中心、西城砖读空间等一批公共文化设施社会化运营示范项目，全市采取社会化专业化运营的公共文化设施有 266 家。尽管各区已积极鼓励社会力量参与公共文化服务，但依然存在多重问题和矛盾。

一是社会化运营形式相对单一。尽管北京市已积极推动公共文化设施社会化运营，但实际操作中引入社会力量的方式主要还是采用购买第三方服务来实现，如东城区已经实施社会化运营的 15 个项目中，有 13 个是通过政府购买服务的方式（见表 4-5）。值得关注的是，鼓励社会力量参与公共文化服务仍有多种方式，如 PPP、社会捐赠、机构自办政府扶持、志愿服务等，在全面激发社会动能、创新社会力量参与公共文化服务的形式方面，还有待进一步思考和探索。

表 4-5 东城区公共文化设施社会化运营模式

设施名称	运营模式		资金来源	
	政府购买服务	政社合作	政府购买服务资金	非基本服务优惠收费
少儿中英文图书馆		√	√	√
东城区第一图书馆东总布分馆	√		√	

设施名称	运营模式		资金来源	
	政府购买服务	政社合作	政府购买服务资金	非基本服务优惠收费
东直门街道文体中心及社区文化室	√		√	
北新桥街道文体中心及社区文化室	√		√	
东华门街道文体中心及社区文化室	√		√	
龙潭街道文体中心及社区文化室	√		√	
崇文门外街道文体中心及社区文化室	√		√	
安定门街道文体中心及社区文化室	√		√	
交道口街道文体中心及社区文化室	√		√	
永定门外街道文体中心及社区文化室	√		√	
朝阳门社区文化生活馆	√		√	√
角楼图书馆	√		√	
史家胡同博物馆		√	√	
建国门街道文体中心及社区文化室	√		√	
景山市民文化中心	√		√	√

二是社会化主体运营能力仍有待提升。近年来，居民文化需求逐渐呈现多元化、品质化趋势，公共文化服务的发展面临着从有没有向好不好转型，这对公共文化服务供给主体专业化运营能力提出了更高要求。但当前有资格、有能力、有意愿参与公共文化设施运营的社会主体依然不多，已承接运营的社会主体也多为新兴主体，发展时间短，尚未积累起足够的行业资源和成熟的运营经验。调研显示，除景山市民文化中心、角楼图书馆、海淀北部文化中心图书馆等小部分成果突出的运营项目外，多数已经社会化运营的公共文化服务仍未充分发挥社会力量的专业优势，活动创新性、品牌化运营等仍有待提升。

三是非基本公共文化服务优惠收费依然步履维艰。虽然《北京市公共文化服务保障条例》规定"公共文化设施应当根据其功能、特点，按照国家有关规定，实行免费或者优惠开放；在满足公共文化服务要求的前提下，可以开展与公共文化服务相关联的收费服务"，为非基本公共文化服务收费奠定了法律基础。但现实中由于提供公共文化服务的公益一类事业单位不得从事经营活动，以及相关收费标准界定难、财务管理方式处理难等问题频现，对开展优惠收费带来了一定制约。目前东城区已经实施社会化运营的15个项目中，仅有3个项目开展了非基本服务优惠收费（见表4-5），而开展优惠收费的项目也存在居民付费意愿低等现实问题。

四是社会化主体独立运营难。当前公共文化服务社会化发展的过程中，部分部门依然习惯于大包大揽的管理模式，将社会力量看作政府职能的延伸，将契约关系理解为隶属关系，导致社会力量缺乏运营的独立性。政府购买服务过程中也存在"内部化"问题，如很多文化设施的社会承接主体选择国有文化企业，忽略了小微文化企业、创新型团队的潜力，形成对社会力量、社会资本的挤出效应，使真正意义的社会主体获得经营的机会下降，东城区已经实施社会化运营的15个项目中，有10个项目选择事业单位、中央企业或国有企业来运营（见表4-6）。

表4-6　东城区公共文化设施社会化运营主体

设施名称	社会化运营主体	
	单位名称	单位类型
少儿中英文图书馆	皮卡书屋	民营企业
东城区第一图书馆东总布分馆	悠贝亲子图书馆	民营企业
东直门街道文体中心及社区文化室	京演集团	国有企业
北新桥街道文体中心及社区文化室	京演集团	国有企业
东华门街道文体中心及社区文化室	京演集团	国有企业
龙潭街道文体中心及社区文化室	京演集团	国有企业
崇文门外街道文体中心及社区文化室	京演集团	国有企业
安定门街道文体中心及社区文化室	京演集团	国有企业
交道口街道文体中心及社区文化室	京演集团	国有企业
永定门外街道文体中心及社区文化室	京演集团	国有企业
朝阳门社区文化生活馆	北京一吨象产业发展有限责任公司	民营企业

续表

设施名称	社会化运营主体	
	单位名称	单位类型
角楼图书馆	优和时光（北京）文化中心有限公司	民营企业
史家胡同博物馆	北京市城市规划设计研究院	事业单位
建国门街道文体中心及社区文化室	保利演出集团	中央企业
景山市民文化中心	优和时光（北京）文化中心有限公司	民营企业

五是社会化运营政策依然不健全。尽管区级层面已经出台了公共文化服务社会化运营相关政策，如东城区建立了"1+6"制度体系，出台了公共文化设施社会化运营全过程管理办法，明确了公共文化设施社会化运营的"选—用—管—培"全过程闭环管理。但公共文化服务社会化运营依然缺乏市级层面的政策措施保障，管理方和运营方的权责划分仍不清晰，政府部门、公共文化服务机构和社会参与主体持观望态度的居多。

二、深入推动首都公共文化设施社会化运营可持续发展的对策建议

推动公共文化设施社会化运营，必须改变单纯依靠政府购买服务的单一模式，深化所有权与经营权分离，通过完善政策、培育主体、创新机制，让渡部分政策、资源给社会共建方，让其既能出资又能受益，从而促进公共文化设施社会化运营的可持续发展。

（一）完善政策支持体系，夯实公共文化社会化服务基础

一是结合区级实践出台市级层面公共文化设施社会化运营指导意见。立足全市公共文化服务发展现状，瞄准制约社会化运营的突出问题，结合区级层面社会化运营实践，积极推动市级层面相关政策出台，推动首都公共文化服务供给由以政府为主体向以政府为主导、多元化供给转变，明确公共文化设施社会化运营的适用范围，明确社会化运营委托主体、承接主体的权责，细化实用性操作规范，保证社会化运营主体在具体落实中有章可循。

二是完善社会主体参与公共文化设施运营的准入和退出机制。建立清

晰透明的社会主体参与标准，明确规定社会主体参与公共文化设施运营的资质要求、服务标准、财务状况、运营管理经验等方面的条件，确保有意愿和有能力参与公共文化设施运营的社会主体都有机会进入并发挥作用。制定合理且高效的市场主体退出机制，通过实施绩效评价、运营责任制度等手段构建对社会主体的问责机制，细化退出细则，推动不再符合参与标准或无法有效履行公共文化设施运营责任的社会主体有序退出，制定退出预案，以保障其退出后公共文化服务的有序供给。

三是构建科学合理的公共文化设施社会化运营评价和激励机制。加快制定科学合理、多维度的公共文化设施社会化运营绩效评价体系，围绕服务质量、公众满意度、运营效率、资金使用等完善考评机制，指导委托主体与受托主体进行科学评估。探索多元主体参与的考评工作机制，通过第三方评估、群众满意度调查、优质服务评选等方式，促进运营主体不断提高服务质量和水平。根据评价结果，对于超量、高质完成任务指标的运营方给予财政补贴、税收优惠、项目优先选择权等奖励。

（二）创新所有权与经营权分离模式，提升公共文化设施社会化服务水平

一是因地制宜创新公共文化服务设施所有权与经营权分离模式。根据不同公共文化设施的具体条件和需求，合理选择服务外包、委托运营、PPP、特许经营等模式，在特色化、差异化发展中提升公共文化服务水平。服务外包、委托运营可根据公共文化设施不同选择引进具备专业能力的主体承担公共文化设施整体运营，或指定文化艺术服务项目运营。社会合作运营可通过冠名资助、合作举办、参与承办等方式，吸引企业、社会组织、事业单位和群团组织参与节庆文艺活动、文化艺术培训、文创产品开发、非遗保护传承等公益性文化艺术活动。

二是探索普惠性非基本公共文化服务优惠收费、限定性经营性服务市场化收费等模式，提升社会化运营动力。考虑公共服务一定程度的"受益者负担"原则，在确保基本公共文化服务有效供给的基础上，鼓励运营承接主体根据群众多层次、个性化文化需求，充分整合设施、设备、人才、

市场等资源，提供普惠性非基本公共文化服务及限定性经营性服务。普惠性非基本公共文化服务应是为满足公民文化需求而提供的延伸文化产品、文化活动以及其他相关服务；普惠性收费应当遵循"补偿合理运营成本"的原则。限定性经营性服务主要是向社会公众提供餐饮、导览等辅助性服务，或销售相关文创产品等商品；限定经营性服务应以满足利用公共文化设施的公众需求为主要目的，活动内容与形式应当与公共文化服务存在相关性；服务收费标准一般参照同时期、同品质、同类型属于市场调节价的公共文化设施服务价格制定。

（三）积极培育多元主体，激发公共文化社会化服务活力

一是鼓励各类文化企业参与公共文化服务供给。通过孵化式、组建式、吸纳式等多种方式培育和发展具有首都特色能够提供多元公共文化服务的文化企业。通过设立"一站式"服务平台，提供政策咨询、项目申报、审批办理等服务，减少企业在参与公共文化服务过程中的行政负担。通过政策引导和市场机制，采取项目补贴、定向资助、贷款贴息、税收减免等政策措施，降低企业运营成本，鼓励相关文化企业参与公共文化服务供给。

二是积极扶持、培育、壮大文化类社会组织。充分发挥北京各类民间艺术团、北京现代舞团等社会团体在经营成本、机制灵活等方面的优势，为公共文化设施运营提供更多专业的、可供选择的承接主体。鼓励文化能人和文艺爱好者搭建民间文艺团体，丰富群众文化生活。依托北京民间文艺家协会、北京市文艺研究与网络文艺发展中心、北京艺术传媒职业学院等社会主体，加大公共文化产品创作、生产、供给的社会化参与程度，为文化类组织提供更加丰富的资源。

三是积极搭建社会力量参与公共文化服务的各类平台。搭建项目推介平台，定期梳理各类公共文化服务项目全方位向市场公开推介。搭建合作交流平台，通过研讨会、交流会、论坛等形式促进文化企业、社会组织、志愿者等社会力量之间的沟通与合作。搭建资源共享平台，整合图书、艺术品、演出等文化资源，通过数字化等方式方便社会力量获取，助力他们

提供更优质的公共文化服务。

（四）促进公共文化服务与数字技术相融合，激发社会化经营主体创新活力

一是推动公共文化数字资源共建共享。以全民阅读和全民艺术普及为建设方向，加大数字阅读、微视频、艺术慕课等数字资源建设力度，建立具有首都特色的公共文化数字资源库。汇集文字、视频、音频等形态资源，整合各领域文化矩阵，融合 3D 建模、虚拟仿真、人工智能等新型体验技术，提供线上线下一体化、在线在场相结合的公共数字文化服务。综合运用大数据、云计算、云存储等信息技术，建设"互联网+"公共文化数字平台，提供"一站式"文化服务。

二是丰富数字化公共文化服务内容。探索发展数字文化体验空间，加强数字艺术、沉浸式体验等新型文化业态在公共文化场馆的应用。充分运用好抖音、微信等新媒体技术，打造有影响力的公众号，培养具有高黏性的"粉丝"文化社群。鼓励社会化运营企业探索有声图书馆、文化馆互动体验等新型文化服务方式，满足人民群众数字文化服务的新需求。

三是发展公共数字文化消费新场景。挖掘具有首都特色的历史资源、红色资源，创作出更多通俗易懂、喜闻乐见、健康向上的数字文化作品，增强数字文化的感染力和影响力。鼓励社会化运营企业运用合理合法方式，采集用户的个性化需求，围绕群众需求挖掘并整合文化资源，进行精准分类、精准匹配，促进公共数字文化产品和服务实现精准投放。鼓励公共文化场所结合社会化运营，合理配套餐饮区、文创产品展示销售区等，激活文旅消费业态。

（五）做好空间、资金、人才保障，推动公共文化设施社会化运营取得积极成效

一是持续打造嵌入式公共文化新空间。以城市更新为契机，充分挖掘文物保护单位、工业园区闲置空间、交通枢纽、城市腾退空间等存量空间，综合考虑人口分布、年龄结构、居民实际需求等因素，多渠道增设小型图书室、文化活动室等公共文化设施，或在公园等户外场所设置户外阅

读角、艺术画廊等，使公共文化服务更加贴近民众生活。

二是强化政府资金保障同时广泛探索其他多元资金支持方式。推动政府部门在合理范围内适度加大公共文化服务资金支持力度。在加强监管、防范风险的前提下，广泛探索社会众筹、直接捐赠、设立基金会等形式支持公共文化服务发展。用好北京文化发展基金、北京文化艺术基金等各类文化基金，通过扩大资助对象、调整资助范围等，提高对提供公共文化服务的社会运营机构进行资助的灵活性，更好调动社会机构参与公共文化事业建设。

三是加大对公共文化设施社会化运营相关人才的培养。鼓励公共文化服务社会化运营企业与其他行业的企业、非营利组织等进行跨界合作，通过交流互访、项目合作等形式，拓展从业人员的视野，提高其创新能力和增强服务意识。尊重公共文化设施社会化运营机构中的人力和智力投入，在政府购买服务等经费测算中对人力成本给予更科学的体现，参考市场人力成本，制定各级公共文化设施社会化运营的经费测算标准，细分运营岗位的级别和类别，帮助社会运营机构做好人才的留用和培养。

执笔人：王术华　崔　岩　叶楚豪（第一节）

王术华　贾　硕　张　悦（第二节）

张英男　刘作丽（第三节）

尹云航　张英男　王术华（第四节）

王术华　贾君欢（第五节）

第五章　提升城市品质　推进首都城市现代化建设

城市是现代文明的结晶，是经济、政治、文化社会等方面活动的中心承载地。中国式现代化对城市空间形态、城市基础设施建设、城市管理与安全保障等提出了新要求。《中共中央关于进一步全面深化改革　推进中国式现代化的决定》提出，深化城市建设、运营、治理体制改革，加快转变城市发展方式。推动形成超大特大城市智慧高效治理新体系，建立都市圈同城化发展体制机制。首都城市建设进入减量发展阶段，需聚焦建设与中国式现代化要求相适应的城市，提升存量空间利用效率，坚持以人为本，强化数字赋能，着力构建超大城市现代化治理体系。

第一节　2023 年首都城市现代化年度评价及路径建议

一、2023 年首都城市现代化年度评价

2023 年，首都城市现代化建设总体进展良好，成效显著。区域协调发展稳步推进，中心城区常住人口占全市的比重继续下降，副中心"三大建筑"、行政办公区二期、京雄高速、雄安新区"三校一院"交钥匙项目等

一批重点项目建成投用。北京市城乡居民收入差距和京冀两地居民收入差距均在缩小。现代化公共基础设施建设持续推进。年末城市轨道交通运营线路长836公里，跃居全国首位，绿色出行比例提升至74.7%，每万人拥有5G基站数全国第一。城市居住环境更加舒适便利。人均住房面积稳步提高，PM2.5实现连续三年达标，新增82个"一刻钟便民生活圈"，初步探索形成了符合首都城市战略定位和具有北京特点的城市更新路径，城市更新条例正式实施。韧性城市建设扎实推进，在全国率先开展"平急两用"制度探索，出台多项政策完善顶层设计和规划，城市运行保障、灾害防控能力进一步提升，高效应对"23·7"极端强降雨灾害，试点建设平谷国家"平急两用"发展先行区。开放城市的承载能力不断增强。第四使馆区、国家会议中心二期等重大项目有序推进，国际生活化空间承载水平进一步提高。也应注意到，城市副中心平原新城GDP占全市比重、平均通勤时间、单位GDP安全事故死亡率三项指标出现轻微反弹，且与2025年目标尚存距离，反映出首都城市现代化建设和超大城市治理面临的艰巨性和曲折性（见表5-1）。

表5-1　城市现代化评价指标体系及目标值

领域	指标	2020年	2021年	2022年	2023年	2025年目标	2035年目标
城市形态	城市副中心平原新城GDP占全市比重（%）	21.8	23.5	21.9	21.4	>23.0	—
基础设施	轨道交通运营里程（含市郊铁路，公里）	1092	1148	1172	1236	1600	2683
基础设施	中心城区绿色出行比例（%）	73.1	74.0	73.4	74.7	76.5	80.0
基础设施	全市建成并开通5G基站（万个）	3.8	5.2	7.6	10.7	6.3	国际领先
宜居城市	细颗粒物年均浓度（微克/立方米）	38	33	30	32	35	达到国家要求
宜居城市	平均通勤时间（分）	47	51	50	51	45	40
宜居城市	居民人均住房建筑面积（平方米）	34.6	35.6	35.9	37.0	稳步提高	稳步提高

续表

领域	指标	2020 年	2021 年	2022 年	2023 年	2025 年目标	2035 年目标
韧性城市	单位 GDP 安全事故死亡率（人/百亿元）	1.13	1.15	0.96	1.01	<0.9	国际领先
开放城市	接待国际会议数量（个/年）	—	—	19	26	国内首位	世界前列

注：为保持数据连续性，更好反映首都城市现代化进展，取消上年度评价中适龄儿童入园率、平均每百万人拥有连锁便利店数两项指标，在"宜居城市"部分增加城乡居民人均住房建筑面积指标。国际会议数量数据来源更改为国际大会及会议协会（ICCA）数据。

（一）区域协调发展稳步推进

2023 年北京市中心城区常住人口增长 0.3 万，占全市常住人口的 50.09%，比 2022 年下降 0.02 个百分点，比"十三五"末下降 0.09 个百分点。中心城平均通勤时耗 51 分，比 2022 年增加 1 分[①]，平均通勤距离 13.2 公里，与 2022 年持平。

副中心和平原新城 GDP 合计 9359.5 亿元，占全市的 21.4%，占比较 2022 年下降 0.5 个百分点，与"十三五"末相比下降 0.4 个百分点。城市副中心行政办公区二期、"三大建筑"（北京艺术中心、城市图书馆、大运河博物馆）、首家市属国企总部大楼陆续建成。丽泽金融商务区、南中轴国际文化科技园、大兴国际氢能示范区等为城市南部地区发展增添新动能。回龙观体育文化中心、奥北森林公园二期等项目建成，补齐回天地区城市功能短板。

城乡居民人均可支配收入比从 2022 年的 2.42：1.00 降至 2023 年的 2.37：1.00，人均消费支出比从 2022 年的 1.92：1.00 升至 2023 年的 1.94：1.00。"百村示范、千村振兴"工程全面启动，基本完成 2800 余个村庄美丽乡村建设。迅速启动"23·7"极端强降雨灾害灾后恢复重建，受损农民住房、受损道路、水电气热保障基本恢复至灾前水平。

---

① 北京交通发展研究院《22023 北京通勤特征年度报告》，中心城通勤指居住和就业至少一端在中心城区的通勤出行。

京津冀协同发展持续推进。京雄高速全线通车，津兴城际铁路开通运行；支持雄安新区的"交钥匙"项目"三校一院"开学开诊。京津冀地区生产总值总量突破10万亿元，达10.4万亿元。京冀两地居民收入差距逐步缩小，2014年北京居民人均可支配收入是河北的2.67倍，2022年为2.51倍，2023年缩至2.48倍。

（二）现代化公共基础设施建设持续推进

初步构建了以轨道交通为骨干、地面公交为支撑的公共交通出行体系。年末城市轨道交通运营线路长度836公里，比上年增加38.7公里，城市道路里程6256公里，比上年末增加47公里。优化调整公交专用道通行措施，共有共享单车91.6万辆，比上年末增加3.5万辆，绿色出行比例提升至74.7%；新增接入1000处信号灯联网，有效提升路口通行效率。

以新基建为抓手打造智慧城市。截至2023年底，累计建成5G基站10.7万个，比上年增加3.1万个，2024年上半年达到12.2万个，万人5G基站55个，全国居首；"京通""京办""京智"三个智慧城市应用终端快速升级拓展，出行、医疗等重点领域数字化技术应用不断深入；怀柔综合性国家科学中心16个设施平台进入科研状态，国家区块链技术创新中心等重大创新平台建设稳步推进。高级别自动驾驶示范区3.0已完成160平方公里建设，智能网联乘用车等八大场景775台自动驾驶车辆在区内测试。

会展设施功能提升。新国展二期项目主体结构提前完工，三期配套居住项目完成地上主体结构、外立面和室内装修等工程；大兴国际机场临空经济区国际会展消费片区完成城市设计国际方案征集及评审；栖湖饭店完成竣工验收。

加强"一老一小"公共服务设施建设。新建各类养老护理床位6232张，新增养老助餐点243个、农村邻里互助养老服务点232个；出台托育服务体系建设三年行动方案，新增2~3岁托位超过6000个，普惠性幼儿园覆盖率达93%。

（三）城市宜居环境不断改善

PM2.5连续三年达标，空气质量改善成效稳固。积极落实空气质量持续改善行动计划，深入实施"一微克"行动，大气环境中四项主要污染物持续稳定达到国家空气质量二级标准。其中，细颗粒物（PM2.5）年均浓度为 32 微克/立方米，实现连续三年稳定达标。空气质量优良天数达到271 天，比 2013 年增加 95 天，比 2019 年增加 31 天，"北京蓝"已成为常态。

水污染治理和水生态保护取得明显进展。污水处理率由 2020 年的95%提升到 2023 年的 97.3%，表征水质情况的高锰酸盐指数和氨氮两项指标浓度稳定达标①。五大水系河流Ⅰ～Ⅲ类水质河长占总河长的 71.3%，与 2013 年和 2019 年相比分别增加 21.5 个、16.2 个百分点，连续三年无劣Ⅴ类河流。有水河长较十年前增加了 464 公里。

聚焦改善居住品质，持续优化人居环境。2023 年建设筹集保障性租赁住房 8.15 万套，竣工各类保障性住房 9.27 万套，市属老旧小区综合整治新开工 355 个，完工 183 个，民意调查满意度达 95%②。2023 年全市人均住房建筑面积达 37 平方米，较 2022 年增加 1.1 平方米。建成 50 处口袋公园及小微绿地。编制了《北京花园城市专项规划（2023 年—2035 年）》，提出把首都建设成为人与自然和谐共生的中国式现代化先行区、示范区。

生活便利度水平不断增强。新打造样板社区菜市场 10 家，13 个涉农区实现乡镇商贸服务中心全覆盖③。通过城市更新、业态提升、专业运营、数字赋能等多种方式建设 82 个"一刻钟便民生活圈"④。截至 2023 年底，北京市共建设完成 360 个"一刻钟便民生活圈"，全市覆盖率达 42%⑤。

① 资料来源：《2023 年北京市生态环境状况公报》。全市地表水断面高锰酸盐指数年均浓度值为 3.8mg/L，比 2013 年下降了 51.5%；氨氮年均浓度值为 0.22mg/L，较 2013 年下降了 96.4%，且两项指标从 2018 年开始稳定达标，并呈现持续改善趋势。

② 北京市老旧小区改造超额完成年度任务［N/OL］.北京青年报，2024-01-05，https：//m. yunnan. cn/system/2024/01/05/032898027. shtml.

③ 覆盖率达 42%2023 年北京市建成一刻钟便民生活圈 360 个［EB/OL］.北京商报，2024-02-01，https：//www. 163. com/dy/article/IPSICGVP0519DFFO. html.

④ 北京市商务局 2023 年市政府工作报告涉及商务领域相关重点工作年度完成情况［EB/OL］.2024-02-08，https：//sw. beijing. gov. cn/zwxx/fzgh/jxrw/202402/t20240208_3559496. html.

⑤ 到 2025 年，北京将建成 856 个一刻钟便民生活圈［EB/OL］.北京日报客户端，2024-05-24，https：//www. bjwmb. gov. cn/yw/10066807. html.

初步探索形成了符合首都城市战略定位和具有北京特点的城市更新路径。《北京市城市更新条例》2023年3月1日起正式实施。2023年，累计改造完成老旧低效楼宇130万平方米①，形成鼎好大厦等一批标杆项目，完成崇文门等15个传统商圈更新升级，探索利用人防工程新增停车位5845个②。

（四）韧性城市建设扎实推进

持续完善顶层设计和规划。2023年出台了《关于进一步加强市级部门对区级对口部门安全生产工作指导的意见》《关于进一步加强应急管理社会动员能力建设的指导意见》《应急管理社会化三年行动计划》等相关文件。

积极创建平谷国家"平急两用"发展先行区，在京平综合物流枢纽、新型乡村社区、乡村休闲综合体、承平高速金海湖服务区、乡村振兴金海湖核心区等围绕"吃、住、行、医和集中承载"打造五大应用场景先行先试，物流仓储、餐饮医疗、城市运行等配套设施向"平急两用"转化。出台全国首部"平疫两用"设施建设标准。

提升城市生命线保障能力。截至2023年，全市平原区地下水位连续8年累计回升10.64米，增加储量54.5亿立方米。建成城南门站、平谷门站，天然气接收能力达1525万立方米/小时。加强灾害防御工程建设。建立灾害监测预警信息共享机制。完成海淀、丰台等10个区预警信息平台对接，实现预警信息互联互通。推进一体化应急平台建设，目前已初步接入灾害天气监测预警服务系统、水旱灾害防御系统、路网运行监测系统、决策指挥平台。

完善风险防控能力建设。全面完成自然灾害综合风险普查任务，建设汇聚11大领域、80小类自然灾害综合风险基础数据库。建设"企安安"

---

① 今年本市将重点推动40处老旧厂房改造［N/OL］.北京青年报，2024-03-05，https：//cj.sina.com.cn/articles/view/1749990115/684ebae302001fsq0.

② 超额完成年度任务，北京今年新增人防车位5845个［EB/OL］.北京日报客户端，2023-12-28，https：//rss2.bjd.com.cn/content/s658d34b6e4b0e549dfd58f49.html.

全市隐患自查和检查系统，实现"安全生产监管""火灾隐患管理"等各类安全生产和消防相关应用的统一接入，提高隐患排查效能。持续提升社会动员及救助能力。全年出动应急志愿者超过 20 万人次，直接服务社会公众超过 100 万人次。

（五）开放城市的承载能力不断增强

国际交往中心重大项目取得新进展。针对入境游客航班、住宿、游览等接待能力进一步提升，首都和大兴国际机场多语言境外来宾支付服务示范区启用。国家会议中心二期建设加快推进，大兴国际会展中心和消费枢纽项目完成方案征集并进入规划阶段，一级开发工作开始启动。大熊猫国家保护研究中心 2024 年初举行开工仪式。第四使馆区及周边区域规划建设稳步推进。国际大会及会议协会（ICCA）数据显示，2023 年北京共举办 26 场国际会议，较 2022 年增加 7 场。

国际化产业园区承载能力增强。自贸试验区对全市经济发展的支撑作用增强，2023 年 1~11 月规模以上企业实现营业收入 2.9 万亿元，占全市规模以上企业营业收入比重为 16.5%，同比提高 0.2 个百分点。中关村综保区顺利通过正式验收，具备开关运作条件。中德产业园的新能源智能汽车、智能装备、数字经济等产业集聚发展呈良好态势，2023 年 1~11 月规模以上企业实现营业收入同比增长 33.2%。中日产业园注重改善"硬环境"，已累计引入外资企业 100 余家。

国际生活化空间承载水平进一步提高。翠湖国际人才社区致力于构建高标准匹配高端国际人才生活工作的国际化宜居乐业科技小镇，项目顺利通过五方验收。石景山新首钢国际人才社区致力于打造为适合国际高端人才宜居宜业的聚集平台和城市新生活体验中心，正在加快建设、拟于 2024 年秋季亮相。亦庄国际人才社区项目一期已经结构封顶，二期正进行结构施工，三期也在同步进行规划设计。

二、首都城市现代化面临的问题

（一）均衡发展方面

城乡消费差距有所扩大。2023 年城乡居民收入差距缩小，但人均消费支出比从 2022 年的 1.92∶1 升至 1.94∶1。农村居民恩格尔系数反弹至 27.8，比 2022 年上升 0.4 个百分点。2023 年城镇居民教育文化娱乐、交通通信等消费支出同比增速分别高达 26.9% 和 19.0%，对消费的拉动作用明显，但农村在这些消费领域受市场供给、消费习惯等因素影响增长乏力，不利于消费升级。

城市写字楼阶段性供给过剩与高性价比空间不足并存。世邦魏理仕数据显示，北京市写字楼整体空置率于 2023 年末攀升至 21.7%，为 2009 年末以来最高水平，租金降至 289.3 元/平方米，跌至 2011 年水平[①]。横向比较，北京写字楼租金性价比偏低，在城市争夺优质企业的竞争中处于劣势。

"新两翼"作用有待进一步发挥。京津冀总人口数量连续两年下降，区域吸引力面临来自长三角、大湾区等城市群的严峻挑战。城市副中心总部、头部企业较少，辐射带动能力不足，人才吸引力仍不及中心城区，宜居宜业优势尚未充分展现。大兴国际机场临空经济区北京片区与河北片区跨区域统筹机制有待完善，作为京津冀协同发展的前沿，作用有待进一步发挥。

（二）基础设施方面

轨道交通投资体量大，政府资金压力大，与周边用地一体化规划建设需大量资金和资源统筹；轨道交通铁路功能定位需优化，多层次线网需构建，"站城融合"需加强，"最后一公里"需继续打通；2023 年北京绿色出行比例达 74.7%，与"十四五"规划目标 76.5% 仍有较大差距；"停车难"问题依然突出。

6G、量子通信和量子测量等新一代信息基础设施仍需要加快布局；产业创新平台建设运行能级需继续提升，新动能创新基础设施与重大任务、重点工程、重点产业政策、产业链关键环节需要加强衔接。

承载国际交往功能的基础设施项目需持续推进。雁栖湖国际会都需持

---

① 世邦魏理仕：北京房地产市场报告 2023 年第四季度［EB/OL］. https：//mktgdocs. cbre. com/2299/d596e9d6-2fb7-4744-aeda-74269c9a42e5-2990212824. pdf，2024-01-22.

续扩容提升、第四使馆区及周边区域规划建设需稳步推进，两大临空经济区功能仍需加快布局完善。

"一老一小"基本公共服务设施仍然紧缺，2023年每千名常住人口养老床位数5.45张，与"十四五"规划目标7张仍有较大差距；截至2024年上半年，全市托位总数43135个，每千人口拥有托位数1.97个，距离"十四五"规划目标4.5个差距较大；普惠托育服务尚处于试点探索阶段。

（三）宜居城市方面

空气质量改善任务依然艰巨。PM2.5年均浓度为每立方米32微克/立方米，较2022年的30微克/立方米有所反弹，彰显出"蓝天保卫战"的长期性和艰巨性。环京地区在经济稳增长的压力下，火力发电、石油化工、有色金属等行业产量增长较快，污染排放量增加，给首都和京津冀地区空气治理任务带来新挑战。

打赢水环境治理歼灭战任务艰巨。2023年7月特大暴雨造成部分水利设施损毁。城乡污水收集处理水平差距明显，农村水环境治理短板尚未补齐。各种违法排放、超标排放污水的现象屡禁不绝。

老旧小区的出路问题待破题。老旧小区改造资金平衡问题仍未破题，市场主导的更新改造模式探索举步维艰。危旧房原拆原建尚处于试点探索阶段。

商业活力和消费便利性不足，缺少烟火气。便民生活圈存在网点布局不均、品质不高、设施老旧等问题。公园、大型文体场馆、旅游景区配套消费设施不能满足需求。

（四）韧性城市方面

韧性城市建设规划体系仍需完善。韧性城市概念尚未贯穿城市发展全过程。韧性城市建设与减量约束下的城市总规、城市更新及智慧城市建设结合还不紧密。韧性城市涉及城市规划建设管理的方方面面，目前该领域的理论、方法、技术等方面研究可落地应用的成果不多。

城市治理与科技发展水平不匹配。行业数据缺乏统一标准，资料整合复杂，基础资料数字化水平有待进一步提高。数字孪生、仿真模拟等新技术在预警防控体系建设及各重点领域中应用不足。城市防汛的水文数据、城市内涝灾情数据、城市雨水管渠设计和地下管网数据、内涝防治有关信息与标准及对应的雨强、雨量等信息尚未实现部门共享。

部门间数据共享及协同联动仍待提升。尚未建立跨部门的城市内涝气象风险预警业务，缺乏针对性的应急联动预案，融入城市治理程度不够。市区两级自上而下的灾害应对机制尚不完善，高等级预警条件下市防汛抗旱指挥部成员单位响应措施，以及与铁路、民航的协同联动机制还不健全。

基层应急基础薄弱。"23·7"特大暴雨洪涝灾害受灾严重的地区存在大量老龄、"空心"社区（村），在提前预判通信中断的情况下，基层自行组织动员、转移避险、自救互救的能力亟待提高。

面对巨灾场景的准备还不充分。特别是生命线集中且相互关联的关键节点和区域，面对巨灾破坏的恢复力和速度亟待加强。结合实际进行巨灾情景构建和模拟，未雨绸缪做好应对的准备还不够充分。

（五）开放城市方面

国际交往功能建设有较大提升空间。根据清华大学中国发展规划研究院、德勤中国联合发布的《国际交往中心城市指数2024》，北京综合排名第七位，低于伦敦、巴黎、纽约、新加坡、首尔、香港。南部地区国际交往功能承载能力不足，国际高端要素集聚度还较低。国际会展数量规模与世界知名会展城市相比有差距，据国际大会及会议协会（ICCA）数据，2023年北京举办国际会议数量在全球城市中排名第89，亚太地区排名第16。入境游的配套服务保障能力急需提高，国际航班恢复迟缓，根据航班管家数据，2024年第一季度，北京（首都大兴两场）国际航班周恢复率最高达70.5%，低于上海（虹浦两场）的84.3%，广州的71.1%。

外向型产业园区的服务保障能力还需提升。综保区承载能力需要提升；大兴机场综保区因处京冀两地，投资和建设协同不够，两片区在产业招商、产业链合作、机场设施建设方面需加强统筹。

国际人才社区居住、教育、医疗等硬设施有待完善，居住环境有待提升，与国际人才对高品质居住环境的需求有较大差距，难以较好满足海外人才对子女就近入学的需求。

三、首都城市现代化的实现路径

（一）推动城市和城乡之间均衡发展

缩小城乡消费差距。丰富农村地区文化产品和服务供给，结合农村地区新型基础设施建设，推动交互式网络电视、移动数字终端等普及应用，提高数字文化、在线教育消费品在农村地区的渗透程度。组织农村居民赴博物馆、科技馆、演出场馆等文化消费场所开展体验活动，共享城市建设成果，培养消费习惯。

推动办公楼宇提质升级。重点支持整栋空置、正在使用但入驻率偏低的存量商务楼宇引入专业化机构将低效商业用房改造为新型办公空间，满足企业的高品质办公空间需求。支持平原新城以低效用地再开发和城中村改造为契机，发展密度相对较低、绿荫环绕的中小型独栋办公楼，为互联网企业、文化艺术企业等提供高性价比办公空间。

推动副中心和平原新城发展。研究放宽非户籍人口在新城地区的购房和落户条件，增强人才吸引力。推动市属国企搬迁工作。优化产业禁限目录，探索利用存量闲置楼宇少量布局保障城市运行相关的轻加工制造业，适当恢复电子元器件、图书等专业性交易市场。

持续推动都市圈"四网融合"，充分利用铁路开行市域列车，深入研究北京"八站"功能定位，加强"八站"分工协同与连通，支撑城市空间布局和功能优化调整。

（二）加强基础设施承载能力建设

继续夯实交通基础设施体系。加快推进 R4 线一期、19 号线二期等平原新城与中心城区联系项目；进一步建立轨道交通沿线建筑指标流量池，提升资源、资金统筹能力，强化轨道交通场站周边"带方案""带条件"出让机制落地。谋划实施三环半、四环半、五环半道路建设，畅通三山五园、CBD、朝阳站等周边交通体系。支持社会资本投资建设公共立体停车设施项目。

更大力度布局前瞻性新型基础设施。组织运营商加快5G-A基站的试点部署，开展6G技术攻关。以推进新动能创新基础设施实施细则落地为契机，探索布局一批新的工程研究中心。拓展高级别自动驾驶示范区建设发展能级，结合示范区4.0扩区建设，谋划推动下一阶段扩区方案。

稳步推进会展设施建设。加强重点区域和硬件设施功能引领，加快新国展二期项目幕墙和精装修工程施工，国际交往空间和功能设计同步推进；持续推进雁栖湖国际会都扩容提升；加快国家会议中心二期功能空间设计和装修装饰。

继续加强"一老一小"公共服务基础设施建设。优化服务设施布局，以街道为单元加强新建住宅小区养老设施集成建设、开展老旧小区养老设施补短板行动。持续推进普惠托育服务体系建设，支持用人单位办托、社区嵌入式托育、家庭托育点等多种模式发展，形成以公办幼儿园托班为主渠道，托育机构和社区办托为重要依托，单位办托为有效补充的托育服务供给格局。

（三）建设更加舒适、便捷的宜居城市

深化京津冀生态环境保护协作，完善京津冀生态环境联建联防联治协同机制，推进区域大气污染联防联控。持续优化产业结构，加强对重点行业的排放治理。

加强地下水污染防治试验区建设，持续推动地下水"双源"监管体系建设。落实《北京市全面打赢城乡水环境治理歼灭战三年行动方案（2023年—2025年）》，强化城乡生产、生活污水治理，加强工业污染防治，结合灾后恢复重建，加快推进农村污水处理设施建设。

多渠道支持城乡居民多样化改善性住房需求。积极推进房地产开发融资方式和商品房预售制度改革。推进危旧住房"原拆原建"试点，争取试点项目容积率、土地使用年限等政策创新突破。培育专业化住房租赁市场，借鉴上海等地经验试点推出市场化运作的租赁住房地块。

鼓励用好经营性用地指标，因地制宜合理设置餐饮服务点、自助售卖机、移动餐车等消费设施。将社区公园建设与便民消费需求相结合，嵌入公共服务和消费设施。

（四）整体统筹建设韧性城市

推动完善顶层设计和整体统筹。将韧性城市理念进一步嵌入首都规划之中，要坚持总规引领、分类规划实施。在编制《北京市韧性城市空间专项规划（2022年—2035年）》的基础上，应在制定各领域、各区的"十五五"规划中，编制韧性城市建设的专门章节，为提升城市韧性提供分类规划指引。

深化推进韧性城市建设工作与"疏解整治促提升"专项行动、城市更新工作和"平急两用"公共基础设施建设有效衔接。改造和加固老旧小区房屋和公共设施严重老化和安全隐患。前瞻性布局"平急两用"公共安全基础设施用地，统筹地上地下空间利用，并做好建设条件储备，预留基础设施接入条件。

持续提升生命线工程韧性。在建立覆盖地上地下城市基础设施数据库的基础上，找准城市基础设施风险源和风险点，编制城市生命线风险清单。针对提升交通系统韧性、供水系统韧性、地下管网韧性、城市通信韧性等方面开展专题研究，明确市政基础设施韧性提升具体工作计划与任务。

加快提升城市运行数智化建设。加强数据收集、整理和计算能力，运用数据孪生、AI等技术支持城市运行安全管理。运用推进城市生命线配套建设物联智能感知设备，逐步实现对城市基础设施生命线运行数据的全面感知、自动采集、监测分析、预警上报。加快城市基础设施信息系统整合，推动"一网统管、一张图共建、一平台共享"的城市生命线感知体系建设。

以巨灾情景构建为抓手，提高极端灾害应对能力。坚持底线思维，研究分析典型极端灾害情景的演变规律，编制巨灾应急预案，提出短期完善措施和中长期对策建议。组织实施巨灾应急演练，完善应急处置流程，落实工作责任，预置工作措施，提升城市容灾抗灾韧性及恢复力。结合"23·7"特大暴雨洪涝灾害复盘总结，推动建立基层应急管理体系相关政策措施。加强重大灾害社会宣传，强化全社会防灾减灾救灾意识。

（五）建设更加开放的现代化城市

提升国际交往空间承载能力。着力提升南部地区国际交往功能承载能力，构建大国首都文化展示及国际交往功能的新兴承载区。结合城市更新，设计推出一批服务重大国事外事活动的特色场所，将南中轴地区打造成国家形象和中华文化自信的代表地区。稳步推进第四使馆区及周边区域规划建设。围绕两大临空经济区，打造"空中丝绸之路"核心枢纽，促进"两场"内外联动提升、港产城融合发展。

加大产业园区高质量发展。加快推动大兴机场综保区与国际消费枢纽、天竺综保区与国际会展中心形成联动。发挥中德国际合作产业园、北京中日创新合作示范区以及"两区"重点园区（组团）等开放平台作用，稳定外商投资企业存量，提升外商投资增量。借鉴华为松山湖基地、华为青浦全球研发中心建设经验，谋划在平原新城为外资研发中心等建设生态宜居小镇，打造集生产服务和配套居住于一体的复合型产业社区。

完善居住、教育、医疗等硬配套，为国际人才营造宜居便利的生活环境。鼓励国际人才租住需求旺盛的区域，将存量商业办公楼宇改建为人才公寓。探索以教育设施先行的方式推进国际人才社区项目建设。鼓励传统街区向国际化商业街区改造升级，增设双语广告语、提示牌，营造国际化消费氛围，引入外国美食餐厅、咖啡馆等国际要素。

第二节　北京市韧性城市空间专项规划研究

党的二十大报告提出"打造宜居、韧性、智慧城市"要求，从国家战略层面为城市韧性发展提出了新要求。根据市委、市政府要求，北京开展了《北京市韧性城市空间专项规划（2022 年—2035 年）》（以下简称《专项规划》）编制工作，并于 2024 年 2 月获得批复。本节总结了首都韧性城市建设的阶段成效，并分析了目前北京市在安全保障实施、巨灾风险应对以及在京津冀圈层和微观社区两个层面韧性城市建设存在的不足。立足首都超大城市安全保障的核心目标，介绍了在时间、空间、治理三个维度韧性城市空间专项规划的创新内容。时间维度搭建全流程、全要素、全空间评估推演体系；在空间维度构建集中式与分布式相结合的整体空间格局，在治理维度推进薄弱环节、关键领域韧性城市建设。《专项规划》将韧性理念嵌入国土空间规划体系，形成了全市韧性建设的顶层设计，也为全国韧性建设实践提供参考。

一、研究背景

当前受全球气候变化影响，灾害风险的频发性、异常性、极端性加重，气候不确定性带来了更多的极端天气事件，很多灾害打破了传统认知和一般规律，多年不遇、突破极值等现象有常态化趋势。传统基于规律和风险预测而进行的防灾工程规划设计，越发难以适应新的气候变化形势。党的二十大报告提出，加快转变超大特大城市发展方式，实施城市更新行动，加强城市基础设施建设，打造宜居、韧性、智慧城市。韧性城市建设既是面向新的气候变化，积极应对越发普遍的极端灾害的探索，也是国家深刻把握城市发展规律，对新时代新阶段城市工作作出的重大战略部署[①]。

北京作为典型的超大城市，自然气候条件的多变性和城市对外的高度依赖使得韧性能力提升更加具有必要性。北京所处的地理位置决定了多种自然灾害的长期并存。北京地处气候过渡区域，有较严重的旱、涝、风、雪、雾、雷等气象灾害，降雨时空分布极不均匀，夏季易形成暴雨，市域范围内地质条件较为复杂，在山区发育崩塌、滑坡、泥石流、采空塌陷等突发地质灾害，在平原区发育活动断裂、地面沉降、地裂缝等渐变性地质

---

① 单嘉帝，田健，曾坚. 应对极端气候灾害的韧性城市规划方法［J］. 城市与减灾，2022（05）：6-12.

灾害，同时位于华北地震带北翼，是世界上少数几个历史上发生过7级以上大地震的超大城市，和东京、墨西哥城并列为世界上仅有的三个按Ⅷ度设防的超大型首都城市①。同时受限于地理格局与区位特征，城市资源总量有限，水、能源、粮食、物资等必需品的对外依存度高，城市运行的先天条件不足，社会、经济活动和人口高度聚集，城市脆弱性更加突出。在有限的资源条件和多样的自然灾害本底条件基础上，很容易引发次生灾害和衍生灾害，特别是部分地区人口密集，叠加灾害风险易造成更为严重后果。

在气候的不确定性与超大城市脆弱性相叠加的背景下，同时为落实党的二十大报告提出的"打造宜居、韧性、智慧城市"要求，按照市委、市政府工作部署，市规自委、市应急局共同组织编制了此次《专项规划》，并于2024年2月获市政府批复，成为北京韧性城市建设在空间领域的指导性文件，对全市韧性城市建设路径进行了探索，形成了韧性城市建设的顶层框架。

二、首都韧性城市建设主要进展及挑战

（一）首都韧性城市建设主要成效

北京通过各级各类规划编制和不同尺度下的建设，已为全市韧性城市理论建构和建设实践打下坚实的基础。2017年9月由中共中央、国务院批复的《北京城市总体规划（2016年—2035年）》（以下简称《总体规划》）鲜明地提出了"强化城市韧性"的任务要求，并与《首都功能核心区控制性详细规划（街区层面）（2018年—2035年）》《北京城市副中心控制性详细规划（街区层面）（2016年—2035年）》等规划共同构成了首都韧性谋划的重要基础。整体来看，规划编制从两方面体现了韧性策略。

一是通过国土空间规划"三级三类四体系"，全方位贯彻落实韧性思

① 高令军，杨林．北京：提高城市韧性　推动应急避难场所建设［J］．中国减灾，2024（13）：16-17.

想。纵向上通过各级规划标准规范，确保韧性内容在分区规划、乡镇域规划、控制性详细规划、村庄规划之间有效传导。横向上通过生态安全格局、国土空间生态修复、地质灾害防治、地下空间、防洪防涝、消防、公安派出所、应急避难场所、防疫设施等专项规划，从空间格局、生命线、安全设施、公共服务等方面构成了韧性策略在专项规划层面深化的基本框架。同时，韧性建设与安全防灾、城市更新、生态修复、双碳等相关规划研究工作有机结合，更大程度激发系统治理效能。

二是从"京津冀—市域—重点地区—社区"多重尺度进行韧性建设的有效联动和协同治理。从京津冀协同发展来看，《总体规划》从生态安全格局、生命线保障、安全设施、应急防灾、物资协调等方面对京津冀韧性建设做出部署，特别强调区域综合交通体系、跨区域能源输送通道以及规划空间信息平台等统筹建设，为区域空间韧性支撑体系的搭建提供规划指导；从市域高质量发展来看，明确分工推进跨区域跨部门统筹实施；从重点地区来看，结合相关规划，对首都功能核心区、北京城市副中心、密云水库上游地区、第二道绿化隔离地区、浅山区等重点地区明确了韧性建设的思路和重点，既防止人类活动强度突破生态系统承载能力，又防止固有自然灾害危害生产生活；从社区层面来看，《总体规划》提出"建设均衡完善的便民服务网络"要求，并明确了十大便民服务网络的构建思路，有利于加强社区抵御风险、适应形势和快速恢复的能力。

（二）当前首都韧性城市建设不足与挑战

韧性城市建设是一项系统性工程，需要多领域、多部门、多主体、全社会共同参与，协同推进。尽管各部门从各自领域和权责出发大力推进风险治理，并取得了一定成效，但受到条块分割的管理方式的限制，目前城市建设对多灾种叠加、多系统交叉、多层级联动等问题仍缺乏整体判断和系统认知，特别是"结合部""缝隙区"地区往往是城市治理的短板盲区、薄弱环节和风险隐患。亟须强化规划引领和顶层设计进行全局谋划和整体统筹，以打通部门壁垒、弥合管理真空。

1. 规划韧性实施存在短板，安全保障能力仍需推动纵深实施

《总体规划》作为城市发展的系统蓝图，将多样性、冗余性、适应性、

智慧性、协调性等韧性理念融入城市规划建设实施全过程①。但目前各区各部门对于雨洪防涝、生命线建设、安全设施建设等韧性城市相关规划实施工作仍有不同程度的短板。如全市多级滞洪缓冲系统中，西峰山和钻子岭水库、陈家庄水库、张坊和二道河水库尚未实施，对于中心城区和北京城市副中心、丰台河西和门头沟新城、房山新城的防洪防涝安全产生潜在影响。部分规划区级蓄滞洪区尚未实施，对同属北运河流域的北京城市副中心防洪安全带来影响，南旱河蓄洪（涝）区未建设，中心城区西部山区洪水尚未得到有效控制。此外，永定河、潮白河、北运河等全市重要河道部分河段堤防不达标，平原区部分中小河道存在断面尺寸不足、局部被填占、卡口等现象，亟待加快河道综合治理，推动系统韧性能力提升。

此外，在安全设施建设与平急功能转换方面，受规划选址落地难、建站配套资金不足、多单位协调难等限制，消防队站和公安派出所建设进展依然缓慢，影响防灾能力提升。应急避难场所还存在覆盖范围与人口分布不匹配、分级结构与服务需求失衡、部分区域尚有空白、应急避难场所维修养护经费不足、服务水平与建设标准有待完善等问题，迫切需要落实各类规划韧性措施的实施责任体系，加快推进城市安全设施的高标准建设实施。大型公共建筑转换为应急设施仍缺乏完备的应急预案和空间资源库，酒店、体育馆和会展中心等在预留平疫转换接口、强化平疫转换能力等方面仍有提升空间。

2. 面对更加复杂多变的气候特征，传统防灾规划难以有效应对

传统的防灾规划是基于工程思维，通过设置一定设防标准以面向高频灾害和常见风险。但随着近年气候变化，各类灾害的风险频发性、异常性、极端性不断加剧，对城市韧性的要求越来越高。受到经济条件、技术条件、城市资源等多方面的限制，城市防灾减灾的设防标准无法无限制地提高，需要更多考虑对设防标准外极端巨灾的应对。

相比传统防灾规划以抵御常规风险，保证生命财产安全为主要目标，

① 施卫良，石晓冬，杨明，等. 新版北京城市总体规划的转型与探索［J］. 城乡规划，2019（01）：86-93+105.

韧性城市建设更多以维持正常生活和生产为目标，其重点在于面对极端巨灾等"黑天鹅"事件时城市核心功能的基本维持和各系统的动态适应与快速恢复。

此外，目前传统防灾减灾规划更多基于单一灾种场景下提出相应的规划策略和设施要求，随着极端天气常态化，灾害链式反应和多灾并发等问题越发凸显，针对抵御特定灾害而设置的安全设施在复合灾害下是否依然有效，需要以韧性城市的视角对既有的防灾体系进行再认识。

3. 多层级保障体系尚不完善，顶层区域框架与底层社区治理仍是韧性建设的薄弱环节

在区域层面韧性城市框架构建上，首都圈跨界韧性城市保障体系还有待完善。京津冀区域应急管理体系还不成型，区域内部联动响应还处于磨合期，专常兼备、灵活机动的应急管理模式尚在探索，社会层面的自组织、微治理能力相对较弱，面对灾害的快速反应能力及认知水平有待提高。此外京津冀区域需强化满足平急两用需求的空间、设施保障，尤其是涉及跨界地区的防灾设施布局、区域疏散救援通道建设等区域防灾救灾基础设施布局，需要进一步加强。

底层的社区社会治理水平同样需要进一步提升。社区处于政府条块管理的交汇点，但由于社区类型众多、发展不均衡，现有韧性相关制度、措施在执行过程中存在"碎片化""一刀切"现象，基层动员和能力建设依然不足，社区超能力负荷运转依然存在，尤其在疫情的风险防控中暴露出老旧小区、老龄化社区、城乡结合部等薄弱区域韧性能力建设的短板，对老年人、孕妇、婴幼儿、失能残障人士、受教育程度较低人群、非汉语使用者等特殊人群，灾时应给予更多关注。

三、北京韧性城市空间专项规划创新内容

（一）以首都安全保障为核心，在时间维度搭建全过程、全要素评估推演体系，厘清规划韧性与韧性规划重点

在北京市韧性城市空间专项规划编制过程中，深入研究各类灾害成灾

规律，耦合分析链式反应，围绕"灾、承、供、救、用"，构建全过程城市韧性现状评估体系。围绕"灾"分析致灾因子和灾害分布，围绕"承"找出承灾薄弱区域，围绕"供"评估生命线系统承载能力，围绕"救"梳理相关设施布局，围绕"用"梳理复合空间和潜力资源，创新搭建韧性城市档案表，形成对城市本底、灾情潜在危险和城市基本运行的初步评估和基本判断。

针对设防标准的安全保障，重点落实各级各类国土空间规划的韧性建设要求，围绕国土空间、综合防灾、专项防灾等方面已开展的各项韧性城市系统性工作，开展体检评估，找出实施短板，明确近期需提升的重点内容，保障设防标准下的安全，也是应对巨灾风险的防范基础。

针对超预期风险的有效防范，透视灾害—城市相互作用耦合效应，筛选北京可能面临的8种极端灾害情景（罕遇地震、极端洪涝、重大地质灾害、大面积电力突发事件、重大供水突发事件、重大传染病疫情、重大道路突发事件、生活必需品供应事件），通过搭建数字孪生模型推演灾害过程及破坏结果，为及时有效防范应对提供重要决策支撑。

（二）以极限思维为导向，在空间维度构建集中式与分布式相结合的韧性城市整体格局，形成韧性城市空间治理的顶层架构

创新构建多维度韧性城市目标体系，根据不同程度的灾害风险明确不同的目标。一是优运行，自适应，面对中低风险灾害，加强韧性设施配置、平急空间预留、多元物资储备，通过城市的自组织、自适应实现对灾害的有效应对；二是强防御，快恢复，面对高风险灾害，落实总体规划的韧性措施，加快补齐短板弱项，提高薄弱环节与重点地区防灾能力，保障城市的基本运转；三是保基本，重维持，面对巨大风险灾害，保障首都城市核心功能的正常运转，保障社会重要功能运行，最大限度地保护人民群众生命安全，构建安全可靠、灵活转换、快速恢复、有机组织、适应未来的首都韧性城市空间治理体系。

紧密结合超大城市转型发展实际，把握城市长周期发展规律，将韧性城市与城市更新、空间布局与风险治理、防治措施与精细管理相统筹，围

绕支撑体系、韧性能力、系统运行、应对处置、自治调节等方面作用，搭建"市域—圈层—韧性城市组团—韧性街镇单元—韧性社村生活圈"的五级韧性城市空间分区。通过分级管控管理落实集中式与分布式相结合的韧性城市格局，强化对不同类型灾害的有效维持、妥善应对、快速恢复、深度适应与互助支持，为建设国际一流和和谐宜居之都提供坚实安全保障。

市域层面基于北京等超大城市对外依存度高、要素流动频繁的特点，统合水源能源供给、物资运输保障、疏散避难救援等超大城市"维生系统"，构建"三环八廊多支点"的市域韧性城市支撑体系。圈层层面结合城市空间结构特征，统筹构建全域协同、联动互助的韧性圈层，并明确首都功能核心区、中心城区、北京城市副中心、多点地区及生态涵养区差异化韧性提升重点。韧性城市组团系统耦合生命线保障分区，叠合流域、沟域，统合行政区划，浅山区及山区重点考虑流域等自然边界，平原地区考虑生命线系统分区特征，将1个超大城市划分为39个中等城市规模的韧性城市组团，配置医院、体育场馆、应急指挥等重要设施，具备供水、供电、物资等供应条件，灾时能够自给自足，与周边组团互助支撑，灾后实现快速恢复。街道、乡镇层面以强化灾害处置应对为目标、以韧性分类施策为重点，综合考虑基础本底、风险特征、韧性要求等，在组团内部细分韧性街镇单元，细化为指挥型、支援型等5类单元，实现基层风险治理。社区、村层面整合各类可利用空间设施资源，结合一刻钟社区生活圈，构建韧性社村生活圈，在消防、警务、避难等传统安全设施的基础上，整合超市、菜站、药店等各类平急设施，形成能够自适应、自组织、自协调的基层防线。

（三）以首善标准为引领，在治理维度推进薄弱环节、关键领域韧性城市建设，通过"针灸式"精准施策，以点带面撬动安全保障"大提升"

以"让、防、避"为基本原则推动隐患治理，提升韧性空间精细治理能力。以项目化清单的方式加快补齐各类防灾救灾设施短板，如集中打造一批紧急情况下满足居民转移安置、生活救助和健康隔离等需求的公共基础设施，强化战略留白用地的应急转化功能，统筹拓展超大城市基础设施

"平急两用"功能。充分运用全国自然灾害综合风险普查、地质灾害调查监测、积水内涝风险评估等智慧手段，推进城市"一网统管"建设，提升预报预警能力。加快水利工程数字孪生建设，建立数字化、智能化山洪防御体系，强化风险感知应对能力，率先在永定河流域开展数字孪生建设试点。提倡"家庭—社区—组团"每个层级储备3天的应急物资，做到短期内自给自足，完善基层应急动员机制。

加强区域安全韧性整体统筹。结合"23·7"特大洪水灾后恢复重建工作，加快完成水毁修复工程。在公路承担主要紧急交通疏散功能基础上，加强铁路系统等交通方式的协作互补，最大限度提升区域灾时保障能力。构建重大传染病疫情分级分类救治体系，完善分级诊疗服务，巩固社区发热筛查哨点建设。进一步提升重要物资和应急物资储备能力，沿区域主要交通生命线廊道推动城郊大仓建设。

四、结语

《专项规划》是北京市基于城市自身特征，在韧性能力提升方面进行的规划探索，形成了"规划韧性"与"韧性规划"相互嵌套的整体框架、分层次、多维度的目标体系以及"集中式"与"分布式"相结合的韧性城市空间格局，将韧性城市理念嵌入首都规划中。作为全国率先编制完成的首个韧性城市国土空间规划，《专项规划》构建了安全可靠、灵活转换、快速恢复、有机组织、适应未来的首都韧性城市空间治理体系，为全国韧性城市或相关分支规划提供了参考。同时《专项规划》作为全市韧性城市建设的整体顶层设计，是指导市、区两级编制建设规划的任务书和路线图，有效发挥了推进各领域重点任务的引领作用，形成促进高质量发展与高水平安全相统筹的首都生动实践。

北京的韧性城市规划建设虽然已取得了阶段性进展，但在落实规划理念，推动韧性城市建设方面仍面临许多挑战。只有结合实际的经济、技术和自然条件发展进行开放的、动态的韧性城市建设治理工作，才能不断提高城市应对冲击和风险的适应和转型能力，提高韧性城市规划建设水平。

第三节　智慧城市赋能国土空间规划实施的技术路径构建——以北京为例

近年来，智慧城市作为解决城市复杂问题的重要途径，受到了广泛关注。随着北京市总体规划的批复和智慧城市顶层设计确立，智慧城市建设已逐步进入实施推广阶段，亟须探索具有可实施性的智慧城市技术路径。本节旨在通过剖析智慧城市规划内涵，明确智慧城市在国土空间规划中的定位，探索智慧城市规划内容、方法与技术路径，赋能国土空间规划实施落地。

一、引言

"为了更好的生活，人们来到了城市；为了生活得更好，人们留居于城市"，2000 多年前，古希腊哲学家亚里士多德曾这样形容城市于人的意义。然而，在技术革命经历数个世纪推动人类社会、生活发展的同时，全球城市人口不断增加，城市规模急速扩张，资源短缺、环境污染、交通拥堵等诸多城市问题日益凸显。据联合国相关资料，我国居民幸福感排全球第 60 位[①]，但是城市的高度发展与人民福祉提高并不同步。当前，我国正处于由"粗放式"的高速发展向"精细化"的中快速发展过渡的阶段，探索和创新城市发展动力，有效化解"城市病"困局，切实提升居民幸福感和获得感，实现城市的可持续发展，成为我国城市规划和治理的首要任务。

自 21 世纪初美国 IBM 提出智慧城市概念以来，迅速被欧盟、日韩、新加坡等多个国家和地区接受并推广（Harrison 等，2010；Dirks 等，2010），为平衡城市高效运转与可持续发展提供了全新理念与范式。近年来，智慧城市也受到了中央、地方及各领域专家和学者的关注，在相关政

[①] 资料来源：联合国"全球最幸福的国家排行榜"。

策的支持下，我国城市也开始逐步投入到智慧城市建设中（丁国胜和宋彦，2013；王世福，2012）。2011年起，我国分批选定了国家智慧城市建设试点城市，重点在于深化信息技术对城市"智慧化"的推动作用，即通过运用物联网、云计算、移动互联网等技术，搭建城市公共信息平台，提升城市智能化水平（中华人民共和国住房和城乡建设部，2013）。随着智慧城市试点建设与研究的深入，学术界逐渐意识到城市并非简单作为信息技术实施的空间载体，应增加对城市空间与智慧技术耦合复杂系统的关注，智慧城市理念逐渐进入国土空间规划视野，成为重要关键词。2024年5月，国家发展改革委、数据局、财政部、自然资源部联合发布《关于深化智慧城市发展 推进城市全域数字化转型的指导意见》，提出深化智慧城市发展，将数据要素贯穿城市规划、建设、管理等方面，推进城市全域数字化转型，智慧城市成为我国新时代生态文明背景下国土空间规划的重要目标诉求之一。

当前，北京市总体规划已完成批复，智慧城市顶层设计已经基本确立，智慧城市规划逐步进入规划实施阶段，需要加强辨析智慧城市的规划与智慧的城市规划之间的关系，明确智慧城市在国土空间规划中的定位，从规划实施主要内容、方法及关键技术路径等方面，为智慧城市实施思路借鉴。

二、智慧城市赋能国土空间规划理念

（一）智慧技术与国土空间规划的互动性

国土空间规划是国家空间发展的指南、可持续发展的空间蓝图，是各类开发保护建设活动的基本依据。随着计算机、互联网、物联网以及云计算等信息技术的发展，人们在城市中的各类信息搜集、处理和应用能力方面大大提高，为更加科学地认识复杂的城市系统规律和高效地解决城市问题带来了全新的思路和模式。吴志强院士提出，国土空间需要在新的时代顺应技术发展趋势，向智慧化转变。当前，智慧城市规划的研究主要分为两个互为补充的方面，分别为"智慧的城市规划"和"智慧城市的规划"（甄峰和孔宇，2021）（见图5-1）。

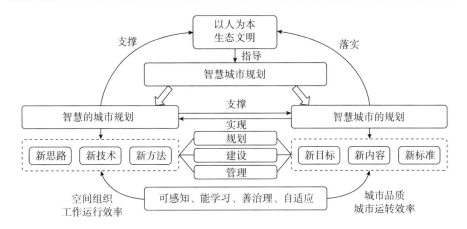

图 5-1　智慧城市规划概念图

　　"智慧的城市规划"为国土空间规划带来了新的思路与工具，体现在国土规划编制方法、实施监督和业务管理模式等方面。在规划编制方法方面，运用卫星遥感、大数据等新一代信息技术能够快速收集和整理海量、及时的城市数据，进而辅助规划师更加科学、系统和理性地诊断城乡发展现状、趋势和问题，并根据城市发展目标构建模拟系统，对城市未来发展的情境进行模拟分析和评估，从而有利于对规划方案做出最终决策，大大提高了规划编制的科学性、高效性以及公众参与度；在规划实施监督支撑方面，运用新技术对规划实施方案、过程和结果进行动态监测、分析、评估和反馈，进而实现对规划实施的动态监控和及时修正；在规划业务管理模式方面，通过利用新技术对城乡规划管理工作中的各个环节进行动态监控和管理，便于及时发现和纠正存在的问题，从而提高规划管理效益（张纯等，2016）。

　　"智慧城市的规划"的核心是通过对城市本体的重新认知，发挥新技术的优势，制定相应的规划、实施、管理方案，解决依靠传统的规划手段难以有效应对的各类城市问题，体现在国土规划编制内容、实施方案和城市管理等方面。在规划编制内容方面，智慧城市的解决方案依托于数字空间与城市空间的相互作用，城市空间本体将由"物理—社会"的二元空间向"物理—数字—社会"的三元结构空间转变，新的空间关系将促进"智慧设施—智慧平台—智慧服务"的城市规划内容及相关标准革新。通过对智慧设施、平台以及服务的规划管控,各场景相关部门可实时感知城市运行状态,并进行预测和智能判断,从而及时提供相应服务,实现高效、合理的资源配置调控。在实施和管理方面,智慧城市的建设影响到城市发展运营的各个领域和层次,应明确实施和管理方案,考虑智慧城市的相关因素和条件,合理组织安排实施进度及人员组织,明确相关运营责任部门,保障智慧城市高效运转。

智慧城市规划不是单一的信息化主导的"智慧城市的规划",也不是简单的大数据、人工智能等新技术赋能下的"智慧的城市规划",而是需要将两者融合(甄峰和孔宇,2021),形成"可感知、能学习、善治理、自适应"的智慧国土空间规划,为实现以人为本的生态文明城市提供支撑。

(二)智慧城市规划与国土空间规划的体系融合

智慧城市规划既包含国民经济与社会发展规划相关内容,也是国土空间治理体系的有机组成部分,具有较强的综合性。智慧城市规划应以国家战略为导向,以解决城市问题、满足"七有五性"的民生需求,实现城市可持续发展为目标,形成"智慧的城市规划+智慧城市的规划"双轨联动的智慧城市规划体系,为指导城市空间高效资源配置与空间组织、提高城市运行效率、提升城市治理水平提供重要支持。

现有的城市规划体系已经建立对物理空间较为完善的管控和引导体系,但在数字技术支持下的智慧城市规划尚且不足。因此,以北京市为例,基于"三级三类四体系"的国土空间规划总体框架,构建面向国土空间规划的智慧城市专项规划,将智慧城市专项规划对应于总体规划和详细规划两个层面,面向城市功能定位、空间结构、城市规模、布局安排,土地用途和开发建设强度管控,促进智慧城市与国土空间规划体系融合,推动智慧城市建设。

智慧城市规划应与国土空间各级各类规划相互制约,互为指导。同时,智慧城市专项规划与北京市国土空间规划中其他特定领域专项规划并联交叉,紧密衔接融合(见图5-2)。

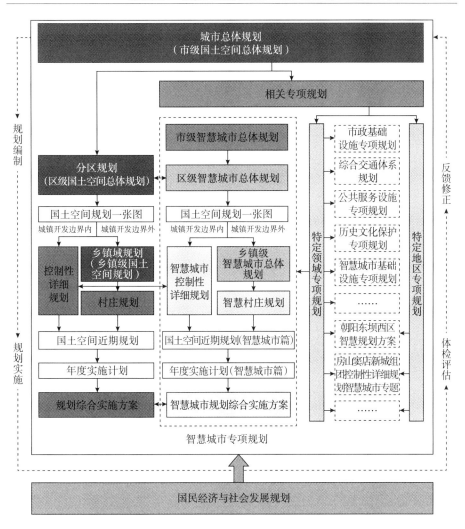

图 5-2 面向国土空间的智慧城市规划定位

三、面向国土空间规划实施的智慧城市规划实施路径

智慧城市规划是规划体系走向落地实施的关键环节。从智慧城市规划在国土空间规划中的定位来看，规划实施技术路径的革新既包括对"智慧城市的规划"中的新内容补充，也包含了对"智慧的城市规划"中新方法、新技术的运用。通过落实上位规划相关要求，进一步明确智慧城市规

划编制内容和方法，形成国土空间规划实施新路径，指引智慧城市项目落地（见图5-3）。

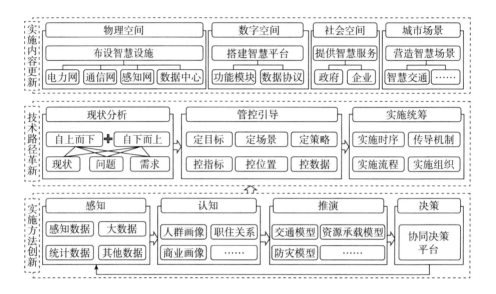

图5-3 面向规划实施的智慧城市规划技术路径

（一）"智慧设施—智慧平台—智慧服务"的规划实施内容

与以往物理空间和社会空间依靠传统技术产生直接联系不同，互联网、物联网及数字孪生等新一代技术催生出了数字空间，打破了原有的"物理—社会"二元空间模式，使城市空间本体向"物理—数字—社会"的三元空间结构转变，新空间的产生将促进国土空间规划实施内容更新。基于北京面向国土空间规划的智慧城市控制性详细规划相关项目实践与研究，以三元空间为基础，顶层设计为指导，总结并建立了"布设智慧设施—构建智慧平台—提供智慧服务"的智慧城市控制性详细规划核心内容框架，丰富和补充了国土空间规划实施内容体系（见图5-4）。

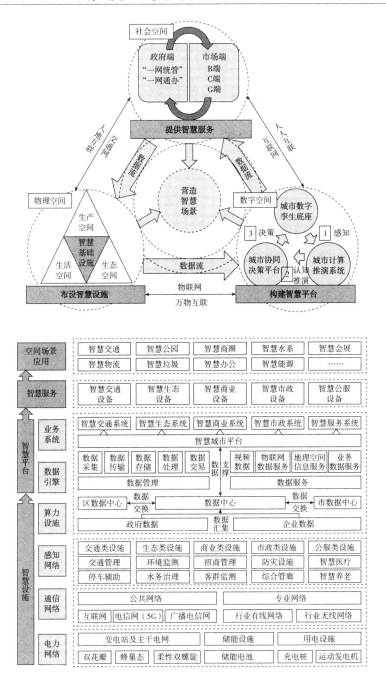

图 5-4 面向规划实施的智慧城市规划核心内容体系

营造智慧场景。以目标和需求为导向构建与城市空间建设和地区发展融合匹配的智慧场景示范项目，对智慧场景进行愿景设计。智慧场景按类型可划分为智慧生产场景、智慧生活场景和智慧生态场景，包括智慧出行、智慧共享空间、智慧医疗等。

布设智慧设施。依据场景建设要求，适度超前布设电力保障网络、通信支撑网络、智能感知网络及分布式数据中心的"三网多节点"智慧设施，明确建设目标、设施规模、位置，以电力供给为保障，以通信技术为支撑，打造"万物互联、人机交互、天地一体"的智能感知网络，以数据中心为主要节点进行数据汇集及处理，实现数据的获取、采集、传输、汇聚和计算，是实现智慧城市的物质空间基础。

构建智慧平台。根据智慧场景及运营管理需求设计相应功能模块，构建包含城市数字孪生平台、城市计算推演系统、城市协同决策平台三部分的智慧平台架构，为后续指导平台开发建设提供依据。此外，为解决城市数据共享难题，应提前将数据传输与管理协议纳入控制性详细规划之中，保障多方数据高效传输融合。

提供智慧服务。基于以人为本、便捷惠民的智慧城市应用场景，以政府及企业为主体，规划均衡高效的智慧应用与服务内容，满足人民日益增长的美好生活需要。

（二）"感知—认知—推演—决策"的规划实施技术方法

依托智慧城市新技术，推动国土空间规划实施方法从空间的静态干预向实时反馈、被动式向主动式规划的转变，形成"感知—认知—推演—决策"的规划技术响应框架。通过发现问题、认识问题、分析问题、解决问题，识别空间需求变化，优化空间组织模式，提高规划管理效率，以更科学、有效地支撑规划实施工作的各个环节（见图5-5）。

感知技术通过遥感、新型测绘数据、物联感知数据和社会大数据等技术获取城市空间的地形地貌、建筑物、构筑物、人流、物流、交通流、社会活动等各种城市数据信息，形成中微层面的人地关系基础数据库；认知技术本质是从客观的数据到"知识发现"，通过对动态感知获取的海量数

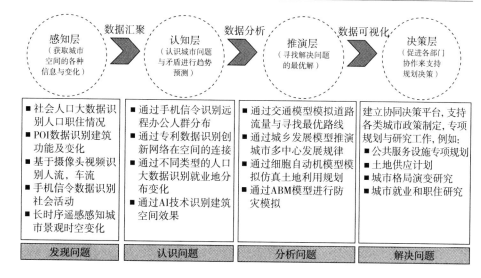

图5-5　"感知—认知—推演—决策"的国土空间规划实施技术响应路径

据进行深度分析和处理，挖掘城市运行规律，进而进行智能化的理解、判断，识别街区发展诉求；推演技术通过搭建交通模型、城乡发展模型、土地利用规划模型、防灾模型等仿真模型，模拟城市发展规律，预测未来发展方向，寻找解决问题的最优解；决策支持技术是从分析端到规划干预端的关键一环，通过整合人工智能、地理信息系统、数字平台、规划支持系统等新技术，能够提供多维度、高精度的决策支持，从而在规划实施中发挥关键作用。

（三）"现状识别—管控引导—实施统筹"的规划实施路径模式

基于现有控规编制核心技术逻辑结合智慧城市（街区层面）控规内容以及实施技术方法，探索引导城市空间新要素的组织与配置、优化空间功能的规划思路，构建面向国土空间规划实施的"现状识别—管控引导—实施统筹"智慧城市规划技术新路径，是科学保障智慧城市规划实施的关键（见图5-6）。

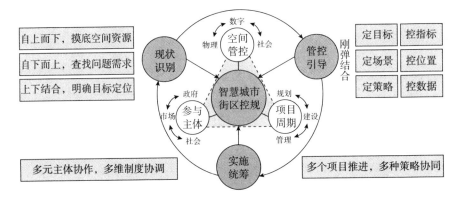

图5-6 "现状识别—管控引导—实施统筹"的国土空间规划实施方案路径

资料来源：笔者自绘。

1. 现状识别

感知和认知技术为现状空间的定量定性识别提供了丰富的技术手段和数据来源支撑，综合采用"自上而下+自下而上"的方法，可以更加科学、有效地推进街区空间资源识别。自上而下的现状分析方法具有快速、客观和便于动态评价的优势，主要依托土地利用、卫星遥感等基础数据，互联网大数据、手机信令数据、街景影像等时空大数据，以及其他相关统计数据和调研信息，梳理形成"设施—平台—服务"三元空间的智慧城市实施情况资源底账；自下而上的意愿与需求收集能反映多方主体诉求，对街区现状情况的客观识别还需通过座谈、上报、问卷等自下而上的识别方法充分考虑、广泛地收集不同产权主体、管理主体、使用主体等的建设需求，从而确定空间建设重点（见图5-7）。

2. 管控引导

对智慧街区的管控引导需要在落实上位国土空间规划与社会经济发展规划相关要求的基础上，以现状识别分析结果为支撑，通过明确"目标、场景、策略、指标、位置、数据"等具体智慧城市建设要求和导引，形成"刚弹结合"的规划策略，从而指引国土空间规划实施落地（见图5-8）。

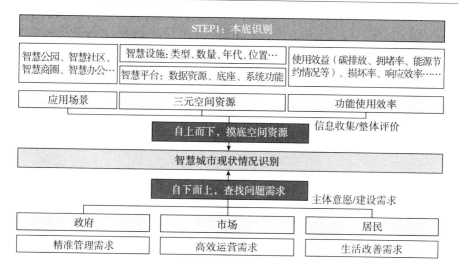

图5-7 "自上而下+自下而上"的现状识别路径

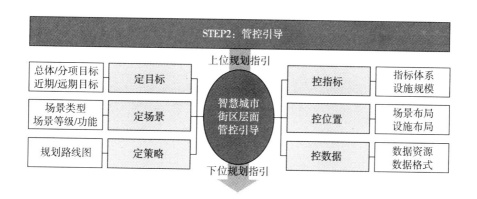

图5-8 "自上而下+自下而上"的现状识别路径

　　弹性引导措施的制定重点在于明确"定目标、定场景、定策略"等方向性指引任务。"定目标"需要从街区层面提出智慧城市规划工作的近、中、远期目标及愿景；"定场景"在于明确街区智慧化建设重点任务。由于各街区主导功能类型、智慧化需求以及建设/改造潜力等方面的不同，对智慧场景进行分类分级营造，有助于形成差异化、针对性的管控引导策略。应依据街区建设目标及功能定位确定智慧场景类型，如智慧居住、智慧公园等，并将智慧场景按照重要程度划分等级，每个等级对应不同程度的功能要求，并选取核心场景进行规划设计。"定策略"的重点在于根据不同场景要求制定各智慧场景实施路线图，形成包括智慧设施、智慧平台、智慧服务等内容的定制化指导措施。

刚性管控措施的制定重点在于落实"控指标、控位置、控数据"等约束性工作要求。"控指标"是对智慧设施建设规模、平台建设规模、服务供给规模等提出的量化要求，可结合大数据等技术，对各类规模进行测算，并以具体指标形式加以明确。"控位置"是提出对智慧场景空间分布、智慧设施空间布局以及智慧平台管控区域分布等的空间位置管控，可结合城市空间5G基站选址等模型，优化智慧城市空间布局。"控数据"是指对数据资源、数据格式、数据安全等方面提出的控制要求，保障数据高效传输、快速融合、安全使用。

3. 规划实施运营路径

规划实施运营方面，在具体项目设计中，要重视与国土空间规划中近期发展规划内容的衔接，并根据城市不同时期、不同阶段的智慧化发展应用需求，制定智慧城市规划行动计划，从项目设计、项目建设、项目运营与项目推广四方面有序引导相关项目的开展与实施。另外，智慧城市规划的实施运营不只是简单的招商引资，而是需要反馈给技术支撑层，在其应用层中明确项目的属性与类型，为具体的项目选择提供支持。在具体项目制定中，合理选择项目运营模式，明确项目运营主体，制定项目运营策略，积极筹措运行维护资金，结合项目引进清单有序推进项目招标，严格把控项目建设，保证城市智慧化的实现（见图5-9）。

四、总结与讨论

在新时代"以人为本"和"生态文明城市"建设要求背景下，国土空间规划作为面向未来空间的建设指南，应顺应时代技术发展的趋势，不断寻找、尝试、探索、挖掘新技术在解决城市问题、促进城市可持续发展方

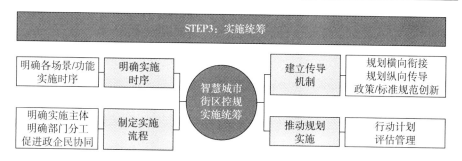

图 5-9 智慧城市街区控规实施运营路径

面的模式创新。智慧城市作为当前国土空间规划领域的热点，被视为解决城市复杂问题的重要举措。应充分认识智慧城市内涵，并与国土空间规划建立有机联系，不断吸纳智慧城市理念，深化规划理论与方法路径。尤其在国土空间规划实施中，应从规划内容和方法上加强对智慧城市的理解与应用，在全面掌握城市发展情况，认识城市运行规律，预测未来发展态势，提升服务空间规划决策科学性、精准性、高效性的同时，不断完善城市空间规划实施路径，更好地支撑城市治理模式创新，加快实现城市的可持续发展。

【参考文献】

［1］Harrison C，Eckman B，Hamilton R，et al. Foundations for Smarter Cities［J］. IBM Journal of Research and Development，2010，54（04）：1-16.

［2］Dirks S，Gurdgiev C，Keeling M. Smarter Cities for Smarter Growth：How Cities Can Optimize Their Systems for the Talent-based Economy［R］. IBM Institute for Business Value，2010.

［3］丁国胜，宋彦. 智慧城市与"智慧规划"——智慧城市视野下城乡规划展开研究的概念框架与关键领域探讨［J］. 城市发展研究，2013，20（08）：34-39.

［4］王世福．智慧城市研究的模型构建及方法思考［J］．规划师，2012，28（04）：19-23．

［5］中华人民共和国住房和城乡建设部．住房城乡建设部办公厅关于做好国家智慧城市试点工作的通知（建办科〔2013〕5号）［EB/OL］. http：//www. mohurd. gov. cn/zcfg/jsbwj_0/jsbwjjskj/201302/t20130204_212789.html.

［6］甄峰，孔宇．"人—技术—空间"一体的智慧城市规划框架［J］．城市规划学刊，2021（06）：45-52．

［7］张纯，李蕾，夏海山．城市规划视角下智慧城市的审视和反思［J］．国际城市规划．2016，31（01）：19-25．

执笔人：于国庆　张晓敏　雷来国　滕秋洁　高　航（第一节）

　　　　张朝晖　李　翔　马天鸿（第二节）

　　　　翁亚妮　张晓东　陈　猛　孙道胜（第三节）

第六章 把乡村全面振兴作为总抓手 推动首都农业农村现代化

第一节 2023年首都农业农村现代化年度评价及路径建议

一、北京农业农村现代化年度评价

（一）粮食安全保障能力稳步提升

2023年，北京抓实"田长制"，严防"大棚房"问题反弹，坚决防止耕地"非农化"，建成高标准农田5.7万亩①。有力克服灾情影响，全年粮食播种面积134.2万亩、产量47.8万吨，同比分别增长16.6%和5.3%，超额完成国家下达的任务。新改建现代设施农业4000余亩，高效设施番茄单产创历史新高，蔬菜产量增长4.3%、自给率为31.3%。累计认定环京蔬菜基地130个，面积9.9万亩。能繁母猪存栏5.1万头，处于产能正常波动的绿色区域。

（二）农业科技创新取得积极进展

2023年，北京深化部市合作共建农业中关村，建立市级协调机制。国

---

① 本节数据主要来源于北京市农业相关部门。

内外240余家涉农企业入驻，京瓦农业科技创新中心投入运行。建立农业中关村重大项目库，中国农业大学国家农业科技创新港、蔬菜生物育种全国重点实验室等重点项目加速落地。加快"种业之都"建设，加快推动平谷国家畜禽种业产业园、通州农作物种业创新示范区和国家玉米种业技术创新中心建设。举办第三十届中国北京种业大会和2023世界农业科技创新大会，促进农业科技交流合作。

（三）产业融合发展深入推进

2023年，北京新增25个"北京优农"品牌，建设15个老北京水果示范基地，绿色有机农产品总量40.7万吨、增长21%。推出"畅游京郊""长城人家"等品牌，休闲农业和乡村旅游收入达36.2亿元，基本恢复至2020年前的水平，带动农产品销售9.8亿元、增长19.8%。14个国家和市级产业园全产业链产值超280亿元，二三产业占比超70%。

（四）乡村生活环境持续改善

2023年，北京2800余个村庄完成美丽乡村建设，卫生户厕、生活垃圾处理基本实现行政村全覆盖，生活污水处理率达83.5%，建设农村街坊路311万平方米、美丽乡村路300公里，5G、光纤宽带通达率实现行政村全覆盖。96%的农户实现清洁取暖，出台设备更新措施，保障农民温暖过冬。新建250个森林村庄、100处美丽乡村"千村千林"，5个生态涵养区成功创建国家生态文明建设示范区。实施"百村示范、千村振兴"工程，明确18个部门55项支持措施，首批19个示范村、52个提升村、12个示范片区启动建设，3个区获批创建国家乡村振兴示范县和农业现代化示范区。

（五）农民收入保持较快增长

2023年，北京农村集体资产总额突破万亿元、全国第一，集体产权交易成交额58.7亿元、增长123.5%，598个薄弱村均实现年度收入目标，130.4万农民股东获得人均4681元集体分红。推广实施以工代赈，吸纳6万名农民参与农村基础设施建设管护。农民人均可支配收入37358元，增速7.5%、连续6年快于城镇居民，城乡收入比缩小到2.37∶1.00，提前两年完成"十四五"规划目标。

（六）乡村振兴要素活力持续增强

2023 年，北京深入推进农村"三块地"改革，探索形成宅基地统规自建等户有所居方式，盘活利用闲置农宅 9250 处。加大乡村振兴财政投入力度，安排农业农村领域转移支付资金 58.7 亿元、增长 26.5%，土地出让收入用于农业农村比例达 8.3%。健全农村金融服务体系，农业信贷担保在保规模 56 亿元、增长 11.3%，信贷直通车放款 17.4 亿元、增长100%，政策性农业保险保费规模、参保主体均实现两位数增长，保险深度全国领先。

二、北京农业农村现代化面临的形势、基本判断和问题

（一）生态涵养区生态功能建设和作用发挥良好，但生态产品价值实现路径尚未有效打通

近年来，生态涵养区围绕"两山三库五河"实施高水平生态涵养保护，实施百万亩造林绿化、京津风沙源治理等重大生态建设工程，生态文明建设取得突出成效。2021 年生态涵养区森林覆盖率达 66%，高于北京市21.4 个百分点；PM2.5 平均浓度为 31.3 微克/立方米，低于北京市 1.7 微克/立方米。与此同时，生态涵养区生态产品价值实现路径尚未有效打通，部分区域出现产业和人口"空心化"现象。2018~2021 年，生态涵养区中关村分园工业总产值占中关村自主创新示范区的比重从 7.41% 下降到5.60%；乡村民宿、森林康养、休闲农业、田园综合体等新产业新业态发展面临供地、安全监管、污染防治等诸多因素制约，近年来总体出现下滑。由于缺乏容纳年轻人就地就近就业的产业和就业岗位，存在老龄化、"空心化"社会问题，从事农业、林业、服务岗位的大多为"三八六零"人员，农业、林业、生态涵养接班人问题显现。

（二）都市型现代农业市场潜力巨大，但本地农产品供给不足、休闲旅游发展不充分

1. 重要农产品供给尚不能有效满足超大城市庞大消费需求

据不完全统计，北京市每年消费粮食约 580 万吨、蔬菜约 880 万吨、

猪肉约 90 万吨，但粮食、蔬菜自给率不高。第一产业增加值由 2014 年的 160 亿元减少至 2023 年的 105.5 亿元，占 GDP 比重已下降至 0.2%。北京农业生产空间紧张，耕地面积由 1978 年的 42.9 万公顷缩减至 2019 年的 21 万多公顷，40 余年来耕地由于城镇化占地等原因减少了一半。

2. 休闲旅游不能充分满足市民多元化、品质化消费升级需求

历经 20 年的发展，北京农村景区景点以及品牌节庆活动对乡村旅游带动力逐渐降低，休闲农业和乡村旅游供给现状与市民旅游消费升级需求之间匹配错位。叠加产业融合度低、土地利用限制、资源要素流动不畅、经营主体竞争力差等因素，实现休闲农业与乡村旅游的高质量发展仍面临挑战。

（三）农村集体经济发展不平衡，经营主体规模化不足

1. 集体经济发展不平衡，产业发展受限

北京农村集体资产地区分布极不均衡，近郊村依靠"瓦片经济"，早已实现致富目标，远郊村仍以第一产业为主。如朝阳区、海淀区、丰台区的集体资产均在千亿元以上，平谷区、怀柔区、密云区的集体资产都不足百亿元，平谷区、怀柔区、密云区、延庆区集体经济资产规模在全市总规模中总占比不足 5%。"村地区管"制度将用地审批权上收到区级层面，虽然规范了乡村用地，但也客观增加了社会资本和产业资金进入农村的制度性交易成本和时间成本，在一定程度上限制了农村产业发展。

2. 农业经营主体规模化和联动发展不足，农村居民经营性收入较低

据统计，全市现有农民专业合作社、家庭农场共 1 万余个，辐射带动 31 万户农户，但各类经营主体之间合作经营、联动发展不足，全托管社会化服务仍是短板。2023 年上半年，北京农村居民经营净收入 819 元。

（四）农村公共服务发展取得长足进步，但与城市相比差距较大

1. 农村基础设施建设水平低于城镇

北京仍有部分村庄没有配套农村污水处理设施，2023 年北京农村生活污水处理率比全市平均水平低 13.8 个百分点。乡村部分排水、灌溉和电力等配套设施承载力不足。已建成的基础设施缺乏有效管理维护，乡村新

基建还不够完善，智慧农业、农村电商、农业数字化的现代农业配套服务设施设备建设还处于起步阶段。

2. 农村公共服务水平低于城镇

每千常住人口实有床位数、执业（助理）医师数及护士数，农村远低于北京市平均水平。北京城乡社区养老设施覆盖面差异明显，北京社科院的一项调查显示，在调查的城镇社区中，有养老服务设施的社区占比达45.7%；而在调查的农村社区中，有养老服务设施的社区占比为35.9%，低于北京市社区养老服务设施覆盖程度（40.3%）。

三、下一步推进农业农村现代化的重点路径

（一）规划引领，加强顶层设计

紧抓"十五五"规划编制契机，以区为单位完善顶层规划设计，打破村与村之间各自为战的发展模式。在有效集成国民经济与社会发展规划、城乡发展规划、土地利用规划、环境保护规划的基础上，集中区内资金、土地等各类资源，对各村乡村振兴的目标、任务、措施作出总体安排，推动建立城乡融合、区域一体、多规合一的规划体系，引导各村错位竞争、避免各自为战。

（二）人才引育，壮大兴农队伍

建立健全各类激励政策，建立城乡融合社区治理机制，支持城市人才下乡返乡创业。实施"新农人"培育计划，推动创客乡村运营团队进乡村，构建"专家+创客团队+基地农户"的组团创业机制，吸引更多人才向乡村流动。通过打好专班引才、揭榜引才、以才引才、以赛引才等组合拳，引进一批智慧农业高层次人才。鼓励农业乡镇组建产业联盟，推动农业标准化生产、智能化提升、基地化加工、品牌化销售。

（三）资金引导，构建乡村振兴多元投入格局

发挥北京央国企聚集优势，建立"乡村产业投资基金"，梳理一批项目清单，精准招商，加快推进央国企对首都农业农村投资项目的投入。协调财政补贴、贷款贴息等扶持资金支持，引导金融机构加大农村普惠金融

支持力度，增设特色网点，开发更多惠农利民金融产品与服务，扶持"耐心资本"，打造财政优先保障、金融重点倾斜、社会积极参与的多元投入格局。

（四）改革突破，提高建设用地使用效率

落实点状配套设施用地政策，尽快研究出台农业建设"小微用地"政策。以镇为单位强化集体经营性建设用地统筹利用，整合各村集体经营性建设用地，在保持土地所有权不变的前提下，以土地使用权作价入股等方式注入镇级联营公司，将土地资源在镇级层面进行统筹规划调整。

第二节　加快建设"农业中关村"和"种业之都"强化农业科技支撑

农业现代化是首都率先基本实现现代化的必答题，农业中关村建设是实现北京农业现代化的关键一招。2020年7月，北京提出打造农业中关村，经过四年的探索，农业中关村概念性框架基本形成，但仍处在夯基垒台、资源导入阶段。应不断强化角色定位，谋划"十五五"建设思路，坚持政府和市场两手发力，建设"机制优""科技强""要素聚""区域富"的农业中关村，全领域推进国际科技创新中心建设，补强农业农村现代化短板，强化农业科技支撑，聚力打造"种业之都"。

一、首都农业现代化面临的形势

（一）世界农业现代化呈现新趋势

一是粮食安全形势越发严峻。全球经济持续承压，大国博弈和地缘政治冲突加剧，农产品价格高位运行，粮食安全形势越发复杂严峻。联合国报告显示，2023年全球59个国家和地区约2.8亿人口面临严重的粮食不安全问题，较2022年增加了约2400万人，连续5年增长，且情况可能进一步恶化，粮食安全的重要性更加凸显。

二是以生物技术和信息技术为特征的新一轮农业科技革命正在孕育大的突破，各国都在抢占制高点。美国高度重视智慧农业发展，涉及物联网、云计算、无人机等多个领域，其中，无人机在智慧农业中应用广泛，可进行农作物的精准浇水、施肥、植保等工作。荷兰在智慧农业领域技术先进，涉及室内种植、水培技术、气候控制等领域，还开展了"食品科技谷"计划，致力于推动食品科技的发展。以色列农业科技水平全球领先，主要涉及灌溉技术、植保技术、遥感技术等，其中滴灌技术最为著名，可实现精准灌溉，最大程度减少浪费和污染。

（二）我国农业现代化进入新阶段

一是粮食安全持续向好，但也存在新风险。我国粮食总量充裕，但结构性矛盾突出，大豆、玉米、小麦等个别品种对外依存度较高，面临"卡脖子"风险。此外，自然灾害增多、种粮成本上升与种粮收益下降并存、居民食物需求结构升级、农民老龄化、农业兼业化等都是我国粮食安全的新风险。

二是以农业新质生产力发展为标志，国内农业科技发展正大踏步进入新阶段。农业新质生产力是以科技创新为主导，通过涉农关键性或颠覆性技术突破，实现生产效率提升的先进生产力。我国以农业新质生产力引领农业强国建设，先后部署了"转基因生物新品种培育重大专项"、国家重点研发计划"七大农作物育种""智能农机装备""蓝色粮仓科技创新"等专项项目，农业科技进步贡献率超过63%。从科技赋能来看，国内农业科技变革体现在利用物联网、大数据、卫星遥感、基因编辑、干细胞育种等颠覆性技术从根本上重塑农业生产模式。从全产业链来看，以新质生产力推动农业与文化旅游、医疗健康、可再生能源等关联产业深度融合，培育农业新业态新模式。

（三）北京农业现代化面临新机遇

一是构建新发展格局拓展了广阔空间。构建新发展格局，把城乡经济循环作为国内大循环的重要组成部分，释放了农业农村的投资消费和发展空间。北京的农业占比虽小，但京郊面积很大，随着农业的多种功能、乡村的多元价值的开发，城市的资金、人才流向乡村，乡村资源不断被挖掘盘活。

二是京津冀协同发展的推进优化了要素配置。随着京津冀协同发展战略的深入实施，三地农业合作不断加强。北京不断加大对农业龙头企业在京冀开展畜禽养殖和蔬菜生产的支持力度，深化农产品产销对接合作，农业区域合作构建环北京"1小时生活保障圈"。三地共建了京津冀农业资源环境、农产品质量安全等不同层次区域协同创新平台。在智慧农业、现代种业、农产品产销对接等领域创新合作推进机制，提升合作层次和质量。

三是城乡融合发展持续推进注入了新的活力。北京立足市情特点，利用"大城市带动大京郊、大京郊服务大城市"，推动城乡功能、要素、服务等的融合发展，把干部配备、要素配置、资金投入、公共服务"四个优先"落到实处，进一步推动城乡融合发展。

二、不断强化农业中关村建设在北京农业现代化进程中的角色定位

一是农业中关村建设是服务国家农业科技自立自强，培育农业新质生产力的顺势而为。自20世纪以来，美国、日本等人口过亿的国家农业现代化的经验表明，只有不断提高农业科学技术[①]才能真正实现农业现代化。建设农业中关村，聚焦现代种业、数字农业、设施农业、未来食品等，打造首都首个大型农业创新集群、北京农业科技创新的制高点，是建设全板块的国际科技创新中心的应有之义，既能有效服务国家农业科技自立自强，也能推动农业新质生产力发展。

二是农业中关村建设是打造共同富裕样板，服务乡村振兴战略的乘势而动。农业中关村聚焦农业科技和产业项目，链接全球智慧，一手抓研发创新，开展农业关键核心技术攻关，一手抓成果转化，面向全北京建设科

---

① 2023年，荷兰的农业科技创新贡献率已达97%，德国、美国、日本均超过了90%，北京为75%，全国为61%。

研项目转化示范基地、智慧农业应用场景、数字农业示范项目，推动农业科技要素"迁移—聚集"产生增量、更好地盘活闲置的土地资源促进农业产业发展、做大农业产业"蛋糕"，在产业发展中实现农民增收，打造城乡共同富裕样本，促进乡村振兴。

三是农业中关村建设是增强生态涵养区内生动力，服务京津冀协同发展战略的迎势而上。北京生态涵养区发展基础相对较弱、经济发展受限因素相对较多、内生动力尚不成熟，产业转型升级正处于"阵痛期"。农业中关村建设已形成"综合集成"式政策体系，为生态涵养区转型发展探路，同时将立足首都、协同津冀，打造"一核多园"发展格局，为区域农业高质量发展提供有力的科技支撑。

三、农业中关村建设面临阶段性问题和长期性挑战

农业中关村建设经过前期规划建设，已进入夯基垒台、资源导入的快速发展阶段，新阶段的主要特征为科技创新和资源聚集；从农业科技创新周期长、迭代慢、地域性、季节性等特点可知，资本密集和技术密集是农业科技创新的长周期特征。从阶段特征和长期特征出发，通过走访调研相关的科研院所、创新平台、头部企业等各类主体，发现农业中关村建设还面临着阶段性问题和长期性挑战：

（一）阶段性问题

1. 创新服务平台建设不及预期

据苏陀科技、大北农等企业反映，资金不到位等因素导致国际交流平台、资源联合平台等建设不及预期。此外，现有国家级科研平台向企业开放度较低。

2. 当前支持政策仍有待完善

一是由于农业创新项目有投资周期长、风险大的特点，平行套用现有中关村的优惠政策，效果会打折甚至失效。二是政策宣传传导仍不充分，仍有企业反映对现有政策不了解、不清晰，获取政策支撑成本高。三是囿于当前财政状况，区级配套资金落地仍存在困难。

3. 园区建设还有待进一步完善

北京嘉华种猪育种有限公司等8家企业反映园区存在设施老旧、供排水不畅、路径不通、围挡缺失等现状问题，且部分基地建设和智能化应用建设方面仍有较大不足。

（二）长期性挑战

1. 人才引育留用存在挑战

一是缺口大。博创联动、英惠尔生物等表示，当前企业面临专业技术和创新型人才缺口大、招聘难的问题。二是留用难。嘉华种猪育种有限公司、正大集团等反映，缺少住房政策支持，职工子女上学困难等导致人才流失；高素质人才对工作和生活环境要求较高，相关教育、医疗、养老等需求短期内难以得到满足。三是国际人才吸引力低。当前政策缺少提升具有国际竞争性研发环境和设施的具体措施，对国际交流合作支持力度不高。

2. 持续的资金投入仍存挑战

农业创新投入高、周期长，涉农金融融资难、成本高，涉农小微企业、农户融资难等都是涉农金融支持的先天缺陷。叠加各种外部不利因素，长期来看，企业仍面临资金压力。德青源、联创种业表示，金融产品少，且针对涉农企业信贷设限条件多、对中小型农业科技企业不合理，中长期贷款机制不健全，信用贷款产品覆盖面窄。

3. 科技成果转化仍需久久为功

产学研一体化仍需进一步健全合作机制、畅通合作渠道、统一评价机制。大北农集团、神舟绿鹏反映，科研机构在研技术与市场存在脱节、企业不能及时获得科研机构成果信息。产业链上下游也存在协同创新不畅的问题，中博国农反映，产业链协同发展和项目对接机制不健全，产业配套能力不强，部分产业链条过长，制约了产业整体竞争力。

4. 用地问题需进一步政策突破

目前北京虽已完善点状用地政策，但实际情况复杂，仍存在资源紧张问题。农业微生物国际创新研究院、圣伊斯种子（北京）有限公司反映，由于用地指标紧张，中试科研用地、农业观测站点、设施农用地仍难以落地；北京联创种业有限公司提出，其育种基地试验用地一般为永久基本农田，配套设施难以落地。

四、"十五五"时期农业中关村突破式发展的对策建议

推动农业中关村"十五五"时期突破式发展，坚持政府和市场"两手"发力。有形的手发力"科技"主战场，紧盯保障粮食安全、核心种源自主可控，大型智能装备、高端传感器等关键核心装备技术短板和农业绿色化、智能化、数字化发展等领域，不断破除人才、用地等制度障碍，实现核心技术突破和产业转化。无形的手发力"市场"主阵地，通过构建企业为主体、市场为导向、产学研深度融合的技术创新体系，充分发挥市场在技术方向、资本投向方面的决定性作用，用市场手段打通科技成果转化通道，让人才、成果、机构都"优"起来；通过不断优化营商环境，加强规划引导，营造有利于知识产权创造和保护的法治环境，维护创新者的合法权益，发挥联盟协会的服务功能，形成蓬勃有力的创新治理格局。

（一）深化改革：加大体制机制创新力度，在金融创新、人才保障、配套服务等方面先试先行

1. 打造人才综合改革试验区

研究出台了《北京市农业科技创新人才引进支持政策》，加快集聚一批战略科学家和敢闯"无人区"的领军人才。落实"朱雀计划"，加快引进项目经理、技术经纪人等多层次人才。推动国家级、市级人才调用、放权改革、自主认定等创新举措在农业中关村先行先试。引导农业科技人员到企业兼职兼薪、领办创办企业等，推动相关奖励和激励政策落地落实。打造全国最大的农业科技人才培育基地，建立城乡、区域、校地之间人才培养合作与交流机制，通过担任志愿者、挂职兼职、投资兴业、包村包项目等方式，服务农业中关村建设。

2. 创新金融服务模式

进一步发挥平谷大北农科创基金作用，探索设立农业中关村产业发展

基金。支持依托北京机器人产业发展基金，对包含农业用途的机器人企业发展提供融资。探索发行平谷农业中关村园区地方政府专项债，筹措资金推进园区建设。积极争取城市银行对农业中关村发展的授信支持力度。支持农业中关村企业、科研院所发行专项企业债券。扶持农业企业上市，探索建立北交所农业中关村板块，实行一企一策，为企业提供上市辅导、融资对接及跟踪服务工作。

3. 探索在土地供给制度上实现突破

完善优化农村土地政策，调整土地出让收入使用范围，逐步提高用于支持农业中关村的比例。编制完善村镇规划，允许镇级土地利用总体规划可以预留不超过5%的规划建设用地指标，满足农业设施、科研设施等建设需求。积极稳妥地开展农村土地综合整治，将薄弱村集体撂荒土地指标纳入各级政府申报计划，用于农业中关村配套实验用地。将零散土地指标集中起来统一规划，提高土地利用效率，重点将二三产业返回土地指标充分用于种业发展。建议对农业中关村内符合条件的项目优先列入市级重大项目清单，由市级统筹保障所需新增建设用地计划。

4. 大力推动配套设施建设

持续推进中关村平谷农业科技园区路网工程、配套电力设施工程、燃气、热力、弱电工程建设。持续推进峪口国际化社区（集体租赁住房）建设，完善职住平衡。推动国际化学校、平谷区医院国际部等国际化配套服务设施建设。

（二）科技引领：突破一批关键核心技术，抢占未来农业科技发展的制高点

1. 推进农业关键核心技术攻关

种源创新与生物种业聚焦突破种源收集鉴定、现代生物育种、种质资源收集与保藏等核心技术，实现种源核心技术与战略品种国产化，引领国家种业振兴。农业机械装备与智能化聚焦突破核心技术及零部件、提升装备智能化水平，支撑引领现代农业生产少人化和智能化。生态循环农业建设聚焦加快节本增效、生态循环等产品及技术模式研发，增加绿色优质农

产品和生态产品供给，构建典型区域提质增效技术体系和种养发展模式。前沿与交叉融合技术聚焦世界科学前沿，瞄准对农业发展、农村治理有带动作用的农业大数据技术、智慧农业技术、未来食品制造技术等形成新优势。

2. 不断强化企业创新主体地位

构建以企业为核心、产学研紧密结合的协同创新格局，推动涉农科技领军企业按照"优势互补、资源共享、风险共担、互利共赢"的原则，组建创新联合体。建立高校科研院所培养企业科技人才激励机制，健全有利于科技人才向企业流动的政策环境，引导科研人员"到企业""为企业"开展科技攻关和指导服务。鼓励博士毕业生到企业开展科研工作，支持科研人员到企业兼职、挂职。

3. 推动科技成果转化应用

支持科研院校、龙头企业在农业中关村内建设技术转移、成果展示、数据共享、人才培训等公共服务平台，按照审定项目总投入给予一定比例的奖补。鼓励在农业中关村内建设产业基地，打造农业领域的高层次、硬科技创业深度孵化平台。支持筹建合成生物学、基因编辑等领域的标杆孵化器，培养或引进具备相关服务能力的产业经理人。

（三）要素集聚：以农业中关村重大项目建设实施为抓手，不断集聚创新资源

1. 聚集国家农业战略科技力量

建设好"京瓦中心"，布局国家农业科学中心，聚焦"高精尖"产业发展方向，有效引智现代农业国家实验室、国家农业重点实验室、农业农村部重点实验室、中国农业科学院、北京农林科学院、全球顶尖科学家、涉农科技领军企业等的战略科技力量，与中国农大共建国家实验室、探索将北京市农林科学院、北京农学院等相关市属农业科研机构整体搬迁至平谷区。

2. 积极推动落地重大创新平台

持续推进中国农业大学国家农业科技创新港、正大研究院、北大荒研

究院、合成生物技术创新中心等第一批入库的项目建设，支持建立全过程项目服务专班，完善项目库动态管理机制，及时跟踪项目进展情况。按照农业中关村战略定位，围绕园区建设、机构引进、平台搭建等方面再谋划一批重大项目，支持给出优惠条件，争取引进更多创新资源落地。

3. 引育农业科创龙头企业

聚焦畜禽种业、智慧农业、营养健康与食品等领域，积极引进头部企业。加大对高成长性中小微农业创新企业的引进和扶持力度，进一步推动技术、信息等创新要素集聚，培育一批涉农高新技术企业。分层分类精准支持创新企业发展，培育更多硬科技独角兽、隐形冠军和科技领军企业。

4. 有序集聚农业数据要素

推进科研、生产、经营等全产业链数字化改造，建设数字化全产业链典型区，培育一批农业"链主"企业，创建国家数字农业试点县。推动互联网、大数据、人工智能等现代高新科技在果蔬生产、分拣和销售环节的集成应用，建设一批数字农园、智慧果园。推动智慧养殖发展，综合应用智能监控等信息化手段，完善养殖运营监管体系，实现养殖生物安全、生态环境实时在线监控。

（四）统筹联动：强化农业中关村资源共享和政策统筹，打造首都"三农"发展新高地

1. 进一步深化部市合作

积极谋划农高区建设。科学编制发展规划、实施方案及支持政策等，提前谋划创建国家农业高新技术产业示范区。积极推动部属资源落地。支持争取 2024 年农业农村部协同推广项目，开展技术集成推广应用。鼓励对接农业农村部，争取中国（平谷）农业食品创新产业园得到支持批复。

2. 加强政策宣传力度

结合农业中关村发展方向，做好支持政策的补充完善和细化实施。充分考虑农业科技创新特殊性和农业中关村所处地理位置等因素，制定针对性政策。做好政策宣传推广，确保政策主动送上门，让企业了解政策内容和实施方式，推动政策落地实施。

3. 拓展农业合作交流渠道

举办国际交流活动。支持举办 HICOOL2024 全球创业大赛——"农业科技/食品科技"赛道，为农业中关村发展吸引海内外优质项目、人才团队。支持举办世界农业科技创新论坛、中国农业企业家峰会等，提高农业中关村的国际知名度和影响力。联动津冀加强科技协作。积极承办京津冀农业科技合作论坛等活动，联合津冀继续举办蔬菜产业大会、畜牧业展会、种业大会等活动。

第三节　谋划布局重大项目夯实生态涵养区产业振兴基础

产业振兴是乡村振兴的重中之重。习近平总书记十分重视乡村产业发展，多次强调乡村产业的重大意义。2016 年 7 月在宁夏考察时强调，发展产业是实现脱贫的根本之策，要因地制宜，把培育产业作为推动脱贫攻坚的根本出路。2019 年 7 月在内蒙古考察时强调，产业是发展的根基，产业兴旺，乡亲们收入才能稳定增长。2023 年 12 月在中央农村工作会议上指出，产业振兴是乡村振兴的重中之重。北京市历来高度重视"三农"工作，先后实施"三起来""新三起来"工程，大力推进美丽乡村建设和"百千工程"，高质量完成脱贫攻坚任务，京郊农村面貌发生巨大变化，乡村振兴成效显著。然而，从率先基本实现农业农村现代化的高标准要求来看，北京市仍存在生产禀赋缺陷、优势利用不足、资金投入分散、集体经济组织力量薄弱等短板问题，导致农业竞争力、农村吸引力、农民幸福感与首善之都的定位和人民群众的期望不匹配。为加快推进北京市农业农村现代化，当务之急是进一步整合资源，因地制宜谋划建设一批具有较强带动作用的产业振兴项目，带动生态涵养区乡村发展和农民致富增收。

一、北京市生态涵养区产业发展面临的困境

北京市当前乡村产业面临的主要矛盾为庞大的流通消费市场与分散的个体农户经营供给之间的矛盾。造成这一矛盾的主要因素具体包括以下几方面：

（一）有资源，整合利用不足

在市场方面，北京市有 2000 多万人口，拥有完善的现代基础设施和物流体系，消费市场巨大，消费途径众多，为乡村产业发展提供了优良的市场需求和发展动力，但没有得到充分利用，本地农产品市场占有量极低，缺少有规模、有效益、有影响的"拳头产品"。土地资源方面，耕地面积小（总量全国最低）、分布散，10 亩以下的耕作地块占全市耕作面积的 90%，闲置土地整合难度较高，土地流转率较低，难以开展规模化集约化的农业生产经营。在旅游资源方面，各区优质旅游资源整体分布不均，尽管密云古北水镇、延庆八达岭长城等地依托资源优势已打造为知名旅游景点，但如密云北庄镇、延庆四海镇等远郊地区仍处于旅游资源空白状态。在科技方面，北京市是全国农业研究领域最全面、优势团队最多、高端人才最为集中的区域，科技基础好、资源足、潜力大，但科技成果的高产出并未带来生产水平的快速提升，全市农业科技贡献率已达 75%，但科技成果转化率仅不到 20%，科研机构与基层联系也不如长三角地区紧密。

（二）有组织，创新带动不强

农村集体经济发展是带动农民致富的关键，北京市大部分农村集体经济组织缺少年轻劳动力和高素质人才，集体经济组织缺乏产业发展思路和先进经营理念。目前，乡村集体经济组织主要由村"两委"代管，村"两委"班子成员平均年龄超过 50 岁，且受经验不足和精力有限等因素制约，集体经济负责人创新意识整体不强，难以将集体资产盘活壮大。近年来，平谷区、怀柔区、密云区、延庆区集体经济资产规模在全市总规模中占比不足 5%（见图 6-1）。此外，尽管近年来普遍有第一书记驻村，但由于驻村期限短，未能充分起到帮扶"造血"作用。

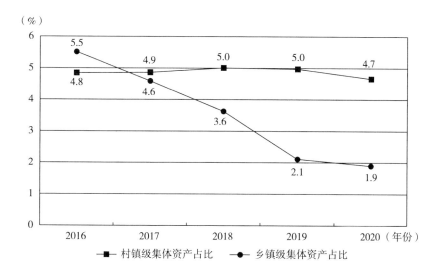

（％）

图6-1　平谷区、怀柔区、密云区、延庆区集体资产占比

（三）有资金，投入领域分散

根据市级一般公共预算支出执行情况，2018~2022年，北京市累计完成市级农林水支出888.8亿元（见图6-2），用于支持深入实施乡村振兴战略，落实对种粮农民、农机购置等各类农业补贴政策等，按全市215.8万农业户籍人口计算，近五年农林水投入达4.1万元/人，显示出市委、市政府对做好"三农"工作的坚强决心和坚定信心。但是，从投入效益来看：一方面，政府扶持资金项目分散，存在"撒芝麻盐"的现象，难以聚焦重点、形成合力，对乡村产业发展作用较小；另一方面，村集体经济组织缺乏产业发展整体规划，村与村之间各自为营，产业同质化严重，即使获得政府资金，实际使用效率也较低。与此同时，社会资本到农村投资的积极性不高，如生态涵养区乡村盘活利用的闲置院落中有社会资本参与的项目占比不足三成。

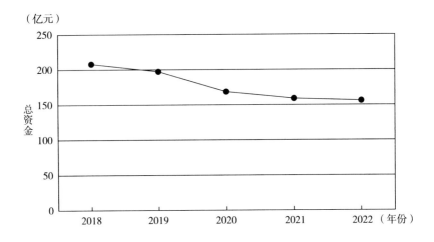

（亿元）

图 6-2　北京市农林水领域市级财政支出情况

（四）有产业，规模效益薄弱

生态涵养区农业整体处于"有产品无产业、有特色无特长"状态。自 2012 年以来，北京市农林牧渔业总产值以及细分的农业总产值、牧业总产值、渔业总产值均呈现波动下降趋势，其中，农林牧渔业总产值由 2012 年的 395.71 亿元波动减少至 2022 年的 268.2 亿元，近 10 年来减少了 127.51 亿元，降幅达 32.22%，年均复合下降率为 3.47%。生态涵养区特色农产品丰富，但实现规模化、产业化生产的较少，全市仅有 2 个中国特色农产品优势区（平谷区平谷大桃中国特色农产品优势区、怀柔区怀柔板栗中国特色农产品优势区）。

二、破解路径：规划引领、镇级统筹、改革突破、重点带动

生态涵养区发展要跳出一产谈产业融合发展，以生态涵养为前提，有效整合利用大城市、大京郊各种资源，畅通资源要素对接、流通，以农民增收为目标，以乡村振兴为导向，围绕科技兴农、产业富农、生态惠农，谋划一批标志性重大项目，带动形成一批群体性产业，有效促进生态涵养区乡村振兴。

坚持规划引领，以区为单位完善顶层规划设计，打破各自为战的发展模式。一是以区为单位，在有效集成国民经济与社会发展规划、城乡发展规划、土地利用规划、环境保护规划的基础上，集中区内资金、土地等各类资源，对各村乡村振兴的目标、任务、措施作出总体安排，推动建立城乡融合、区域一体、多规合一的规划体系。二是依托区内主导产业，按照延长产业链、提升价值链的原则，结合各地资源优势，制定各村一二三产业融合发展的重点任务和重大项目，引导各村错位竞争、避免各自为战，形成集生产、加工、收储、物流、销售于一体的农业全产业链发展格局。

坚持镇级统筹，以镇为单位强化集体经营性建设用地统筹利用，提高土地使用效率。一是以镇为单位整合各村集体经营性建设用地，在保持土地所有权不变的前提下，以土地使用权作价入股等方式注入镇级联营公司，将土地资源在镇级层面进行统筹规划调整。二是以镇级联营公司为运营主体，支持通过挂牌出让、协议出让、作价入股、二次转让等方式与社会资本合作，实现对土地资产的市场化管理和运作。三是根据土地面积、区位、用途、人口等要素设定联营公司股权结构，建立镇域统一的分配机制，切实保障农民收益。

坚持改革突破，打造用地、人才等城乡融合发展机制，推动新型集体经济快速发展。一是鼓励通过点状供地方式解决乡村产业用地难题，结合门头沟区等地点状供地实施经验，尽快明确全市点状供地的范围、标准和实施路径，建立区别于国有建设用地的审批程序，缩短点状供地审批周期，综合考虑区位、社会效益等因素，科学合理制定供地价格，降低乡村产业用地成本。二是加大对返乡入乡干事创业人才激励力度，将管理层报酬与集体经济运营效益挂钩，支持集体经济组织探索人才加入机制，在集体经济组织成员股的基础上创新设置资金股、管理股等允许外来人才持有的新股种，外来人才可享受一定范围内的集体经济组织成员待遇。

坚持重点带动，集中力量谋划一批标志性重大项目或特色产业，带动生态涵养区乡村振兴。一是借鉴福建茶叶、水果等特色农产品发展经验，持续推行"一村一品"，以培育龙头企业或集体经济组织为重点，扩大种养规模、提升产品品质、做长产业链条，带动农户参与生产、加工、服务等环节，分享产业链增值收益。二是借鉴《只有河南·戏剧幻城》、稻城亚丁等乡村文旅发展经验，提高生态涵养区自我"造血"能力，充分发挥市场优势和生态优势，提高乡村文旅设施质量和服务水平，把推动文旅融合发展作为产业富农的重要抓手，以三产带一产，以一产促三产。三是借鉴浙江安吉竹林碳汇、丽水 GEP 核算与应用等生态产品价值实现经验，选择具备条件的地区开展生态产品价值实现机制试点，探索政府主导、企业和社会各界参与、市场化运作、可持续的生态产品价值实现路径，实现生态优势向发展优势转化（具体案例见附件）。

三、谋划思路：紧扣首都特点，统筹区域资源，以点带面促进产业振兴

紧扣"四个中心"城市战略定位，聚焦文化价值、国际交往、科技示范等，优化突破城乡融合发展体制机制，通过政策、资金、人才等资源统筹，集中力量谋划建设一批功能型节点性标志重大项目带动乡村产业振兴；提高"四个服务"保障水平，聚焦稳产保供、一二三产融合等，推动供给侧结构性改革，充分发挥首都大市场、高科技等优势，培育壮大特色产业带动农民增收致富。

（一）结合全国文化中心建设，谋划文旅富农重大项目

立足全国文化中心建设，活化文化基因，以文促旅、以旅富农。打造中华文化文旅 IP，集中展现展示国家形象和传统文化精髓。参照《只有河南·戏剧幻城》成功经验，以"大戏看北京""演艺之都"建设为牵引，以"中华文化+红色文化+京味文化+皇家文化+民族文化+创新文化"综合形式为多元主题，在台湖演艺小镇、怀柔中国影都、南中轴地区、园博园周边等区域，谋划建设《只有中国·戏剧之都》群落式戏剧幻城文旅项目，打造具有中国气派、首都水准、北京特色的精品沉浸式文旅大 IP，充分体现全国文化中心建设成效，释放文旅消费新活力；改造提升文旅配套设施和服务，深入推动农文旅融合发展。围绕环球主题公

园、海昌海洋公园、百里画廊、金海湖等重要旅游资源，推动农文旅深度融合发展，充分发挥文旅富农效应。选择周边适宜镇村进行整体改造提升，融合影视、动画、运河、海洋、乡土等特定主题，整村连片谋划布局精品民宿、文化休闲、IP零售等高端旅游产品，与旅游资源联动共促农民增收。

专栏1 《只有中国·戏剧之都》群落式戏剧幻城文旅项目

鼓励市属国企或知名民企作为项目投资方，建设群落式戏剧幻城，讲述中华民族在东方古老土地上文化赓续、民族繁衍、创新发展的故事。主剧聘请"大腕""名角"主演，发挥大师品牌效应；小剧预留空间，征集各省市优秀剧目进行专场巡回演出，打造全国优秀剧目展演集聚地。支持利用元宇宙、虚拟现实、物联、移动技术等实现文化资源与服务设施、主题场景连接，以多视角递进的方式营造沉浸式体验。以酒店、餐饮、文创产品、研学、网红打卡等形式为重点，支持与知名品牌、热点IP合作，提升品牌影响力，塑造二次消费的品牌矩阵，拓展多维度消费空间。

专栏2 金海湖核心区"平急两用"商文旅体综合体项目

引进社会化投资主体，在金海湖附近建设商文旅体综合体，地上建设购物中心、酒店、文旅休闲、体育场馆、旅游集散中心等设施；地下配套建设新型地下生活社区。项目建成后平时可有效缓解"节日病"问题，带动激活金海湖小镇发展，急时可设置指挥中心、医疗救护区、人员掩蔽区、配套设备区及物资储备区等，承担城市应急避难和医疗救护等应急处置功能（见图6-3）。

图6-3　金海湖核心区"平急两用"商文旅体综合体设计图

（二）立足国际交往中心功能，打造国际交往门户枢纽

结合国际交往中心建设，围绕国家顶层国际交往、高端体育运动交流等，利用好双奥遗产，以雁栖湖国际会都、密云南山滑雪场为重要节点，结合京郊乡村区位条件，高标准规划建设重要功能节点，带动周边乡村发展。打造以密云南山滑雪场为核心辐射圣水头村及周边的国际冰雪体育小镇，鼓励发展"合作社＋企业＋农户＋政府"模式，加强统筹区域内的民宿、森林步道、红酒小镇生态旅游资源，完善圣水头村及周边的休闲配套设施，打造"四季健康休闲"型国际冰雪体育小镇，带动农民增加就业、经营性收入等。进一步擦亮雁栖湖国际会都"金名片"，联合周边共同打造国际会都专业服务品牌。围绕服务国家顶层国际交往、可举办全流程主场外交活动的核心承载区定位，加强专业运营团队建设和周边配套设施建设，提升重大活动服务保障和日常运营管理水平，形成行业配套、产业联动、运行高效的会议会展产业体系，带动雁栖湖及周边会服产业规模化、集群化发展。

专栏3 国际冰雪体育小镇项目

以南山滑雪场为核心，借助河、田、山的资源优势以及区位优势，在现状冬季冰雪运动业态的基础上，延长和补充区域文旅产业链条，利用场地内山地风景扩充建设四季山地乐园，将冰雪运动场地升级为四季运动项目，同时依托周边生态资源，建设运动度假乐园，补充酒店、民宿、餐饮街区、会议中心等文旅产业配套服务设施，构建河南寨镇文旅组团，形成区域文旅品牌，打造全新一站式休闲度假旅游目的地，引导镇域整体发展四季联动旅游项目，打造全时全季文旅产业链（见图6-4）。

图6-4 国际冰雪体育小镇配套住宿设计图

（三）发挥科技创新中心带动作用，建设科技兴农重要节点

发挥首都科技创新优势，持续推广科技小院模式，以平谷农业中关村核心区、密云怀柔科学城东区为重要节点，围绕种业、智慧农业、生命健

康、农业碳汇等领域，系统开展科技农业全产业链建设与升级项目，推动农业科技产业化，繁荣乡村产业。以打造平谷农业中关村为契机，紧抓中国农大国家产教融合创新平台建设机遇，依托中国农大创新港、中国农科院生物育种重点实验室、京瓦农业科技创新中心等，创建校企合作人才培养新模式，培育一批农业科技创新人才，探索设立北京市农业科技产教融合创新基金，鼓励北京农学院等市属院校与农业龙头企业联合申报，聚焦中试研发、产业培育等领域，在平谷区设立企业分部或研发中心，打造"头部企业"聚集地，进一步繁荣乡村产业，带动当地增收①。依托密云怀柔科学城东区地球系统数值模拟装置，大力促进农业碳汇科研成果转化，应用地球数值模拟科学装置开发模型，搭建农业碳监测综合管理平台，完成农田碳排放和碳汇潜力评估，精准推进农业减排。探索农田增汇密云模式，制定"减碳增汇"的农业碳管理解决方案，填补北京农业领域的碳排放核算空白。

专栏4　农业中关村项目

采用"政府+科研机构+企业"金三角创新合作模式，集中打造"一核两翼三镇全域全场景"的农业中关村规划布局。

"一核"：即国家农业科技创新港，依托中国农业大学，以"校区+园区"推进产学研深度融合，围绕校区布局农业科技产业园，聚集创新型企业，加速农业"卡脖子"关键核心技术攻关。"两翼"：即转化之翼和智造之翼，聚焦中试验证放大环节，建设北京农业食品合成生物创新中心等一批中试空间，在农业食品合成生物方向重点发力，打造合成生物制造集聚区；聚焦产业化过程，建设一批食

---

① 在经济效益带动上，以中国农业大学国家生物育种产教融合创新平台为例，该平台在平谷区直接投资超5亿元，待平台投入运营后，预计每年可产生收益约3880万元（其中，培训280万元、科研成果转化1600万元、实验平台共享100万元、产业合作研发经费1500万元、社会捐赠240万元、委托实验测试160万元）。

品领域的保供基地和灯塔工厂，打造食品产业集群。"三镇"：即以大兴庄镇、峪口镇、马昌营镇为核心，打造国家农业高新技术产业示范区的集中承载区。"全域全场景"：充分利用全区广阔农业生产空间，布局博士农场、科技小院，建设华北地区最大的智能温室集群等应用场景，以农业中关村建设推动全市乡村振兴。

（四）创新集体经济发展模式，抓好农产品稳产保供

把握城乡融合和逆城市化等新型城镇化趋势，结合首都超大规模市场需求，根据乡村资源禀赋，以集体发展模式、龙头带动模式为重点，大力发展都市型现代农业，充分发挥"大城市带动大京郊、大京郊服务大城市"作用。依托窦店农业发展基础探索推广"窦股制"，加快形成"一核一轴两翼"农业发展空间格局，一核即窦店村核心区，打造集"良种肉牛繁育、饲料供应、屠宰加工、冷链物流"于一体的肉牛产业链，一轴即设施农业发展轴，利用南部地区地势平坦开阔优势，建设集中连片的规模化、标准化、智能化设施农业基地，两翼即小清河景观农业和大石河景观农业，建设集生态涵养、景观展示、游览等功能于一体的观光农业，探索在窦店新市镇及周边推广"窦股制"集体经济股份制模式，确保农户收益，带动农民增收。依托龙头企业带动农户增收，发挥首农、德青源、凯达恒业等龙头企业带动作用，通过"龙头企业+集体经济组织+农户"模式，开展订单采购、设备更新、技能培训，让龙头企业有稳定货源、让集体经济组织有稳定市场、让农户有稳定收入，形成多方共赢格局。

（五）做好"土特产"培育，形成产业富农典型模式

持续擦亮"土特产"金字招牌，以乡土产品、乡土风貌、乡土文化为重点，推动乡村特色产业从发展产品向发展产业转变，从追求数量向追求质量转变，从发展一产向一二三产融合发展转变，使"土特产"成为农民增收致富的重要来源。开发盘活"土"的丰富资源，以平谷大桃、昌平草

莓、大兴西瓜等国家地理标志农产品产区为重要节点，布局苹果小镇、天下大桃第一镇、无人农场等一批特色项目，加强配套基础设施建设，不断强龙头、补链条、树品牌。引导形成"特"的竞争优势，以景区周边村庄为重要节点，加强"环境+优农+文化"体验型产品设计，探索生态研学、自然教育发展路径，布局"农业+休闲观光+民宿"综合体，注重精品化差异化，增强民宿特色产业可持续发展能力。数字赋能提高"产"的质量效益，鼓励新农人搭建电商新媒体平台，发展农产品电商直采、定制生产等模式，谋划建设电商中心和智慧供应链一体化产业园，加强推广针对新农人和小农户开发的深度垂直的全产业链数智服务平台，充分利用互联网拓宽特色产业宣传推广渠道。

（六）着眼生态产品价值实现，开展市场化生态惠农试点

深入践行"绿水青山就是金山银山"理念，以门头沟西王平村京西古道沉浸式生态小镇、密云冯家峪中华蜂蜜产区为重要节点，加快探索生态产品价值实现的市场化机制。推动门头沟西王平村京西古道沉浸式生态小镇项目带动"生态资源变资产"，合理评估特定地域空间内各类生态产品收益的当期市场价值，鼓励将生态产品作为要素投入到适宜业态中，并建立包括农民在内的合理的生态收益分红机制，带动将沟域资源更好转变为沟域资产，推动农民增加财产性、经营性以及就业收入。标准化、规模化、产业化、市场化做实做优密云特色蜂蜜，以密云区冯家峪中华蜂蜜产区为试点，对蜂产业开展生态产品认证，建立生态产品质量追溯机制，逐步实现生态产品市场化溢价。开展生态修复和基础设施配套建设，从蜜蜂文化和养生健康角度，植入文旅康养产业，以"悬蜂谷"为独特地标，打造集农事体验、文化游览、中蜂产业创意、科普教育、亲子休闲等功能于一体的休闲农业观光体验目的地，实现一二三产融合发展。

第四节　丰富乡村高端精品赛事活动促进城乡生产生活融合发展

党的二十大报告提出，促进群众体育和竞技体育全面发展，加快建设体育强国。2024 年 6 月 24 日，国家发改委联合多部门印发《关于打造消费新场景培育消费新增长点的措施》，强调培育文旅体育消费新增长点。跑步作为技术门槛相对较低的运动，近年来国民参与度不断提升，各种马拉松、越野跑等路跑赛事活动蔚然成风，已形成一股绿色健康消费、以人带人的情绪价值消费潮流。北京经济发展水平领先全国，乡村具备发展路跑赛事的自然地理条件，宜借势全国路跑热，盘活乡村道路、生态涵养区山地运动资源，分级分类办好路跑赛事活动，推动举办环长城 100 世界系列赛，打造环长城 100 越野跑 IP 等，以体彰文、以文塑旅，创造文体旅融合消费新场景，拓展乡村休闲旅游消费新需求，培育壮大消费新增长点，助力乡村振兴。

一、路跑赛事的三大特点

路跑，指在道路、公路上进行的长跑比赛项目，比较常见的包括马拉松、越野跑等，其中马拉松影响力和传播面最广，越野跑是在不同自然地形上（沙地、土路、丛林、单径人行道、冰雪路面等）以及不同环境下（山地、平原、沙漠等）进行的跑步项目。

（一）路跑赛事参与范围广、增长速度快、发展空间大

近年来全国经常参加体育锻炼的人口达 4.4 亿，其中跑步运动参与度高达 61%。2023 年全国共举办路跑赛事 699 场（800 人以上规模赛事），总参赛规模为 605.19 万人次。据中国田径协会测算，2025 年国内路跑及相关运动赛事数量有望增加至 2500 场，大众马拉松参加人

次将增加至 1000 万人次。2023 年国家体育总局转载《中国体育报》相关报道表明，发达国家体育赛事及与体育相关的消遣娱乐活动在旅游活动中所占比重超过 25%，而中国仅占 5%①，体育带动旅游活动发展空间较大。

（二）路跑赛事"一人跑步、众人消费"，产业综合效益高

路跑赛事直接收入来源广，包括报名费、赞助费、广告费等。衍生经济收入高，包括交通、住宿、餐饮、旅游等收入，及个人装备和周边产品零售收入（见表 6-1），带动营销、媒体、安保、补给、配速等相关赛事服务（见图 6-5）。路跑特别是越野跑选手一般有钱有闲才能负担起装备、报名费、相关出行费用等不菲的开销以及时间成本（见表 6-2）。世界知名的欧洲环勃朗峰越野赛（以下简称 UTMB），赛事为期一周，带动四个小镇消费，IP 价值高达 10 亿欧元，中国甘肃玄奘之路戈壁挑战赛价值也达 1.8 亿元。

表 6-1　近年来部分路跑赛事经济效益

路跑赛事	经济收益
2019TNF100 北京	0.4 亿~0.5 亿元
2023 宁海越野挑战赛	1.4 亿元
2023 天津马拉松	7.57 亿元
2024 桂林马拉松	4.79 亿元
2024 无锡马拉松	2.8 亿元
2023 北京马拉松	上亿元[a]

注：a 表示据与北京马拉松承办方中奥路跑座谈信息，目前北京市体育局正委托北京体育大学团队测算北京马拉松经济效益，暂无具体准确数据。

---

① 根据腾讯网数据，中国体育旅游占旅游市场比重仅约 5%，而世界平均水平达 15%，发达国家比重甚至高达 25%。

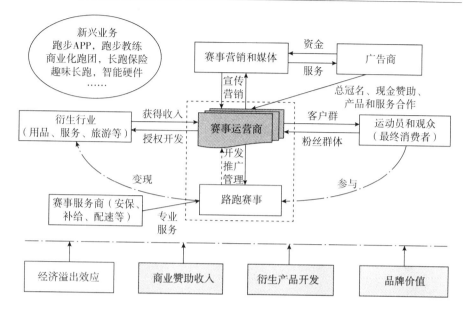

图6-5　路跑赛事产业链

表6-2　个人参加马拉松和越野跑花费情况

对比	马拉松	越野跑
报名费	150~200 元	1000 元+
基础装备	跑鞋、服装	运动手表、背包、登山杖、越野鞋、服装、补给、强制装备
出行费用	外地选手交通、食宿	本地外地选手均有交通、食宿开支
花费总额	1000 元左右	5000 元+

（三）差异化创新赛事项目与日俱增，带动当地休闲旅游消费升级

当前出现了更多迎合差异化需求的多品类路跑项目（见表6-3），特别是越野跑品牌赛事活动持续增加（见附表1）。越野跑天然适合带动乡村体育休闲旅游发展，半数跑者有外地参赛经历，其中超过六成跑者会选择在当地旅游。如河北崇礼夏季有定向越野、山地自行车、卡丁车等户外运动，贵州省打造山地骑行、马拉松等11条主题体育旅游黄金线路。品牌路跑赛事还是城市形象的加分项，参赛者不乏各行业精英人才和意见领

袖，自带社群营销传播属性。

表 6-3　中国路跑差异化创新赛事项目与日俱增

项目特色		赛事项目
文化名胜		河北康保县、山东滕州市、福建南靖县、四川西昌市首届马拉松赛
自然特色	湖泊	山东济宁环太白湖秋季半程马拉松赛、黑龙江兴凯湖马拉松赛、湖北武汉后官湖半程马拉松赛、第五届江苏常熟尚湖国际半程马拉松赛、江苏苏州金鸡湖半程马拉松赛
	山地	第一届辽宁大连长山群岛马拉松赛、江苏南京山地马拉松赛、福建宁德三沙山地马拉松赛立足山地办赛
	湿地	第二届山东微山湖湿地马拉松赛、江苏泗洪生态湿地国际半程马拉松赛
	森林	吉林长春净月潭森林马拉松赛、上海崇明森林半程马拉松赛
难度创新	高海拔	首届浙江杭州 100 公里越野赛（接近 7000 米累计爬升）、首届甘肃张掖百公里赛（中国越野赛平均海拔的新纪录）
	极限地貌	甘肃"八百里流沙"分段赛、中国版"地狱沙漠超级马拉松"
制度创新		甘肃张掖 100 公里赛（双人团队越野跑）、浙江宁波"一带一路"系列赛（跨国系列赛）

二、北京市发展路跑赛事的优势和不足

（一）北京市发展路跑赛事的优势

1. 北马、TNF100 等大型赛事带动性强，知名运营商多

北京马拉松享誉国内，引领全国马拉松潮流。越野赛起步较早，也具有较好的发展基础（见附表 2），全国历史最悠久的越野赛 TNF100 越野跑挑战赛就是由本土孵化企业汇跑赛事在北京首办并经营多年，参赛人数逐年较快增长（见图 6-6）。也不乏运营甘肃八百里流沙极限赛、戈壁挑战赛、崇礼 168 等国内知名越野赛的行知探索、三夫赛事等大型运营商。

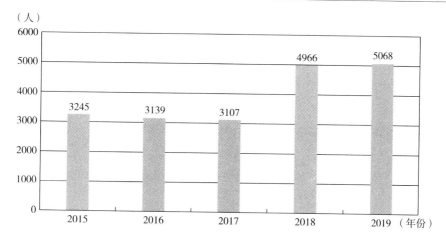

图 6-6　2015~2019 年 TNF100 北京参赛人数

2. 山、林、绿道等办赛的自然和基础设施条件在一线城市中首屈一指，打造赛事 IP 优势潜力较大

北京山区面积约占总面积的 2/3，其中浅山区面积约占六成，建成的绿道长度达 1318 公里，健身步道 1068 公里，乡村绿道、山区防火道等赛事利用潜力大。海淀越野圣地西山对户外跑步爱好者具有独特吸引力，门头沟京西古道、平谷金海湖、怀柔喇叭沟、延庆百里画廊等均具备结合自然风光和人文景观举办越野赛的良好条件。围绕长城等享誉海内外的大 IP 持续挖掘打造"不跑长城非好汉"等越野赛品牌，是创造性转化和创新性发展全国文化中心文化资源、支撑国际交往中心建设的题中应有之义。

3. 拥有超大城市市场规模优势，高净值人群、企事业单位员工等潜在跑者多

路跑赛事参赛选手中，企业职员、机关/事业单位员工、企业管理者占比较高，分别为 33.22%、17.71%、14.42%（见图 6-7）。而北京高收入和高消费能力的人群占比大。以 TNF100 北京为例，北京本地选手占 52%，月收入 1 万元以上的较高收入者占比超 1/3（36.42%）（见图 6-8）。

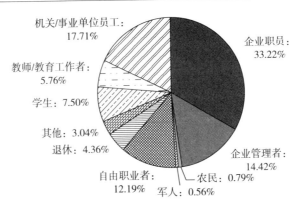

图 6-7　2023 年路跑赛事参赛选手职业分布

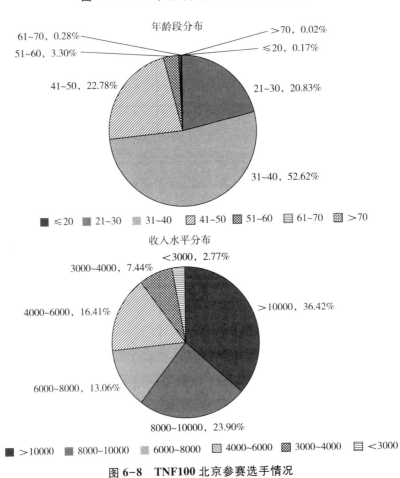

图 6-8　TNF100 北京参赛选手情况

（二）北京市发展路跑赛事面临的问题

1. 北京路跑赛事类型较单一，缺乏知名越野赛事 IP

北京路跑赛事举办数量仅列全国第六、以马拉松为主（见附表3）。缺乏类似国际 UTMB 的有影响力和商业价值的越野赛 IP 来满足本地需求、参与国内外竞争。10 公里路跑赛 NB10K 北京赛参赛规模 1800 人，报名 10 分钟额满，2057 人候补（见表6-4）。北京跑者不得不前往全国各地或出国参赛，如 2024 无锡马拉松，北京跑者比例就占到 5%。

表6-4　NB10K 报名候补数据　　　　　　　单位：人

组别名称	额定规模	保留人数	剩余名额	候补人数	预报名人数	有效报名
第一枪	900	-10	-4	1197	2440	914
第二枪	900	60	0	860	1997	840
合计	1800	50	-4	2057	4437	1754

2. 商业化运营还需完善，政策支持相对不够，造成运营企业外迁现象

国外路跑赛事运营产业相对成熟，赞助费、报名费等收入来源多元，北京越野跑赛事收入以报名费为主，一般路跑赛事以赞助费为主，盈利模式较单一，商业运营效果欠佳。近年来外省市陆续出台了一系列支持路跑赛事发展的政策（见附表4），吸引北京赛事运营企业外迁，汇跑赛事就在疫情期间因被外地企业并购而迁到江苏无锡。

3. 赛事举办限制较严，森林防火期长，越野跑赛事举办窗口较窄

国家体育总局规定山地越野赛事活动距离超过 42.195 公里认定为高危险性体育赛事需报批，是北京无 50 公里（含）以上赛事的重要原因，不利于北京越野赛事发展成为国际知名赛事[①]。防火期从 11 月 1 日持续到次年 5 月 31 日，3 月下旬、冬季等极具季节特色时节无法办赛。越野赛举办窗口部分与汛期叠加，可能受山洪、极端天气、地质灾害等影响，需加

---

① 国际知名赛事的距离一般是 100 公里起。

强灾害监测、天气预报以及救援支持。

4. 挖掘乡村自然人文资源、讲好故事带动乡村振兴不够

目前赛事定位同质化，尚停留在赛段设置层次，没有充分挖掘当地传统文化与特色，与乡村资源结合不够，与当地产业融合不足，亟须挖潜"体育+文旅"模式带动乡村发展。

三、丰富北京路跑赛事活动，助力乡村振兴的建议

建议分级分类办好路跑赛事，政府引导、市场主导打造环长城100越野赛国际IP，构建中国自己的越野跑认证体系；强化政策支持，繁荣商业化赛事举办，创新短距离路跑活动形式，盘活乡村山地户外运动资源，促进赛事与乡村资源、产业融合，打造具有显著首都特征的文体旅融合支柱产业、民生产业和幸福产业，带动乡村振兴。

（一）强化顶层设计，打造环长城100越野跑国际IP

1. 持续孵化打造环长城100越野跑IP

用好长城国家文化公园资源和长城丰富文化内涵，保护文化遗产和生态资源相结合，节选昌平—延庆—怀柔—密云—平谷段游客少的长城，聘请UTMB赛道设计专家，选用行知探索、三夫赛事等大型公司，打造环长城100越野赛。唱响"不跑长城非好汉"口号，吸引共建"一带一路"国家、欧美国家等外籍选手参赛。用5~10年时间，逐步将环长城100越野赛打造为与UTMB齐名的代表中国的越野赛国际IP。

2. 构建中国自己的越野跑认证体系

争取国家支持，以环长城100越野赛为载体，打造具有北京特色中国标准的国民越野跑认证体系，逐步将小型越野跑赛事纳入环长城100越野认证体系，推动国内越野跑赛事高质量发展。提升"北京最高峰—灵山越野赛""华北之巅—北京六峰连穿越野赛"等经国际越野跑协会（ITRA）积分授权的赛事影响力。

3. 精细化设计长城越野跑新消费场景

紧抓入境游恢复契机，将环长城100越野赛作为"长城好汉"入境游

品牌的重要内容来设计。借鉴八达岭石光长城精品民宿"长城人家001号"经验，在长城沿线村庄培育民宿品牌。借鉴 UTMB 办赛经验，在"长城礼物"和"夜长城"消费场景等基础上，引入高能级驻场演出等丰富文旅活动，带动周边村镇消费。

（二）繁荣商业化赛事活动，提质路跑赛事服务

1. 全面梳理生态涵养区山地户外运动资源，提供更多越野跑路线

在平谷、门头沟、怀柔等生态涵养区，依托世界园艺博览会、世界休闲大会等资源，以地域文化为特色，培育打造北京地区经典赛事。如门头沟京西古道越野赛，门头沟 100 越野赛，平谷山水镇罗营越野赛，怀柔喇叭沟杜鹃花越野挑战赛，延庆应梦山越野赛等。

2. 创新短距离路跑活动形式，广泛开展公园赛、商圈赛和主题赛

借鉴奥林匹克森林公园 NB10K 办赛经验，结合远郊公园、森林步道、健身步道等服务设施，在怀柔城市森林公园、延庆野鸭湖国家湿地公园、通州城市绿心森林公园等适宜公园举办公园赛，并结合露营地设置烧烤、掼蛋等活动场地，繁荣公园经济。在郊区商场引入小黄人等知名 IP 开展商圈跑，引流拉动消费。广泛开展泥巴跑、亲子跑、女王跑等多主题路跑，打造"小而美""小而精"品牌，借鉴斯巴达少儿赛经验，打造本土少儿葫芦兄弟等赛事 IP。

3. 拓展赛事服务，培育越野跑文化

推动"赛训"一体化，在越野训练圣地香山和"三峰"（妙峰山、阳台山、萝芭地北尖）等推出精英、小白、首野等训练营，在交通方便、成熟度高的地方规划短距离赛道，打造类似"三峰"的越野训练经典路线。融入十二生肖、五行、二十四节气等传统文化元素，设置少儿趣味训练营培养挑战精神和意志力。

（三）完善产业发展支持政策，支持路跑赛事相关主体办赛

1. 建立便利办赛的运营商白名单制度

持续优化办赛审批，设立路跑赛事运营企业白名单，支持三年内未出现重大事故的运营公司纳入，对白名单企业合理有序放宽在防火期、办赛

规模上的审批限制。允许白名单企业举办 50 公里及以上距离赛事，严格强装检查。设置年度考核，规范、便利企业办赛的同时，保护相关区、镇办赛积极性。

2. 提供补贴扶持与奖励

将越野跑纳入体育产业发展引导资金支持范围，对在京举办的相关赛事，根据赛事国际影响力、国内知名度及市场价值等标准确定办赛补助资格及奖补金额。引导属地政府借鉴外省市经验，为路跑赛事运营企业提供相关服务和政策支持（见附表 4）。

3. 支持拓展路跑赛事相关商业应用场景

鼓励越野跑爱好者转化为直播自媒体，逐步培育发展壮大专业直播机构，支持符合条件的无人机、直升机在直播、救援等场景中的运用。探索利用地方留成体彩公益金开展路跑活动专项保险再保险试点，引导商业保险公司丰富路跑保险产品供给。

（四）促进赛事与乡村资源、产业融合，丰富体育带动乡村振兴的模式

1. 探索乡村产业、赛事融合新模式

围绕越野赛整合推出露营、餐饮、徒步、登山等项目，创新设计亲子营地、自然教育等产品和服务，开拓"体育+旅游""休闲体育+研学""体育+康养"等多种经营模式，为路跑赛事参赛选手及亲友提供周边文娱旅游服务。

2. 充分盘活村集体闲置用地和资产

以越野跑等赛事活动带动盘活乡村土地等闲置资源。借鉴怀柔喇叭沟经验，推动农家乐升级、民宿改造与酒店建设，提升当地接待能力，满足越野跑参赛者不同层次的食宿需求。在赛道部分节点设计农产品展销区，建立赛事与当地特色农产品供销合作渠道。

3. 加强安全应急保障

推动场地、索道、户外救援设施建设，鼓励蓝天救援队等救援组织建设山地越野专业救援小组。强化科技赋能安全保障，对符合条件的救援队伍配备无人机、精准定位可穿戴设备等给予一定支持。培训乡村户外运动

向导、村民志愿者和农民安全员，促进村民灵活就业增收。严格赛事活动运营方资质审核与人员考核，确保赛道安全员持证上岗、有准备上岗。

附表1　国内十大经典越野跑

赛事	地点		首办时间	特点
香港100	香港		2011年	一是赛道主要依托于麦理浩径，以土路台阶和碎石路为主，串联香港多个郊野公园，风景秀美，可跑性强，难度适中。二是天气炎热，耐热训练是参加港百必不可少的环节。三是外籍选手参选最多的百公里赛事
宁海越野挑战赛	浙江省	宁波市	2013年	一是综合性无短板，赛道风景、赛道难度、地方人文历史、奔跑流畅度、交通便利性、路标和补给的服务水平无明显短板。二是高速赛道，是精英们刷速度的舞台，竞速水平颇高
柴古唐斯括苍山		临海市	2015年	一是竞争激烈，国内ITRA表现分的头部选手几乎悉数到场。二是难度颇高。三是氛围热烈，数千人规模，起终点打造氛围和仪式感
江南之巅		龙泉市	2016年	一是爬升最大的百公里，时限35小时，距离103公里，累计爬升12000米，百公里级别爬升距离比例创下世界第一。二是耗时最长的百公里，高难度吸引无数国内长距离好手前来挑战，30小时以内完赛者寥寥无几。三是独有的关门仪式。四是山地系数最高，达到11，是国内唯一ITRA评级给到6分的百公里赛事
凯乐石莫干山跑山赛		湖州市	2017年	一是人文和自然融合，充分利用莫干山独到的自然和人文条件，辅以出色的赛事服务，打造出独有的越野跑侠客文化。二是历年奖牌完赛大宝剑成为招牌，吸引无数跑者追逐这一纪念品
大连100	辽宁省大连市		2013年	一是历史悠久，已办11届，是国内第一个公司化运营的百公里越野赛，在东北地区广受好评。二是赛道难度，气候潮湿，赛道不断起伏对体能分配和奔跑节奏要求非常高，赛道综合难度大。三是国内第一个获得ITRA积分的越野赛。四是比赛和城市风光游览完美结合，赛道位于大连南部沿海，在城市海滨与山地中穿行，包括山野小径、海滨沙滩、健身步道和滨海路等各种地形地貌

续表

赛事	地点	首办时间	特点
TNF100北京越野跑挑战赛	北京市	2009年	一是中国首个百公里越野赛。二是极具文化深度和地区特点，长距离赛道深入自然，串联海淀区等多个公园、寺庙、国家植物园等独特的风景文化。三是参赛人群多。四是炸酱面、官厅肉饼等特色补给丰富
八百流沙	甘肃省瓜州县、敦煌市、肃北蒙古族自治县	2014年	一是难度极大，选手需穿越瓜州、肃北、敦煌三个县市共400公里，覆盖戈壁、雅丹、丘陵、盐碱地、沙地、峡谷、冰川、河流、高山草甸等多种复杂地貌，是中国超长距离的越野赛的代表。二是自主性极高，自负重、自补给、自导航
环四姑娘山越野跑	四川省阿坝州	2014年	一是风景优美，风光地貌与阿尔卑斯山脉极其相似。二是高反影响，赛道依托于传统的四姑娘山徒步路线，整体起伏较大，难度系数非常高，是中国第一个高海拔越野赛
崇礼168	河北省张家口市	2018年	一是赛道优美，高山草甸与森林交相辉映，连绵不绝的山脊和沟谷，蜿蜒的沙石机耕路是崇礼最典型的路况特征，大风车和古长城是崇礼赛道独有的标志。二是全组别覆盖，2024年高速赛道涵盖最长的168公里到最短的8公里组别。三是参赛人数最多，2024年参赛人数达7000多人

附表2　北京已举办过的越野跑赛事及代表运营公司

地点	赛事	运营公司
门头沟	门头沟京西古道越野赛	雷越野（北京）体育发展有限公司
	北京最高峰——灵山越野赛	北京山海环宇体育文化有限公司
平谷	北京山水镇罗营大桃节越野挑战赛	北京希杰体育文化有限公司
	山水镇罗营长城越野赛	北京希杰体育文化有限公司
	北京平谷环长城100越野挑战赛	北京三夫运动管理有限公司
怀柔	喇叭沟杜鹃花越野挑战赛	北京希杰体育文化有限公司
	喇叭沟红枫越野赛	北京希杰体育文化有限公司
	北京响水湖长城梅花节越野挑战赛	北京希杰体育文化有限公司
	北京100宝山国际越野挑战赛	北京万里纵横体育文化传播有限公司
	北京慕田峪长城国际越野赛	北京远征探索体育文化传播有限公司

续表

地点	赛事	运营公司
密云	云蒙山 1314 登山越野大会	华奥长远（北京）户外体育有限公司
	京北第一天路（千松坝）山地越野赛	华奥长远（北京）户外体育有限公司
延庆	北京 100 越野赛	广州朗途体育文化传播有限公司
	百里山水画廊越野挑战赛	北京耐吉文化传播有限公司
	中国延庆世界地质公园越野赛	北京耐吉文化传播有限公司
	八达岭石峡关谷环长城越野赛	北京众行远文化发展有限公司
	北京长城脚下的公社秋季越野赛	北京长城脚下的公社
昌平	延寿越野挑战赛	烟台落基体育有限公司
房山	房山世界地质公园百花山山地越野挑战赛	北京良新理奥体育文化有限公司
海淀	TNF100 北京国际越野赛	无锡汇跑体育有限公司
石景山	八大处金秋越野赛	玖玖众和（北京）体育科技有限公司
	北京黑石头越野赛	北京真爱跑俱乐部
顺义	北京顺义舞彩浅山越野挑战赛	北京飞扬广告公司

附表 3　2023 年全国举办路跑赛事数量前十的省份　　单位：场

排名	省份	2023 年	2019 年
1	浙江	79	232
2	江苏	61	185
3	山东	52	109
4	广东	38	112
5	四川	38	115
6	北京	36	117
7	江西	29	28
8	新疆	25	27
9	辽宁	23	54
9	陕西	23	51
9	重庆	23	48

附表4　国内相关城市体育赛事奖补政策

城市	年份	政策	内容
成都	2022	《成都市支持体育产业高质量发展二十条政策》	支持申办举办品牌赛事。鼓励社会力量引进或自主举办品牌赛事，对落户成都的国际知名体育赛事，每次给予最高800万元的办赛补助；对成都自主培育、市场价值大、有国际影响力的品牌赛事，每次给予最高500万元的办赛补助；在成都举办全国知名体育赛事，每次给予最高300万元的办赛补助。补助金额不超过办赛成本的50%。支持职业体育发展，对在成都注册并冠"成都"队名，参加国际高级别职业比赛或全国高水平职业联赛的职业俱乐部，按项目类别、赛事等级、参赛成绩等，给予每赛季最高2000万元的奖励
厦门	2022	《厦门市高水平体育赛事补助管理办法的通知》	设立专项资金，以事后补助的方式，鼓励企业、单位和其他社会组织举办高水平体育赛事。根据评分结果确定补助比例，与国际体育组织签约并确定在厦门市连续举办3届以上的国际性体育赛事，每届最高不超过500万元；在厦门市举办的高水平国际性体育赛事，每届最高不超过300万元；全国性体育赛事，每届最高不超过200万元；"一带一路"及"金砖国家"体育赛事，每届最高不超过150万元；海峡两岸体育赛事，每届最高不超过150万元；其他自主品牌赛事，每届最高不超过100万元
青岛	2022	《青岛市体育赛事活动补助资金管理规定》	为规定时间范围内由社会力量在青岛市承办或执行的具有一定影响力的全国、国际体育赛事活动提供补助资金，采取先办赛后补助的方式发放。补助标准为单项赛事最高不超过100万元且不超过实际投入费用，年度补助总额不超过1000万元
哈尔滨	2023	《哈尔滨市支持重大体育赛事活动引导资金管理暂行办法》	对洲际（含洲际）以上国际体育组织及各运动项目体育组织主办，各类社会组织等主体承办的国际赛事活动，包括冰雪、足球、马拉松、赛艇、体育舞蹈、轮滑项目，可给予承办方每次办赛总投入50%的引导资金，最高不超过300万元；对国家体育总局及其各运动项目中心、各运动项目协会主办，各类社会组织等主体承办的具有重大影响力和社会效益的国内赛事活动，包括冰雪、足球、马拉松、体育舞蹈项目，可给予承办方每次办赛总投入50%的引导资金，最高不超过200万元；对各类社会组织等主体承办的具有较大影响力和社会效益的赛事活动，包括冰雪、足球、马拉松、体育舞蹈项目，可给予承办方办赛总投入50%的引导资金，最高不超过100万元

续表

城市	年份	政策	内容
深圳	2023	《深圳市文化广电旅游体育局关于受理2024年深圳市体育产业专项资金第一批扶持项目的公告》	为足球、篮球、排球、网球、乒乓球、羽毛球、高尔夫球、帆船、马拉松、冰球、无人机和电子竞技涉及奥运会参赛资格或积分的世界锦标赛、杯赛、公开赛等国际性高水平单项体育赛事，可给予每次不超过1500万元的办赛资助；为上述运动项目的有国际最高水平队伍或运动员参加的国际性高水平单项体育赛事，可给予每次不超过800万元的办赛资助；为上述运动项目的有国际最高水平队伍或运动员参加的全国性高水平单项体育赛事，可分别给予每次不超过500万元的办赛资助
无锡	2023	《无锡市高水平体育赛事补助办法》	采取先办赛隔年后补助的方式，为在无锡市行政区域内举办体育赛事的企业、社会组织和机构给予补助。根据赛事等级、赛事规模、赛事影响力、赛事投入等，原则上国际性体育赛事补助最高不超过120万元，全国性体育赛事补助最高不超过60万元，自主特色品牌赛事补助最高不超过50万元
杭州	2023	《杭州市体育局关于组织申报2023年度浙江省体育产业发展资金项目库项目的通知》	赛事活动必须具有较大社会影响力和较高媒体曝光率，综合效益显著，对经济社会发展具有较强的拉动作用。市体育局根据当年省级体育产业发展资金额度，对入选资金项目库的项目，将根据其示范性、创新性、稀缺性、影响力等，确定为引领性项目、重点支持项目、一般支持项目三类
上海	2024	《2023年上海市体育赛事发展专项资金项目申报指南》	重点支持对促进上海建设国际体育赛事之都和打响"上海品牌"有成效或有突出贡献的体育赛事项目，专项资金支持额度不超过赛事实际投入的30%，根据项目评审结果分档设置支持比例，其中，一般项目支持金额不超过500万元，重点项目支持金额不超过1000万元

执笔人：马国鑫 李金亚（第一节）

　　　　路茜滢 周 方（第二节）

　　　　滕 飞 李金亚 高 瞻（第三节）

　　　　郑茹怡 李金亚（第四节）

第七章 以群众诉求为牵引 推进首都治理现代化

治理现代化是首都现代化的重要组成部分。2023 年，北京市在持续推进全过程人民民主、完善首都法治体系、优化营商环境等方面进一步取得新成效。同时进一步深化党建引领接诉即办改革，不断完善以群众诉求驱动超大城市治理的北京实践。"23·7"流域性特大洪水，再一次敲响超大城市治理韧性的警钟。因此，本章聚焦基层、贴近群众，围绕接诉即办改革、韧性城市建设中的市民安全应急素养进行专题调研、形成报告，以期为提升首都治理现代化水平献计献策。

第一节 首都治理现代化年度评价及路径建议

一、首都治理现代化指标评估

在首都现代化研究中，针对治理现代化我们构建了人民民主、法治建设、党的领导和营商环境 4 个一级指标和 6 个二级指标，指标实现情况如表 7-1 所示。

（一）人民民主

人民代表大会制度是我国的根本政治制度，其核心保证国家的一切权

表7-1　首都治理体系和治理能力现代化指标体系

一级指标	二级指标	2023年现状	2035年目标值
人民民主	人大议案立案数量	106件	>300件
法治建设	每万人刑事立案数量	54.5起/万人	<55起/万人
	民事诉讼调解率	17.8%	20%左右
党的领导	基层党组织数量	12万个	16万个
	查处违反中央八项规定精神干部数	726人	<540人
营商环境	全球营商环境指数排名	4	全球前10位

注：①本表中的"民事诉讼调解率"指婚姻家庭、继承纠纷、合同纠纷、侵权纠纷等民事案件的调解数与结案数的比值，数据来源于《北京统计年鉴2023》。国家统计局北京调查总队网站：https：//tjj. beijing. gov. cn/tjsj_31433/。②营商环境排名来源于"全球金融中心指数排名"中的营商环境指标，由英国智库Z/Yen集团与中国（深圳）综合开发研究院联合发布。

力属于人民。2023年，北京市第十六届人民代表大会议案立案数量为106件，承载民意、彰显民主，群众身边的"急难老小"事项进一步得到解决。北京持续发挥人大代表作用，不断丰富人大代表联系人民群众的内容和形式，加强代表工作能力建设，不断提高人大立法质效、增强监督实效、提升代表依法履职能力，加强代表议案建议办理质量，推进首都全过程人民民主建设。始终践行人民当家作主理念，推动实现75名市人大常委会组成人员与496名市人大代表建立直接联系，1.6万名各级人大代表全部编入"代表之家"与"代表联络站"，实现代表家站市域范围内全覆盖。同时，新增市律师协会、市民热线服务中心等10家单位为市人大常委会基层立法联系点，进一步加强人大代表同人民群众的血肉联系，夯实人大工作的民意基础，切实反映民意、汇聚民智。

（二）法治建设

近年来，北京市深入学习贯彻习近平法治思想，以法治现代化支撑和服务首都率先基本实现社会主义现代化。2023年，每万人刑事案件立案数量约为54.5起，稳定保持在55起/万人范围内，人民生活安全感得到有效保障。民事诉讼调解率为17.8%，较上一年提升2.1%，人民的矛盾纠纷进一步得到及时、高效化解。2023年，共制定修改地方性法规7件，通过法规性决议决定 8 件，切实保障首都各项工作有法可依。北京市高级人民法院新收案件 878247 件，审结案件 899420 件，同比分别增长 9.2% 和 9.7%。北京市人民检察院受理"四大检察"案件① 142933 件，办结 136110 件，同比分别上升 56.9% 和 52.9%。在营造安全创新的首都环境、维护司法公正、推动审判改革创新与锻造法治铁军等方面取得实质成效，在部分关键领域实现新的突破。例如，在服务保障全球数字经济标杆城市建设方面，成功审结全国首例 AI 生成图片著作权案、新设"中关村科学城知识产权巡回审判庭"，实现了"三城一区"巡回审判全覆盖。在保障民生福祉方面，全市范围内新建"普法驿站"318 个，切实做到把法律送到百姓身边，让法律触手可及。完善执行联动机制，将短视频财产性权益等与百姓切身相关的新类型财产纳入执行范围。在推动社会治理体系现代化方面，持续深化"一号响应"诉源治理机制与"多元调解+速裁"纠纷调解机制，实现全年在立案阶段纠纷调解率增长 74.4%，在审判阶段调解结案率增长 20.3%。

（三）党的领导

基层党组织作为贯彻落实党中央决策部署的"最后一公里"，是党在基层治理中的战斗堡垒。2023 年，北京市不断健全上下贯通、执行有力的组织体系，持续推动党组织在基层建立、整顿软弱涣散基层党组织，切实提高基层党组织领导基层治理能力。截至 2023 年 12 月 31 日，北京市党的基层组织达 12 万个，较上年净增长 3468 个。其中，基层党委 6746 个，总支部 4676 个，支部 10.9 万个。党员总数为 258.1 万名，比 2022 年底净增 4.4 万名。正风肃纪反腐是推进党的自我革命的重要抓手。2023 年，北京市进一步加大纠治享乐主义、奢靡之风力度，深化整治形式主义、官僚主义等违规违纪行为。对违反中央八项规定的违纪行为从严从快处置，有效推动了务实之风、清廉之风、俭朴之风在首都化风成俗。

（四）营商环境

近年来，北京持续推进优化营商环境改革工作，集中力量破解制约发

---

① "四大检察"案件指刑事、民事、行政与公益诉讼案件。

展的体制机制障碍和难点堵点问题。目前，优化营商环境改革已从1.0版本更迭至6.0版本，推动实施了1500余项营商环境改革举措。这些举措激发了市场经营主体活力和创造力、有效促进首都经济社会高质量发展。40个行业全面推广"一业一证"，平均压减材料50.6%、压减时限71.5%。工程招投标等公共资源交易也更加规范高效，房建、市政等领域招投标"一网通办"率达95.4%。2024年3月，由英国智库Z/Yen集团与中国（深圳）综合开发研究院联合发布"第35期全球金融中心指数报告"（GFCI 35）显示，北京在营商环境和声誉领域已排名全球第四。

二、治理进展与特色

（一）"家站"建设促进人大代表服务基层

北京市各级人大加强人大代表工作能力建设，不断丰富人大代表联系人民群众的内容与形式，拓宽联系渠道，建立"代表家站"平台。按照因地制宜、集约高效、就近就便原则，在全市街道、乡镇建代表之家，社区、村建代表联络站。目前，全市16个区共建立代表家站2935个，其中代表之家345个，代表联络站2590个，实现市域范围内家站全覆盖。作为全过程人民民主在基层的重要阵地，代表家站推进人大代表"月进站、季回家、年述职"履职制度常态化，成为践行全过程人民民主"最后一公里"的坚实保障。

（二）党建引领社区治理持续深化

2023年，《党和国家机构改革方案》明确要求组建中央社会工作部，负责统筹信访局、党建引领基层治理和基层政权建设、社会工作人才队伍建设、志愿服务管理等工作。社会工作部的成立有利于将基层政权建设、城乡社区建设、社会组织发展、社会工作者队伍建设、社会志愿者队伍建设等诸多社会工作领域高效统筹协调，进一步加强党对社会工作力量的有效整合。北京最早在省级党委设立社会建设工作委员会的省份，前期十余年的社会建设工作经验，为下一步市委社工委的设立和运行奠定了良好基础。

北京市牢固树立大抓基层的鲜明导向，以接诉即办改革为代表形成了党建引领超大城市基层治理领域全国首创、北京原创的实践经验。近年来，北京市不断深化党建引领"吹哨报到"改革、开通"12345市民服务热线"、建立"接诉即办"机制，各区党政"一把手"承担"接诉即办"工作主体责任，各街道乡镇"一把手"签办、督办，推动资源与服务下沉至社区，切实回应群众意见与诉求。同时，全市开展在职党员回社区报到，让党员在社区内做表率服务群众，形成社区化的"党员工作队"，成为社区发展的又一支骨干先锋队伍。各街道社区也主动作为，积极探索出党建引领基层治理的多元模式。例如，通州区永乐店镇搭建"镇党委+村党支部+红色网格"三级组织架构，通过选派机关干部组建村级党建工作助理队伍、开展完善群众评价机制与基层党组织"政治体检"工作等措施，推动基层党建工作提质增效，解决村民不少急难愁盼问题。

（三）暴雨灾害考验韧性城市基层基础

2023年7月底，北京遭遇暴雨灾害，降雨总量达42.83亿立方米。极端降雨天气对人民生命财产以及首都安全发展造成严重威胁。基层社区作为灾害应对的第一线，最能及时掌握灾情和群众诉求，也是韧性城市的基础一环。"23·7"暴雨灾害中，全市基层干部和专业救援力量冲锋在抗洪救灾的第一线，成为守护家园的中流砥柱。在降雨开始前，街道乡镇与社区村工作人员就已进入防汛抗洪状态，除了储备应急物资外，还挨家挨户劝说并转移群众。据统计，降雨前全市提前转移山村险户、平房院落受威胁人员27215人，最大限度保护了人民群众的生命和财产安全。在灾害发生时，各镇街、社区村与防汛指挥、应急、气象等部门紧密衔接，形成条块联动、快速响应机制，有效组织抗灾队伍、协调救援力量与物资调配。在灾害发生后期，镇街村居干部继续做好受灾群众的心理安抚、救助慰问、政策落实等工作，帮助受灾群众尽快恢复正常生产生活秩序，维护了首都社会的整体稳定。

按照"一年基本恢复，三年全面提升，长远高质量发展"的灾后重建总体思路，2024年成为首都落实灾后恢复重建规划的攻坚之年。上半年汛前投资267亿元推动168个灾后恢复重建项目建成投用，包括759所受灾学校全部如期开学，10057 宅房屋修缮加固、482.8 公里电力线路修复、37231 台农村清洁取暖设备维修和更新等任务全面完成。同时，10 个平原区与门头沟区、房山区 29 个乡镇或街道开展结对帮扶，形成帮扶项目 170 余个。例如，顺义区援建的门头沟区大台街道办事处改造工程半月内如期完工、大兴区支持青龙湖镇和河北镇幼儿园恢复重建项目如期"保开学"。在市委、市政府统一领导下，各方全力助推灾区恢复重建，灾区水务、交通、能源、通信等基础设施和教育、医疗卫生等公共服务设施建设明显恢复，保障能力基本恢复到灾前水平。

（四）社区嵌入式服务设施建设助推公共服务下基层

2023 年 11 月底，国家发展改革委等部门下发《城市社区嵌入式服务设施建设工程实施方案》（以下简称《实施方案》），以推动公益普惠、功能多样、便捷优质的公共服务下基层、进社区，逐步补齐社区服务短板。《实施方案》明确指出要按照"试点先行、逐步推开"的思路，优先在城区常住人口超过 100 万的大城市推进建设，在总结试点有效建设模式的基础上，向更多社区稳妥有序推开。

北京作为全国首善之都，着力打造高品质宜居环境，不断优化公共服务供给，开展城市社区嵌入式服务设施建设先行试点工作。2024 年 6 月，北京市发展改革委就《北京市社区嵌入式服务设施试点项目建设运营管理办法（试行）（征求意见稿）》公开征求意见。征求意见稿明确提出北京将在市民家门口优先建设、改造功能集成的社区嵌入式服务综合体，配置养老服务、婴幼儿托育、儿童托管、社区助餐、家政便民、健康服务、体育健身、文化休闲、儿童游憩等一种或多种服务功能。暂不具备条件的可"插花"式分散建设功能相对单一的社区嵌入式服务设施。鼓励符合条件的废弃锅炉房、疏解后闲置的医院学校等优先转型为社区嵌入式服务设施。市政府固定资产投资对项目中基本公共服务类、普惠非基本公共服务类功能拟给予工程总投资 30%、不超过 5000 万元的补助资金。该政策实施后，有望切实推动社区嵌入式服务设施建设。

此前，北京市已开展了社区嵌入式设施建设与运营的相关尝试。例如，2023 年底昌平区入选首批 15 家"中央财政支持普惠托育服务发展示范项目"试点，2024 年该区将推动约 20 个普惠托育点位招生，预计总共新增幼儿托位 2500 个。城南街道拓然家苑社区建立了昌平区首家托育点，可为辖区内 3 岁以下婴幼儿提供普惠性全天托育照护服务。另外，北京市鼓励各街道社区积极培育专项服务运营商，吸引属地企业、事业单位、社会组织等多元主体参与运营。例如，2024 年 2 月，"京东服务+"全国首个嵌入式社区服务站点落户石景山区八宝山街道永东北社区。八宝山街道办事处联合"京东服务+"，联动头部商家及服务品牌，通过开展各类活动、打造专属适老产品与设施，服务银发群体、丰富社区为老服务内容与方式。

（五）京津冀营商环境一体化发展

自 2017 年 9 月北京市出台《关于率先行动改革优化营商环境实施方案》，到 2023 年 4 月市政府办公厅印发《北京市全面优化营商环境助力企业高质量发展实施方案》，北京市营商环境改革已经历了从 1.0 到 6.0 的迭代升级。近两年的突出特点是，北京立足服务京津冀协同发展国家战略，强化与津、冀政府相关部门的协同联动。三地签订营商环境一体化发展"1+5"合作框架协议、成立京津冀营商环境协同专题工作组，在市场准入、监管执法、贸易物流等重点领域实现突破。2023 年 9 月，三地政府部门召开京津冀营商环境协同专题工作组第一次会议，审议通过《京津冀营商环境协同专题工作组工作机制运行规则》和《京津冀营商环境建设 2023 年工作要点》等文件，标志着三地营商环境协同工作已经从协议协作进入到融合落实的新阶段。继 6.0 版营商环境改革方案逐步落实后，2023 年 11 月 6 日，北京市人民政府印发《关于北京市全面优化营商环境打造"北京服务"的意见》，提出"1368"① 框架性内容，并将打造高效

---

① "1"是指塑造首善标准、国际一流的"北京服务"金字品牌；"3"是打造国际一流的"北京标准"、人民满意的"北京效率"与首善之区的"北京诚信"三大基石；"6"是指打造高效协同的京津冀一流营商环境、公平竞争的市场环境、公平公正的法治环境、自由便利的投资贸易环境、暖心高效的政务服务环境以及智慧便捷的数字社会环境；"8"是实施人才服务品质创优、科技创新服务提升、产业生态优化升级、数字政府提质增效、政策环境规范提升、助企暖企护航、宜居城市建设与国际一流营商环境宣传八大行动。

协同的京津冀一流营商环境作为首要任务，努力推动资源共享、同事同标、互认互通、高效协作、协同开放，助力形成协同发展、优势互补、梯次支撑的产业发展格局。截至 2023 年底，三地已推动 179 项政务服务事项"同事同标"，234 项实现"跨省通办"，200 余项"京津冀+雄安"政务服务事项实现"移动办"，520 家产业链供应链重点企业实现"三关"互认，三地营商环境协同优化成效显著。

2024 年 8 月，国家发展和改革委员会发布的《京津冀一流营商环境建设三年行动方案》（以下简称《行动方案》）提出要以市场化、法治化、国际化一流营商环境打造区域协同发展新优势。《行动方案》明确六大重点任务，包括规范市场环境、加强法治建设、提升国际化水平、优化政务服务、推进公共服务共建共享和支持雄安新区优化营商环境。该方案的出台，将从国家战略的高度，为进一步优化京津冀营商环境保驾护航。

三、治理现代化存在的问题与建议

2023 年首都治理现代化取得了不少成绩，但也存在薄弱环节。主要体现在：一是基层党组织领导力转化为治理效能的方式方法还有待进一步加强；二是韧性城市建设的基层基础还需加强，基层应急在管理体系、人员配备、能力素质与专业设备等方面仍存在短板；三是市域内公共服务及配套设施建设仍不均衡、不完善，在养老、教育、交通等领域与群众美好生活需要还有差距。

针对这些问题，提出下一步工作建议：

（一）进一步完善党建引领基层治理机制

《中共北京市委　北京市人民政府关于加强基层治理体系和治理能力现代化建设的实施意见》中提出，到 2025 年，北京市要率先形成党组织统一领导、政府依法履责、各类组织积极协同、群众广泛参与，自治、法治、德治相结合的基层治理体系，党建引领基层治理机制更加完善、基层政权更加坚强有力。

一要坚持把加强基层党组织建设作为贯穿社区治理始终的一条红线，

持续抓好基层党建工作。加强街道社区党组织建设，建立"街道党工委—社区党组织—小区党支部—楼栋党小组"四级"纵向到底"的党组织网络，着力提升基层党组织的组织力和战斗力。充分发挥街道社区党建工作协调委员会作用，完善辖区党建联席会议制度，整合用好辖区各种资源和力量，形成合力。创新区域化党建工作模式，采取建立党组织、选派党建指导员等多种方式，不断提高业委会、物业服务企业、社会组织、各类园区、商圈和楼宇党的组织和工作覆盖率。

二要进一步完善党建引领"吹哨报到""接诉即办"工作机制，标本兼治解决基层治理难题。坚持民有所呼，我有所应，切实做到闻风而动，接诉即办。厘清部门和属地的责任，做实"报到"环节，细化完善"即办"工作流程，防止工作脱节或者只报到不办事现象。厘清"即办"边界，防止大包大揽，该政府办的，要马上办、用心办；该产权单位、物业服务企业办的，也要督促其办好。基层党组织要主动用好12345民生大数据，对辖区市民诉求开展数据分析，有的放矢补齐治理短板。

（二）持续加强韧性社区建设

基层是防灾、减灾、救灾工作的前沿阵地。防范化解灾害风险、及时处置灾害事故，最大限度保障人民生命财产安全，需要坚定不移推进韧性社区建设。

一要在基层建立完善的应急预案机制。2024年3月，中央全面深化改革委员会第四次会议审议通过《关于进一步提升基层应急管理能力的意见》（以下简称《意见》），《意见》指出要把功夫下在日常，推动应急管理关口前移。推动灾害监测预警相关设备系统建设及应用，将管线、交通、应急物资储备等数据资源向基层开放共享，把风险研判关口前移。基层社区应定期开展辖区内风险评估，识别潜在的风险源，建立风险清单，并制定相应的防范措施，加强隐患排查与监督整改。

二要加强基层社区物资储备。科学构建应急物资保障体系，推动建立或补全"平急两用"的基础设施，如在社区建立应急保障库、应急中转站，在社区综合服务中心嵌入应急物资储备等功能，以保障各类应急物资在社区内储备充足、调度有序。借鉴日本经验，依托社区商业设施开展平急结合建设，最大限度利用社区内部资源支持应急状况下居民生活物资供应。构建市、区、街乡、社区四级物资保供、联储联供、联调联保的应急物资储备格局。

三要提升基层干部和群众的应急能力储备。一方面，加强对基层干部的应急知识科普与教育培训强化，同时也要在提升社区居民、公众的风险防范意识和自救互救能力上下更大功夫。强化数字赋能，依托科技馆、灾害遗址公园等设施，设立多元化科普宣教基地，建设数字化科普平台和虚拟体验馆，开展线上线下安全教育、科普教育。另一方面，指导社区加强应急演练的实施，做好年度应急演练计划，开展无脚本演练、拉动式演练，形成常态化应急演练机制，提高社会公众的主动避险意识和自救互救能力。

（三）试点推进社区嵌入式服务设施建设与运营创新

落实国家发展改革委下发的《城市社区嵌入式服务设施建设工程实施方案》，加快补齐北京市社区服务短板、提升社区服务质量，需要设施建设与运营管理联动推进、协同创新。

一要因地制宜，分类推进试点建设。依据社区居民群体规模、结构特征、需求差异，选取商品房小区、老旧小区、人才社区、国际化社区等不同类型社区，探索嵌入式设施建设典型模式。在新建社区优先建设功能复合集中的社区嵌入式服务综合体。在老旧小区注重打破条块分割、统筹人财物资源，集中更新改造"插花"式布局嵌入式服务设施，做到公共服务随人走。探索社区公共服务用地、公共服务空间的土地性质兼容和服务功能复合制度。

二要创新设施运营模式，促进多元主体参与。结合镇街党群服务中心，打造一中心多基地的社区嵌入式服务矩阵。支持社区利用社区党群服务经费，购买第三方服务机构在嵌入式服务设施内为居民提供养老、托育、文体等服务。建立优质运营内容名录，形成社区公共服务示范性IP库，孵化一批优质运营内容创造团队。建立合格运营机构名录，筛选、培育一批服务专业、价格合理、品质有保障的运营机构，提升服务设施的空间利用效益。通过项目运营评估，择优入选示范运营项目名录，打造一批行业标杆，为下一步推广形成示范效应。

第二节 "接诉即办"改革的治理范式变迁

党的初心和使命如何转化为治理实践，并最终让人民生活幸福？这是中国共产党执政以来一直面临的治理难题，更是党进行理论创新的源泉，我们可以称之为"治理之问"。"接诉即办"改革是进一步全面深化改革的生动实践，它通过治理目标的回归、治理体制的重构、治理行动的优化、治理主动的强化和治理哲学的探索，成功地将党的初心和使命转化为治理实践，为中国式超大城市现代化治理变革提供了可借鉴的经验和路径，是一场兼具自我革命和社会革命的治理范式变迁，是对"治理之问"的首都答卷。

一、"接诉即办"改革重返以人民为中心的治理目标

牢记党的性质和宗旨、初心和使命，这是中国共产党治国理政应该遵循的首要原则。应该说新时代的治国理政的实践本质上是人民的回归。2024 年 7 月 18 日，中国共产党第二十届中央委员会第三次全体会议通过《中共中央关于进一步全面深化改革 推进中国式现代化的决定》，提出坚持以人民为中心，尊重人民主体地位和首创精神，人民有所呼、改革有所应，做到改革为了人民、改革依靠人民、改革成果由人民共享，这是对人民至上立场的再次强调。这意味着要将党的初心和使命转化为治理实践，首先需要树立以人民为中心的发展思想，将以人民为中心转化为具体的治理目标。

"接诉即办"改革践行党的初心和使命，并将之转化为治理实践，首

先是从重返以人民为中心的治理目标开始的。北京市"接诉即办"改革起源于"吹哨报到"改革，但正式实施则是从 2019 年 1 月开始，它通过对 12345 市民服务热线进行改造，强调"市民的诉求就是哨声，闻风而动、'接诉即办'，真正做到民有所呼、我有所应"。随后北京市进一步将"接诉即办"改革与民生实事联系在一起，突出通过"接诉即办"改革推动"七有"要求和"五性"需求的评价和民主治理变革，真正让市民增加获得感、幸福感和安全感。通过这一系列举措，"接诉即办"改革不仅实现了以人民为中心的治理目标的回归，而且还在治理的各个领域、环节、层次和阶段将这一思想贯彻，党的初心和使命的治理路径正在逐步形成。

二、"接诉即办"改革重构治理重心下移的治理体制

党的初心和使命要转化为治理实践，不仅需要以人民为中心的目标引领，还需要对治理体制进行调整，形成有利于为民服务的治理体制。官僚制是当前各国主要的治理形式，层级制是官僚组织关系的结构形式，在缺乏约束的情形下，这种制度会形成权力向上和责任向下的治理怪胎，基层治理负担过重是其典型后果。"上面千条线，下面一根针""上面千个锤，下面一个钉""看得见的管不着，管得着的看不见""资源有限，责任无限""一人干活，九人监督"等形象说法，都是对当前基层治理所面临困境的精准刻画。2024 年 8 月，中共中央办公厅、国务院办公厅印发了《整治形式主义为基层减负若干规定》，提出了"切实精简文件""严格精简会议""规范明晰基层权责"等基层减负的具体举措，这是党中央健全为基层减负长效机制的最新探索。

"接诉即办"改革的重要创举是将回应市民诉求和推动治理变革有机结合起来，这有可能探索出面向基层探索问题解决的治理体制。2020 年 10 月 28 日，《中共北京市委　北京市人民政府关于进一步深化"接诉即办"改革工作的意见》发布，提出强化党建引领、大抓基层的鲜明导向，健全基层治理的应急机制、服务群众的响应机制和打通抓落实"最后一公里"的工作机制，推动首都基层治理体系和治理能力现代化。从这些论述

可以看出，北京市至少从三个方面推动了治理重心下移，将以人民为中心的思想固化为治理体制改革。第一，通过"街乡吹哨、部门报到"来解决条块分割问题，实现对基层赋权，让"看得见的管得着"，解决治理不对称问题。第二，基层治理齐抓共管的格局，告别了基层只是街道、乡镇和社区的基层，让市委市政府、市级部门、区委区政府、区级部门等各类更高层次治理主体参与基层治理。第三，基层治理的一些基础性制度得以完善，明确了各类机构的职责。2019年11月27日，北京市第十五届人民代表大会常务委员会第十六次会议通过《北京市街道办事处条例》，这意味着改革上升到法治保障。

三、"接诉即办"改革重塑担当作为创新的治理行动

在重返以人民为中心的治理目标，以及重构治理中心下移的治理体制之后，最为关键和最为根本的是通过治理行动供给高水平的公共服务，切实解决民众面临的急难愁盼问题。在这样的情况之下，各级官员的担当作为显得尤其重要。但是，政府官员天生存在一种"邀功"和"避责"的倾向，他们常常喜欢从事一些能够有利于他们升迁的"政绩工程"，并且通过"避责"行为来拖延问题解决。为此，就需要解决干部的知与行、激励与约束、专业与能力、评价与监督等一系列问题，切实让各级领导干部"在其位、谋其政、干其事、求其效"。

北京市为了推动市民诉求和问题的有效解决，采取了价值引领、激励和约束并行、指导和帮助等多种方法，切切实实让各级干部在"赛马机制"中为民服务和建功立业。"接诉即办"改革首先是一个思想观念转变的问题，是否能够对市民有共情，是否能够甘当小学生，这直接决定了能否办理好诉求，并且取得良好的绩效。与此同时，组织部门将"接诉即办"绩效与干部任命结合起来，纪检部门持续开展"接诉即办"监督，形成了一种激励和约束并行的格局，最终是希望让"接诉即办"成为一种文化、习惯和自觉。

四、"接诉即办"改革重造历史主动精神的治理主动

历史主动精神需要我们有战略洞察力和研判力，通过把握世界和人类运行的规律，根据自身的优势、机会、问题和挑战，通过积极作为，避免可能坏的结果产生，创造更加期望的美好未来。历史主动精神也是中国传统文化的重要组成部分，人无远虑，必有近忧，"为之于未有，治之于未乱""上医医未病，中医医欲病，下医医已病"，这些都是对主动作为的论述。当然，人类的理解、设想和创造也需要考虑自然、社会和历史的局限，不能够天马行空、随心所欲、为所欲为。

"接诉即办"改革重造历史主动精神，通过实施主动回应和主动治理的双阶治理主动来践行党的初心和使命，这也是更深层次的治理范式变迁。积极回应市民诉求，直面问题，处理棘手难题，这本身就需要勇气。从这个意义来看，北京市启动"接诉即办"改革就代表了主动回应市民诉求，直面问题和难题，开门推行治理，通过治理主动来建立良性的党和人民之间关系，这是治理主动的第一阶含义。从某种程度来看，"接诉即办"改革所体现的主动回应其实质是开创新时代群众路线的新范式。更为重要的是，北京市试图基于诉求形成的民生大数据，从中"算出"民众所思所想所盼，以"每月一题"的方式实施主动治理、未诉先办，试图从根本上解决诉求产生的来源，这是治理主动的第二阶含义。北京市从 2021 年开始推行的"每月一题"改革，其治理主体从基层转向市级部门，希望市级部门通过制度改革、政策变革和职责调整，来解决市民普遍关心的问题，弥补治理短板，真正为基层减负。以"房产证办理难"为例，北京市已经连续两年将之列为"每月一题"，一共办理了超过 40 万套房产。

五、"接诉即办"改革重思人本系统天下的治理哲学

中国共产党在治国理政中，非常重视理论探索，注重从哲学的角度来进行反思，形成指导实践的世界观、方法论、认识论、权力观、政绩观、

价值观和事业观等，我们党的治理哲学正在形成。党的二十大报告将新时代中国特色社会主义思想的世界观和方法论总结为六个方面，即必须坚持人民至上、必须坚持自信自立、必须坚持守正创新、必须坚持问题导向、必须坚持系统观念、必须坚持胸怀天下。这表明，党的治理哲学迈向一个新境界。很显然，推进国家治理体系和治理能力现代化，也需要遵循这些治理哲学。

"接诉即办"改革在治理实践的不断探索中，通过不断厘清治理实践的本质，强化对治理规律的认知，探索有效的治理方法，形成了蕴含人本、系统和天下的治理哲学。"接诉即办"改革贯彻人本哲学思想，坚持人民至上的原则，将以人民为中心体现在诉求受理、办理、反馈和主动治理等治理过程的各个环节，贯彻全过程人民民主理念，正在形成治理民主的生动实践。"接诉即办"改革坚持自信自立，以一种历史主动精神来回应市民诉求，促进问题解决，并且不断主动解决超大城市治理面临的各种难题，这体现了一种对超大城市治理的自信，力争探索适合中国国情的超大城市治理的新路。"接诉即办"改革坚持守正创新，始终围绕着坚持党的领导、坚持社会主义道路、坚持马克思主义指导地位，牢牢把握党的初心使命这一根本，在回应市民诉求的同时，不断推进各个领域的改革和创新，试图创造性解决治理难题，创新也成为"接诉即办"改革的鲜明特色。"接诉即办"改革坚持问题导向，从问题的视角思考市民诉求，以逐个问题解决来获得人民满意，探索问题解决的超大城市治理新科学。通过"接诉即办"改革，北京市委、市政府能够更好地感知超大城市所面临的主要问题空间、框架和结构。"接诉即办"改革坚持系统观念，它在回应每个具体问题的同时，也开始思考不同问题之间的联系，实现从个体向一般的跨越，并且基于动态的思维来考虑问题的演进过程，提前采取措施应对，从而避免问题产生。北京市推行的"每月一题""治理类街乡镇"的集中整治等举措都体现了系统观念，这也让城市治理者面对问题更加从容。"接诉即办"改革坚持胸怀天下，这是由首都建立国际和谐宜居之都的目标和"四个中心"功能定位决定的。在推行"接诉即办"改革的过程中，北京市非常重视学习和借鉴国外城市的治理经验，及时回应外国民众的诉求，将诉求办理与国际人才社区建设等联系起来，让外国友人感受到首都北京的包容和温暖，向世界展现这座城市的文明和文化。

第三节　首都公共安全教育的问题与建议

"人民安全"是总体国家安全观的宗旨，着力提升公众安全应急素养，是筑牢防灾减灾救灾人民防线、提升首都韧性城市共治效能的基础性工作。公共安全教育是提升市民安全应急素养的主要抓手，调研发现，虽然北京市起步较早，但公共安全教育推进情况与首都安全形势要求仍有差距，重点领域问题亟待关注。

一、公共安全教育需关注的问题

公共安全教育是以社会公众为对象，以生产安全、消防安全、自然灾害、交通安全、社会安全、人民防空、公共卫生、食品安全、急救等领域防灾与应急能力为主要内容的教育活动。北京公共安全教育起步较早。2005 年，海淀公共安全馆建成投用，成为我国首家公共安全教育场馆。至今，公众安全意识、知识、技能虽有提升，但仍存在突出问题。

（一）公众安全应急素养不高，且面临下降风险

针对公众安全应急素养，目前北京市没有较全面的监测数据。国家应急管理部宣教中心曾在朝阳区、大兴区抽样调查，居民防震减灾科学素养综合得分 62.7 分，仅为及格水平，超过四成居民素养得分在 60 分以下。市消防救援总队调查结果显示，2022 年市民消防安全常识知晓率得分为 75.6 分，同比下降 5.1 分。其中居民接受消防安全素质教育的状况及途径得分最低，为 67.7 分（见图 7-1）。

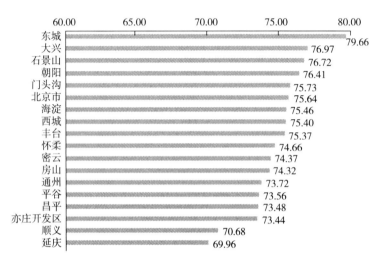

消防安全常识知晓率

消防安全常识知晓率得分=居民消防安全防范意识得分×0.4+火场自救逃生技能知识得分×0.3+居民消防安全感知情况得分×0.2+居民接受消防安全素质教育的状况及途径得分×0.1

各区得分情况

注：从各区的调查结果来看，东城区、大兴区、石景山区、朝阳区、门头沟区得分排名前五。这5个区的消防安全常识知晓率高于全市水平。

图7-1　2022年北京市消防安全知晓率得分情况

（二）公众参与意愿高，受训比例低

《公众防震减灾态度调查》显示，有75.9%的受访北京市民愿意成为志愿者参加防震减灾工作。为提高群众自救互救能力，2021年北京市出台《关于加快推进韧性城市建设的指导意见》，提出到2025年，全市掌握心肺复苏、躲避灾难、防暴恐等应急知识和技能的成人比例力争达到20%。这一目标按照2023年20岁以上人口规模测算，即为373.7万人。3年来，北京市接受红十字培训的应急救护员取证人数超53万。2023年北京市公共安全教育基地培训人数93.4万，且以中小学生为主。成人安全应急培训覆盖率和目标要求还有不小的差距。公共安全教育市场还未形成需求创造供给，供给带动需求的良性循环。

（三）一老一小和高层居民需重点关注

老年群体规模日益庞大且应急避险知识和能力偏弱。调查数据显示，北京市居民防震减灾科学素养不达标人群集中在 50 岁以上，大专学历以下的市民。2023 年北京市老年常住人口已达 494.8 万，占比为 22.6%，预计"十六五"初期将超过 650 万人。老年群体绝大多数从单位人退休成为社会人，组织化的公共安全教育在这一群体中触达率不高。

学生群体是提高公共安全教育普及率的关键对象。发达国家普遍"从娃娃抓起"，因为儿童最易接受安全教育并转化为行动、固化为习惯。以学生带动家庭和社会，还可以获得公共安全教育的乘数效应。日本一般学龄前儿童就要接受 3 小时的安全逃生模拟教育。美国中小学注重开展消防演练、校园关闭演练和恶劣天气演练等实训。2023 年，北京市各级各类学校在校生人数 398.3 万。虽然公共安全教育已不同程度地纳入学生综合素质教学，但培训课时、效果要求模糊。

高层住宅居民面临更复杂的应急避难风险，是城市公共安全教育的重点群体。2023 年北京市发生高层建筑火灾 371 起，同比增加 12.4%，呈现攀升态势。高层住宅占全市高层建筑八成以上，共有 21560 栋，涉及居民数百万。市应急局近期开展的《高层火灾居民安全意识调查报告》显示，公众认为高层建筑火灾扑救存在的首要问题是"缺乏相应的应急演练与培训"，暴露出高层建筑居民应急演练短板。

二、"四多四少"影响公共安全教育深入开展

同其他安全应急工作相比，公共安全教育具有重要不紧急的特点。通过调研走访相关主管部门、研究机构和教育基地，我们发现影响公共安全教育深入开展的四大瓶颈。

（一）制度安排：软性倡导多，硬性约束少

北京市公共安全教育以相关部门在"国家安全日""防灾减灾日"

"消防宣传日"等节点活动为主，缺少常态化、指标性、可测度的制度安排。相比之下，上海出台《初中学生社会实践管理工作实施办法》，规定"初中学生需完成安全实训24课时，一般在上海市级公共安全教育场馆的安全实训不少于8课时"，明确将安全教育纳入学生必修课程，并提出了时长和实训要求，有力推动了上海公共安全教育提质增效。

（二）教育方式：知识宣传多，实训演练少

定期实训演练是公众切实强化安全意识，掌握自救互救能力的最有效手段。与安全教育宣传活动相比，实训需要教材、设备、基地建设，应急演练则牵涉多部门多层级，也面临理论、制度、规范等短板。尽管各级政府对基层社会单元应急演练重视程度不断提高，但总体上演练形式相对单一，缺乏规范标准和督导评价，演练覆盖率和群众参与度较低，安全实训演练效能仍未有效发挥。

（三）基地建设：运营困难多，标杆场馆少

公共安全教育基地是公众接受安全教育特别是实训的主阵地。2023年，通过《北京市公共安全教育基地分类分级评估标准》的基地数量有50个，落后于杭州（148个）、上海（68个）、深圳（51个）。基地运营多面临设备设施更新改造费用较高、培训讲师专业度不足、缺少规范化教材和创新性课程设计等问题，导致实训体验不佳，"不花钱都没人去"成为行业通病。

缺少与首都地位相匹配的高标准公共安全教育基地。现有综合类一级基地9家、二级10家、三级4家，专项类基地27家。财政拨款和企业出资建设各半，实际运营以街道乡镇和民营企业为主，没有能体现首善标准的基地场馆。相比之下，2018年建成投用的上海市公共安全教育实训基地，已成为亚太最大、国内最先进的公共安全综合实训基地。2023年，接待810批14.1万人次实训，承接542所中学师生"8课时"市级安全实训教学。

（四）组织体系：各自为政多，部门协同少

公共安全教育涉及应急局、教委、科委、卫健委、消防救援队、人防办、地震局等众多政府部门，及其下设各类宣教中心等事业单位。公众安全应急教育一盘棋的格局还没有形成，各部门步调不一、重复投入的情况时有发生。如地震、消防、急救等科普宣传片多部门重复做；公共安全教育基地、消防科普基地、人防宣教基地、应急救护培训基地等分散建设，合力开展公共安全教育的体制机制仍不健全。

三、对策建议

（一）加强统筹聚合力，以公共安全教育厚植大安全大应急体系建设之基

1. 以《韧性城市建设专项规划》编制为契机，部署全市公共安全教育工作

切实把公共安全教育作为首都韧性城市建设基础，在规划中明确近期、中期目标和各部门职责，以专章部署工作内容，以项目化推进"公众韧性素养先导工程"。

2. 通过韧性城市建设协调机制，加强公共安全教育统筹力度

建立应急系统各部门及宣教培训中心等单位的常态化沟通协调机制，促进资源共享、活动携手、效果加乘。

3. 建立公众安全应急素养监测机制

统合各部门分散开展的消防安全、防灾减灾、医疗卫生等公众调查，定期开展市民公共安全素养大调查，为全市安全教育工作效果评估和科学推进提供依据。

4. 研究修订相关应急演练规范性文件和标准

研究制定应急演练规划和大纲。从公众视角优化演练科目，增加贴近群众的演练项目。加强应急演练督导评价机制，形成"演练—评价—优化"工作闭环。

（二）聚焦人群抓重点，有的放矢扎实推进

1. 健全学生公共安全实训制度

借鉴上海经验，以社会实践大课堂为主渠道，明确中小学生安全实训

课时要求。组织安全应急各领域专家，结合学龄特点、学科知识，编制各学段学生公共安全教育的权威指导教材。有条件的学校可通过设置校园安全微型体验馆、引入安全应急宣传车等，丰富培训形式和实训演练项目。

2. 多渠道开展老年公共安全教育

依托安全宣传"五进"工作，围绕老年人关注的用药安全、食品安全、信息安全等开展宣传，提高公共安全教育对老年群体的覆盖率。开展以安全为主题的消夏晚会、社区演出、亲子活动。通过老年群体关注的公众号、微信群及直播渠道，投放公共安全微课。吸纳社区退休党员、教师、医生等加入安全宣传志愿者队伍。

3. 以住宅小区为基本单元推进高层居民安全教育

建立街乡统筹、物业和村居委会实施、消防救援等专业部门指导、社区志愿组织协作的工作格局。借鉴香港经验，创设"社区应急准备课"。对居住在灾害易发地的群众，针对灾害类型开展实景演练。对高层住宅居民定期开展消防、地震等场景下应急"微演练"。加大电梯轿厢电子屏安全宣传片投放力度。

4. 高标准推进应急志愿者培训

健全应急志愿者培训体系，完善基础培训、专业培训和岗前培训制度。推进应急志愿服务组织与专业应急救援队伍共训、共练、共演机制。借鉴外省市经验，引入推广"楼宇消防安全特使计划""快递小哥急救侠"等"品牌应急培训+志愿服务"项目。

（三）基地建设强运维，做优公共安全教育服务

1. 提升现有各类基地承载能力

鼓励基地申报《关于推动"五子"联动对部分领域设备购置与更新改造贷款贴息的实施方案（试行）》项目储备，促进设备更新改造。设定师资准入门槛，开展继续教育和学历进修。制定标准化服务流程，编制规范化培训教材。支持通过城市更新政策，提升基地服务能力。力争各区有1家综合类二级以上基地。引导各类安全教育基地数字资源共建共享。加强媒体宣传，吸引公众走进各类安全教育基地场馆。

2. 探索基层公共服务设施叠加安全教育功能

在社区综合服务设施，如党群服务中心、市民中心、家园中心等增加公共安全宣教功能。在单一服务设施，叠加适配的公众安全教育内容。如在社区卫生服务中心开展医疗急救培训、利用微型消防站开展消防安全培训。支持利用党群服务经费、社区公益金为居民购买公共安全教育服务。支持"平急两用"设施开发建设安全体验馆、主题公园等，拓展公共安全教育形式，探索安全应急产业链事业链融通路径。

3. 研究市级公共安全教育基地建设、运维新模式

探索政企合作方式，优选专业机构，采取"设计—采购—施工—运维"一体化模式，打造北京市功能最全、体验最佳、科技含量最高的综合类一级场馆。以专业化、高水准安全教育服务产品，承接中小学安全实训任务，吸引市民参训，辐射带动京津冀公共安全教育开展。

4. 培育壮大公共安全教育产业

公共安全教育兼具事业和产业双重属性，2022 年我国公共安全教育市场规模达 504.2 亿元，并保持年均两位数增长。要发挥北京市应急服务领域重点企业多，且在教育培训、虚拟现实应急体验等新业态上的比较优势，加大政府及企事业单位购买安全教育服务力度。以公建民营方式，引入专业企业及社会组织运营基地，加大人工智能、虚拟现实等科技手段运用，优化培训产品及体验，激活公共安全教育市场。鼓励优秀运营机构通过品牌输出、连锁经营等方式做大做强。引导公益属性强的机构认证社会企业，探索社会效益优先兼顾经济可持续的发展新路。

执笔人：于晓静　严彩萧（第一节）

　　　　李文钊（第二节）

　　　　于晓静　蔡健平（第三节）

第八章 厚植绿色底色 谱写首都生态现代化新篇章

党的二十届三中全会强调，中国式现代化是人与自然和谐共生的现代化。必须完善生态文明制度体系，协同推进降碳、减污、扩绿、增长，积极应对气候变化，加快完善落实绿水青山就是金山银山理念的体制机制。近年来，北京的生态环境发生了巨大变化，根本措施就是按照党中央要求，从源头上减少污染排放，推动央地协同、区域联防联控，有效应对空气污染传输。尽管越往后污染防治难度越大，为率先基本实现社会主义现代化，北京必须厚植北京绿色底色，着力完善生态文明基础体制，加强分区域、差异化、精准化生态环境管控，不断谱写首都生态现代化新篇章。

第一节 2023 年首都生态现代化年度评价及路径建议

2023 年是全面贯彻党的二十大精神的开局之年，北京市坚持以习近平新时代中国特色社会主义思想为指导，深入学习贯彻习近平生态文明思想、全国和全市生态环境保护大会精神，深入实施绿色北京战略，以改善生态环境质量为核心，统筹抓好污染防治、绿色低碳转型、生态系统保护等重点任务，推进美丽北京建设取得新成效，推动习近平生态文明思想在京华大地落地生根、形成生动实践。

一、北京生态文明建设年度综述

2023 年，北京生态环境质量持续向好，全市生态环境质量指数（EI）为 70.8，生态系统质量保持稳定；生态涵养区持续保持生态环境优良；首都功能核心区、中心城区和平原区 EI 继续保持良好水平。

（一）空气质量全面达标

全市 PM2.5 年均浓度 32 微克/立方米，较 2019 年下降 23.8%，为京津冀及周边地区"2+26"城市最优，连续三年达到国家空气质量二级标准（35 微克/立方米）。可吸入颗粒物（PM10）、二氧化氮（NO_2）和二氧化硫（SO_2）年均浓度分别为 61 微克/立方米、26 微克/立方米和 3 微克/立方米，均多年稳定达到国家二级标准。空气质量优良天数为 271 天，比 2013 年增加 95 天，比 2019 年增加 31 天，优良天数比率 74.2%，其中，一级优天数是 104 天，比 2013 年增加 63 天，重污染天数为 2 天（不含外来沙尘导致的重污染天数），比 2013 年减少 56 天，降幅达 86.2%，公众的蓝天获得感明显增强。

（二）水量和水质持续提升

地下水资源得到有效涵养，全市平原区地下水位连续 8 年累计回升 11.01 米（见图 8-1），增加储量 54.5 亿立方米。2023 年末平原区（不含延庆盆地）地下水平均埋深为 14.74 米，与 2022 年末比较，地下水位回升 0.90 米。

全年共监测五大水系河流共计 105 条段，长 2551.6 公里。其中，I~Ⅲ类水质河长占总河长的 71.3%，连续三年无劣Ⅴ类河流。与 2013 年相比，I~Ⅲ类河长比例增加 21.5 个百分点，劣Ⅴ类河长比例减少 44.1 个百分点。与 2019 年相比，I~Ⅲ类河长比例增加 16.2 个百分点，劣Ⅴ类河长比例减少 9.5 个百分点。全年共监测湖泊 22 个，水面面积 719.6 万平方米。I~Ⅲ类水质面积占总水面面积的 58.3%，Ⅳ~Ⅴ类水质面积占总

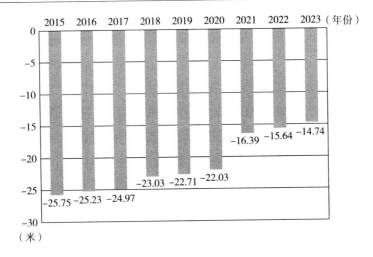

图8-1 2015~2023年北京市平原地区地下水埋深情况

水面面积的41.7%，无劣V类湖泊。与2013年相比，Ⅰ~Ⅲ类比例增加54.3个百分点，劣V类比例减少15.0个百分点。与2019年相比，Ⅰ~Ⅲ类比例减少2.9个百分点，劣V类比例减少2.7个百分点。全年共监测大中型水库16座，平均总蓄水量为37.7亿立方米，其中密云水库和怀柔水库水质稳定保持Ⅱ类，符合饮用水源水质标准。2023年全市污水处理率97.3%，城六区污水处理率99.7%。

（三）土壤环境状况整体良好

全市土壤生态环境质量保持良好，土壤环境风险得到有效管控。推进农用地分类管理，加强耕地、园地和林地保护，强化农产品产地土壤环境保护；推进建设用地风险防控，加强工业企业源头防控和地块风险管控；严格未利用地保护。全面落实《北京市土壤污染防治条例》，坚持"三地（农用地、建设用地、未利用地）共管"，试点建立土壤环境网格化监管三级联动机制，完成首个"承诺制"地块修复和首个"土壤淋洗"绿色工程治理，受污染耕地安全利用率保持100%。全市土壤主要重金属含量与"十三五"时期相比保持稳定。土壤多呈中性和弱碱性，pH值空间分布呈现东北低、南部高的特征。土壤保肥、缓冲能力多为中等以上，阳离子交换量均值 13.8 厘摩尔/千克。

（四）低碳转型成效显著

2023 年全市外调绿电规模 279 亿千瓦时，占全市外调电比重超三成，全年绿电消纳 330.4 亿千瓦时，可再生能源电力消纳责任权重达 24.3%。能源结构持续优化，光伏、风电、地热等可再生能源占比提升到 14.2%；煤炭占能源消费的比重下降到 1% 以内，天然气、外调电等优质能源消费占比达 99% 以上。单位地区生产总值能源消耗为 0.17 吨标准煤、单位地区生产总值二氧化碳排放强度为 0.29 吨/万元，在省级地区中保持最优水平。

（五）绿色空间持续拓展

北京 2023 年新增造林绿化面积 1.5 万亩，全市森林面积 1279.8 万亩，森林覆盖率达 44.9%，其中，山区森林覆盖率达 67%。城市绿色空间不断拓展，全年新增城市绿地 200 公顷，城市绿化覆盖率达 49.8%，集中建设区绿视率达 26.96%。全市公园绿地总数提升至 1065 个，人均公园绿地面积达 16.9 平方米，500 米服务半径覆盖率达 90%。森林碳汇量、林木蓄积量以及生态服务价值持续增加，森林植被总碳储量达 2753.4 万吨，林地绿地生态系统年碳汇能力达 920 万吨。五大风沙危害区得到有效治理，全市沙化土地面积 2.23 万公顷，较 1999 减少近 60%，林地绿地湿地三大生态用地已占到全市国土总面积的 71%，各类自然保护地 79 处，总面积552 万亩。

（六）制度建设不断深化

2023 年，北京深入推进环境污染治理，相继印发实施了《北京市全面打赢城乡水环境治理歼灭战三年行动方案（2023 年—2025 年）》《北京市新污染物治理工作方案》《北京市深入打好污染防治攻坚战 2023 年行动计划》。持续推动清洁能源发展，先后出台了《关于全面推进新能源供热高质量发展的实施意见》《北京市关于支持新型储能产业发展的若干政策措施》《北京市可再生能源替代行动方案（2023—2025 年）》等，推动人与自然和谐共生的中国式现代化北京实践谱写新篇章，推动首都高质量发展迈出新步伐。

二、北京生态现代化建设存在的问题

（一）大气污染防治工作任重道远

一是北京市空气质量在国内及全球典型城市中处于中下水平，PM2.5浓度距世界卫生组织（WHO）准则值差距巨大，2023北京市PM2.5浓度仍高达WHO准则值的6倍。二是移动源治理成为北京空气质量深度改善的瓶颈，移动污染源在全市PM2.5来源中占比45%，而北京市新能源汽车占比偏低（2023年全市私人汽车中新能源汽车占比10.4%、上海23.5%），汽车尾气排放承压。三是区域联防联控机制有待加强，北京市PM2.5主要来源中，区域传输影响超四成，京津冀及周边地区排放强度远高于全国、欧盟和美国的平均水平，此外，受气象波动、外来传输、沙尘等多种不确定性因素影响，空气质量反弹压力巨大。

（二）水生态环境仍需改善

水资源紧缺，北京年人均水资源量150立方米，仍远低于联合国认定的年人均水资源量500立方米的极度缺水标准。城区污水管网建设还有盲区，不少居民区排水管道未纳入城市污水管网，污水收集率不高。农村生活污水处理率有待提升，污水处理设施老化、效率低。五环内城市不透水下垫面超60%，自然蓄滞空间仍需改善。

（三）土壤污染防治工作有待进一步提升

建设用地仍存在危险废弃物点多面广、处理能力不足等问题。新污染物状况掌握不全、治理体系不完善、相关科学研究滞后。农业废弃物回收不到位，部分地区垃圾回收、处理设施不完善，无害化处置、资源化利用总体水平有待提升。

（四）绿色低碳转型还需持续加强

一是北京与居民生活相关的民用建筑、交通运输和仓储邮政用能占比超七成，减排难度大，减排空间越来越小。二是可再生能源消纳不足（仅占北京市绿电消纳总量的16.6%）、绿电市场化交易机制尚未完全打通；储能、氢能、碳捕获等绿色低碳的相关技术应用发展较缓。三是碳交易市场活跃度有限，碳金融衍生品流通性不足；低碳减排项目普遍存在盈利性较弱、融资难、融资贵等问题。

（五）生态产品价值实现机制尚需完善

一是生态产品价值核算和应用尚未普及，关于生态产品价值评估尚未形成公认、精准的评估框架，各地核算标准不一，影响了生态产品价值实现核算机制的建立。二是生态产品价值实现的产权、交易和质量认证等体系不健全，导致生态产品经营开发、市场化交易、抵押融资等难以开展。三是生态产品同质化竞争严重，生态消费场景亟待拓展。四是生态补偿机制不完善，以政府财政补贴为主，缺乏系统性、整体性、协同性考虑。

三、下一步推进北京生态现代化的重点路径

坚持问题导向和目标导向，深入实施绿色北京战略，协同推进降碳、减污、扩绿、增长，以生态现代化推动经济社会高质量发展。

（一）持续深化"一微克"行动

实施挥发性有机物（VOCs）治理专项行动，组织重点园区、重点行业开展VOCs精细化管控，推进重点行业企业绿色升级。实施氮氧化物（NOx）减排专项行动，推进非道路移动机械综合治理、大宗货物绿色运输。加强扬尘管控，提升城市环境精细化管控水平。强化移动源区域协同减排，建立在用机动车超标排放信息共享平台。积极推广新能源车，通过"一揽子"政策引导、加强基础设施建设，加快推进机动车"油换电""油换氢"。设计区域大气环境对赌与补偿机制，创新区域联防联控机制。

（二）坚持"三水统筹"，系统提升水生态环境品质

加大密云水库和官厅水库保护力度，强化城乡生活污水治理，推进一批城镇污水处理厂升级改造、农村污水处理设施建设，加强汛期及工业污染防治、入河排污口监管，巩固水体整治成效，深化流域生态补偿。保护水生态，保障重点河流生态流量，鼓励再生水用于河湖生态补水，实施受

损河道生态修复。加强海绵城市建设，提升城市蓄水、渗水和涵养水的能力。

（三）坚持"三地"管控，推进土壤安全利用

持续深入防控建设用地污染，科学管控建设用地风险，依法保障用地安全，精准防控工业源头污染。持续深入净化农用地环境，因地制宜管控农用地土壤污染，促进农用地土壤质量提升，大力推进农业面源污染治理。加强未利用地保护和污染防控。提升土壤环境治理能力，加强新污染物治理，完善管理、标准体系，推动公众参与。

（四）加快推动发展方式绿色低碳转型

加快建立北京市碳排放总量控制制度，推动能耗双控向碳排放双控转变。推进产业、建筑、交通等重点领域低碳转型，强化减污降碳协同创新试点示范，创新实施企业和项目绿色绩效评价。严控化石能源消费总量，提升外调绿电规模，强化京晋、京吉、京蒙等区域绿电合作，推动可再生能源规模化利用。加快新型电力系统、先进可再生能源、氢能和氢燃料电池等能源领域关键核心技术创新突破，推动北京市新型储能稳妥有序发展，试点推进新型电力系统建设。扶持碳金融发展，加强以碳配额、碳减排量为基准锚的气候投融资创新金融工具研究和推广，加大碳交易市场的资金投入并提高各个金融机构的业务参与度。

（五）加快完善生态产品价值实现机制

进一步加强 GEP 核算和应用，推进 GEP-R 和 GDP 交换补偿，试点推动 VEP 项目。构建生态产品认证体系，加快建立生态产品质量追溯机制。探索建设生态产品交易场所，健全交易制度和技术规范，完善确权、登记、抵押、流转等配套管理制度。加快推进排污权、用能权、碳排放权等环境权益市场化交易，探索发展碳基金、碳债券、碳租赁等金融产品。推动延庆、昌平、怀柔等区大力发展生态农业、生态种养、林下经济、生态旅游等生态产业，打造北京生态品牌。优化生态产品保护补偿机制，探索通过发行企业生态债券和社会捐助等方式，拓宽生态保护补偿资金渠道，实行差异化生态产品定价，提高生态产品的价值普惠性。

第二节　激发市场主体内生动力　推动北京 ESG 体系高质量发展

2024 年，是联合国全球契约组织提出环境社会治理（Environmental, Social and Governance，ESG）概念 20 周年。环境社会治理（ESG），是一种充分关注环境、社会和治理等非财务因素的发展理念和可持续实践，历经多年发展，已成为国际国内主流的非财务信息披露框架体系。目前，ESG 是我国政府引导市场主体主动参与环境污染、积极履行社会责任的一种重要政策工具。自 2023 年底以来，在国家层面，国务院、国务院国有资产监督管理委员会、中国人民银行、财政部等部门密集出台多项政策①，逐步完善 ESG 的顶层设计。在地方层面，2024 年 6 月，北京推出全国首个《促进环境社会治理（ESG）体系高质量发展实施方案》，推动政府和市场建设 ESG 体系形成合力，加快将北京打造成为 ESG 先行示范区，更好支撑首都高质量发展。

一、ESG 体系的发展现状

（一）中国 ESG 体系的发展情况

从企业实践来看，我国 ESG 相较于欧美国家尚处于起步阶段，但政策推进强度大，普及速度快。2004 年，联合国全球契约组织（United Nations

---

① 2023 年 12 月，《中共中央　国务院关于全面推进美丽中国建设的意见》提出，建设美丽中国是全面建设社会主义现代化国家的重要目标，是实现中华民族伟大复兴中国梦的重要内容。2024 年 4 月，中国人民银行联合国家发改委等部委印发《关于进一步强化金融支持绿色低碳发展指导意见》明确要统筹做好绿色金融大文章，支持绿色低碳发展。同年 5 月，财政部发布《企业可持续披露准则——基本准则（征求意见稿）》，规划中国企业（注册在中国境内的企业）可持续发展信息披露的基本准则与通用性要求。同年 6 月，国务院国资委制定印发《关于新时代中央企业高标准履行社会责任的指导意见》，对新时代中央企业社会责任工作作出部署。

Global Compact，UNGC）与 20 家金融机构联合发布的《关心者赢》，在报告中首次提出 ESG 的概念，并明确投资者可以基于投资对象的 ESG 评级结果评估其在促进经济可持续发展、履行社会责任方面的贡献。ESG 概念经国际组织和投资机构的不断推进，成为政府、投资者都认可的投资理念，并形成了一套全面系统的 ESG 信息披露标准和评估方法。ESG 在中国起步相对较晚，仍处于相对初级阶段①。在政府自上而下推动下，ESG 实践先后经历了以环境治理为抓手的萌芽期（2006~2016 年）、以绿色金融为土壤的探索期（2016~2020 年）以及以"双碳"目标为引领的加速推进期（2020 年至今）②。当前，中国是 ESG 发展实践最活跃、进步最快的国家之一③。2024 年 4 月 12 日，在证监会的统一部署下，沪深京三大交易所共同发布《上市公司可持续发展报告指引》，为上市公司提供了 ESG 信息披露的具体指导和框架。据华政 ESG 数据，截至 2024 年 4 月 30 日，超过 2111 家 A 股上市公司发布了独立的可持续发展报告，同比增加 16%，占全部 A 股上市公司的 39%④。

从地方政府实践来看，ESG 的影响力正逐步由资本市场扩展至城市发展。自 2024 年 3 月以来，上海、北京、苏州结合城市角色定位和产业结构特点，相继发布了贴合自身特色的 ESG 发展政策⑤。从政策内容来看，

---

① 资料来源：刘均伟.ESG 在中国发展处于相对初步阶段　高质量发展为 ESG 提供历史机遇［EB/OL］.中金公司，2023-05-11. https：//baijiahao. baidu. com/s？id＝1765587805686111672&wfr＝spider&for＝pc.

② 资料来源：中国 ESG 政策发展历程回顾［EB/OL］.未来智库，2023-08-21. https：//www. vzkoo. com/question/1692585564605430.

③ 资料来源：中国 ESG 发展驶入快车道！刘学信：应构建中国特色的 ESG 披露标准体系［N/OL］.华夏时报，2024-05-24. https：//baijiahao. baidu. com/s？id＝1799892842570695532&wfr＝spider&for＝pc.

④ 资料来源：2023 年度 A 股上市公司 ESG 信息披露率显著提升［J/OL］.金融界，2024-06-03. https：//baijiahao. baidu. com/s？id＝1800808815618335688&wfr＝spider&for＝pc.

⑤ 2024 年 2 月 28 日，上海市商务委发布《加快提升本市涉外企业环境、社会和治理（ESG）能力三年行动方案（2024 年—2026 年）》；2024 年 3 月 20 日，北京发展改革委发布《北京市促进环境社会治理（ESG）体系高质量发展实施方案（征求意见稿）》；2024 年 3 月 19 日，苏州工业园区经济发展委员会发布《苏州工业园区 ESG 产业发展行动计划》《苏州工业园区关于推进 ESG 发展的若干措施》。

三城均将 ESG 理念植入"双碳"和高质量发展的政策框架之中,提出要构建 ESG 生态体系,引进和培育 ESG 服务机构,加大 ESG 人才培养等。从差异性看,上海侧重服务企业出海,北京侧重激发市场主体的内生动力,苏州侧重产业导入与人才引进等。

(二)北京 ESG 体系发展的情况

据《中国地方政府 ESG 评级指标体系研究报告（2023）》①,北京、广东、江苏、上海、浙江五省份稳定保持在 ESG 发展的第一梯队,常年保持在 AA 及以上评级,整体 ESG 发展情况较好。其中,北京是近年来国内首个达到 AAA 级的省级地方政府。

1. 参与 ESG 信息披露的企业数量全国第一

北京 ESG 发展已经具有较好的基础,在京央企、市属企业、跨国公司和头部企业已有良好的 ESG 实践。据《年度 ESG 行动报告》②,截至 2023 年 4 月,"中国 ESG 上市公司先锋 100 个"上榜企业中,北京、广州、上海的企业分别为 29 个、18 个和 8 个。据数字品牌榜发布的《2023 年 ESG100 品牌榜 100 强 &ESG 品牌声誉研究报告》,北京、广东、上海的企业分别为 26 个、22 个和 16 个。据 2024 年 5 月中央电视总台财

① 由清华大学全球可持续发展研究院发布,是国内研究机构首次运用 ESG 理念对中国地方政府进行评级指标体系研究。报告收集了 2016~2020 年 72 个城市的相关数据,所有数据来源均源于中国权威的统计年鉴、各市级政府的信息公开年报和研究中心发布的评估报告。其研究的中国地方政府（地级市）ESG 指标体系,包括环境、社会、治理 3 个维度的 9 个一级指标、17 个二级指标、32 个三级指标（如污水处理率、工业二氧化硫排放量、生活垃圾无害化处理率、每万人医院床位数、燃气普及率、每万人公厕数、普通小学生师比、地方政府债务率、专利授权数、财政透明度排名等）。城市 ESG 评级结果由低至高分为 B、BB、BBB、A、AA、AAA 六个等级。

② 《年度 ESG 行动报告》以截至 2023 年 4 月 30 日的 A 股、港股 6400 余家中国上市公司为样本池,选取 4 月 30 日市值规模排名前 30%,且已发布 ESG 报告的企业,根据上市公司影响力、ESG 活跃度等要素进行综合筛选,最终选出 855 家上市公司作为评价对象。以党的二十大报告、"十四五"规划纲要、2023 年政府工作报告,对标全球报告倡议组织《GRI 标准（2021 版）》、香港联合交易所《环境、社会及管治报告指引》等 13 个国内外 ESG 标准指引,以及明晟（MSCI）、标普全球（S&P Global）、中证、国证等 8 个国内外 ESG 评级体系,构建了包括 3 个一级指标、19 个二级指标、127 个三级指标的通用指标体系。其中,63.78% 的指标接轨国际,92.13% 的指标与国内相关标准契合,25.2% 的指标体现本土特色的社会价值类指标,对中国特色重点体现在现代产业体系建设、新型工业化建设、乡村振兴、区域协调发展、"一带一路"、创新驱动、促进就业、应对公共危机、信息安全、公共服务十大特色指标。

经节目中心发布的《在华外企 ESG 行动报告》，以 195 家知名外企作为研究样本，在华外企先锋 20 指数企业中，北京、广东、江苏、上海的外资企业分别为 9 家、3 家、3 家、2 家。

2. 参与 ESG 的机构主体多元

一是拥有一批国内领先的 ESG 评级机构。与完善国际 ESG 评级体系相比，国内 ESG 评级体系仍处于初期探索阶段。目前，国内 ESG 评级机构多为第三方评估机构（见表 8-1），尚无官方统一的评价体系标准及范围。其中，学术组织 ESG 评级主要以中央财经大学绿色金融国际研究院为代表，社会机构 ESG 评级体系以商道融绿、华证指数和社会价值投资联盟为主要代表，上述机构半数在京。

表 8-1　中国 ESG 评级机构

分类	机构名称
咨询、测试与认证机构	商道融绿、润灵环球、中诚信绿金、CTI 华测检测（广东）、上海领灿（上海）
社会与学术组织	中央财经大学绿色金融国际研究院、中国金融学会绿色金融专业委员会、央视财经、首都经济贸易大学中国 ESG 研究院、社会价值投资联盟（广东）、《证券时报》（广东）、腾讯金融研究院（广东）
数据提供商	Wind（上海）、绿青数据（浙江）
指数公司	华证 ESG 领先指数（上海）、中证国新央企 ESG 成长 100 指数（上海）、国证 ESG 指数（广东）
金融机构	嘉实基金（上海）、网商银行（浙江）
ESG 数据评价服务标准化试点	北京金融科技产业联盟

资料来源：根据公开资料整理。

二是拥有一批投资 ESG 产业的金融机构。根据中央财经大学绿色金融国际研究院发布的地方绿色金融指数，截至 2021 年 12 月，北京地区已加入"一带一路"绿色投资倡议（GIP）的机构数量为 10 家，占全国机构数量比例约为45.5%，其中包括中国进出口银行、国家开发银行、中国国际金融股份有限公司等大型金融机构。此外，截至2021年12月，我国共计251家机构加入中国金融学会绿色金融专业委员会，北京地区中国金融学会绿色金融专业委员会成员单位数量为135家，占全国成员单位数量比例约为53.8%，位居全国第一①。

三是拥有ESG专业交易机构。北京证券交易所是国内三大证券交易所之一，北京绿色交易研究所②是全国最具影响力的综合性环境权益交易市场之一，为ESG推广和深化奠定了良好基础。

3. 具备发展ESG的产业优势

一是绿色金融发展在全国处于领先水平，绿色金融市场建设尤其活跃③。从绿色信贷来看，据北京银保监局数据，截至2023年末，北京辖内主要中资银行（包括政策性银行、国有控股大型商业银行、股份制商业银行）绿色信贷余额1.9万亿元（同期上海市超过千亿元④），较年初增长14.5%，高于北京市各项贷款增速4.1个百分点，主要投向基础设施绿色升级、清洁能源、节能环保、生态环境和清洁生产等领域。从绿色债券来看，据人民银行营管部数据，2023年上半年，北京地区非金融企业绿色债券融资规模为516.8亿元，居全国首位；本外币绿色贷款余额同比增长31.9%，增速较同期本外币各项贷款高21.7%⑤。

---

① 资料来源：中央财经大学绿色金融国际研究院.北京绿色金融发展经验及发展展望［EB/OL］.2022-11-11. https：//iigf. cufe. edu. cn/info/1012/5929. htm.

② 《国务院关于支持北京城市副中心高质量发展的意见》即国发〔2021〕15号文明确提出"推动北京绿色交易所在承担全国自愿减排等碳交易中心功能的基础上，升级为面向全球的国家级绿色交易所"。

③ 资料来源：汪洵. IIGF观点北京绿色金融发展经验及发展展望［EB/OL］.中央财经大学绿色金融国际研究院，2022年11月11日，https：//mp. weixin. qq. com/s？__biz = MzI0MjU3Njg5MA = = &mid = 2247518128&idx = 1&sn = 97fefbc88a8723e15932eaa617d40b55&chksm = e978fb25de0f7233b024921523538188443932a8dd7af9afcf85a5f49662c0d2db967735ac18d&scene = 27.

④ 资料来源：上海绿色金融产品蓬勃发展，国际绿色金融枢纽正快速崛起［EB/OL］.网易，2024-05-13. https：//www. 163. com/dy/article/J23JMSET05566SRI. html.

⑤ 资料来源：人民银行营管部：上半年北京地区非金融企业绿色债券融资规模居全国首位［EB/OL］.和讯网，2023-07-24. https：//baijiahao. baidu. com/s？id = 1772306481151877960&wfr = spider&for = pc.

二是具有推动形成行业 ESG 标准体系的优势。已形成 2 项能源行业团体标准，2023 年 12 月，发布《能源企业 ESG 披露指南》和《能源企业 ESG 评价指南》，指导全国能源企业规范发展。2024 年 3 月，全国首个金融领域 ESG 数据评价服务标准化试点获批建设，为构建一套适合我国国情、多维度、全面性的金融领域 ESG 数据评价标准体系奠定了基础。

三是具有专业人才优势。会计师数量全国第一，截至 2023 年 12 月 31 日，北京拥有注册会计师数量 1.2 万人，占全国注册会计师总数的 11.91%，分别高于广东、上海的 1.1 万人、0.8 万人。律师数量全国第一，截至 2023 年底，北京共有律师 5.3 万人，占全国律师（不含港澳台）数量的 23%，分别高于上海、广州和深圳的 4.1 万人、2.5 万人和 2.4 万人。ESG 人才培训资源全国领先，首都经济贸易大学中国 ESG 研究院设有全国首个企业可持续发展系，招收 ESG 方向的本科生、硕博研究生及 MBA，现有 30 余名本科生、30 余名 MBA 学生。92 所在京高校中大多数商学院已开展 ESG 金融领域人才培训，清华大学还开展建筑等领域的 ESG 培训。部分国内领先的评级机构也参与了 ESG 专业人才培训，如商道融绿①近十年积累了千余名 ESG 学员。

四是在城市副中心形成了区域集聚优势。优先构建与国际接轨的绿色金融标准体系，在绿色金融政策落地、组织体系和产品创新、国际合作以及气候投融资试点建设等方面开展了一系列积极探索。2023 年，金融业对城市副中心 GDP 贡献率达 29.8%，通州区绿色信贷占比达 16.6%②。运河商务区积聚了北京绿色交易所、北京绿色金融与可持续发展研究院、中美绿色基金、北创绿色低碳科技基金、三峡新能源公司等一批以绿色、双碳为特色的 ESG 产业主体③。2024 年 2 月，全国首个城市级综合 ESG 创新平

---

① 商道学堂是商道纵横于 2015 年推出的国内可持续发展人才培养平台，培训项目包括优才计划、启航计划、GRI 标准认证培训、ESG 智享会、零碳智享会、碳中和培训等。

② 资料来源：北京城市副中心. 走出一条以绿色发展为鲜明特色的高质量发展之路［EB/OL］. 人民网，2024-03-18. http：//bj. people. com. cn/n2/2024/0318/c233088-40779487. html.

③ 资料来源：本刊记者 周琳. 绿色金融"活水"润泽高质量发展［EB/OL］. 今日中国，2023-08-07. http：//www. chinatoday. com. cn/zw2018/jj_4978/202308/t20230807_800338865. html.

台：副中心 ESG 绿色产业创新引擎揭牌，形成了以北京 ESG 研究院作为项目的"一体"、绿投发展和副中心 ESG 基金为"两翼"的项目结构，有效赋能北京 ESG 生态圈①。打造全国首个城市级 ESG 数据中心，形成"一企一档"ESG 管理制度，建立环保、工商、财税、政务、金融等领域的 ESG 数据采集机制，并向全国推广②。

4. 具有对外开放、政策与制度创新的多重优势

一是国际交往中心的优势。国际组织聚集地，截至 2023 年 6 月，有 113 家国际组织在京落户，其中，政府间国际组织及其驻华代表机构 32 家、非政府间国际组织总部 38 家、非政府间国际组织代表机构 43 家，各类国际组织总部和代表机构数量均居全国首位③。外资企业丰富，截至 2023 年底，外资研发中心 108 家，包括 24 家外资研发总部④；截至 2024 年 3 月，北京跨国公司地区总部 244 家⑤。

二是"两区"建设持续推动制度和政策创新。拥有国家服务业扩大开放综合示范区、中国（北京）自由贸易试验区、中关村国家自主创新示范区和综合保税区、数据基础制度先行区等开放创新平台。截至 2022 年底，"两区"累计落地全国突破性政策 42 项、全国标志性项目 61 项、向全国复制推广改革创新经验 34 项，充分发挥了全面深化改革和扩大开放的试验田作用⑥。2023 年 11 月 23 日，国务院批复同意《支持北京深化国家服务业扩大开放综合示范区建设工作方案》（以下简称

① 资料来源：城市副中心创建"绿色自贸"新品牌［N/OL］. 北京日报，2023-11-07. https：//baijiahao. baidu. com/s？id=1779089240453443345&wfr=spider&for=pc.

② 资料来源：服务业扩大开放综合示范区建设 2.0 方案，城市副中心 ESG 这么干——［EB/OL］. 通州区人民政府，2024 年 2 月 9 日，http：//open. bjtzh. gov. cn/kftzh/c110062/202401/1693449. shtml.

③ 资料来源：113 家国际组织在京落户，国际交往中心建设成绩单来了［N/OL］. 新京报，2023-06-26. https：//baijiahao. baidu. com/s？id=1769745705546213553&wfr=spider&for=pc.

④ 资料来源：108 家北京市外资研发中心数据调查报告——华夏泰科［EB/OL］. 2024-01-11. https：//baijiahao. baidu. com/s？id=1787780865250629954&wfr=spider&for=pc.

⑤ 资料来源：北京累计认定跨国公司地区总部数量达到 244 家［EB/OL］. 网易，2024-03-27. https：//www. 163. com/dy/article/IU9SO1O60519D45U. html.

⑥ 资料来源：数看北京"两区"建设，这份成绩单"亮"了［EB/OL］. 北京市商务局，2023-02-23. https：//www. sohu. com/a/645150902_121106842.

《工作方案》）。《工作方案》在"探索新兴业态规则规范"任务中明确，支持北京探索环境社会治理（ESG）评价标准制定工作，支持企业自愿遵循环境领域与国际通行标准和指南相一致的企业社会责任原则①，为北京开展 ESG 领域先行先试，打造有利于 ESG 发展的政策环境提供有利条件。

二、北京 ESG 体系发展面临的问题

（一）部分市场主体对 ESG 理念的认知、重视和投入资源不足

据"2023 企业 ESG 十大热点及十大痛点"调查结果，七成企业"不了解 ESG 是什么"，六成企业对"如何做 ESG""如何处理 ESG 评级""如何实现碳达峰碳中和"仍无从下手②。上市企业存在的普遍误区是"写 ESG 报告等同于践行 ESG"，部分上市公司没有设立 ESG 的治理框架和负责部门，未提及 ESG 目标和规划③。

（二）ESG 信息披露质量有待提高

一是定量信息披露少。各个企业之间、同一企业不同部门之间的数据统计口径不一致，缺乏有效性验证，数据透明度、可比性、可靠性不足④。二是披露信息的规范性和透明度不足。企业选择性披露、信息失衡，披露内容无法全面反映企业真实情况。三是披露结果级别还可提高。据中央财经大学绿色金融国际研究院 ESG 数据统计，截至 2023 年 3 月底，全北京 460 家 A 股上市企业整体 ESG 评级中位偏上，AB 档企业共计 278 家

① 资料来源：支持北京探索 ESG 评价标准制定工作［EB/OL］. 中国经济网，2023 - 11 - 28. https：//biz. huanqiu. com/article/4FXMcl6kG3F.

② 资料来源：专访周国银. ESG 十大痛点仍普遍存在，企业应建立 ESG 五力模型［EB/OL］. 时代周报，2023 - 12 - 11. https：//baijiahao. baidu. com/s？id = 17849877214761 63869&wfr = spider&for = pc.

③ 资料来源：我国 ESG 信披存在五大挑战专家建议尽快制定温室气体核算和报告标准［EB/OL］. 每日经济新闻，2024 - 06 - 16. https：//baijiahao. baidu. com/s？id = 18019948215160 49336&wfr = spider&for = pc.

④ 资料来源：我国 ESG 发展面临的挑战和建议［EB/OL］. 澎湃新闻，2023 - 01 - 01. https：//m. thepaper. cn/baijiahao_21394946.

（60.43%），CD 档企业 182 家（39.57%）①。四是企业参与 ESG 披露成本较高。企业需要投入大量的人力进行前期研究和数据采集，期待政府整合工商、税务、银行等各个部门的现有数据资源，降低企业参评成本。

（三）ESG 评级结果存在差异

当前，各评级机构的 ESG 评级方法不尽相同，在指标体系、评级方法、基础数据等方面也存在显著差异，但不同机构对同一家上市公司评级结果可能存在差异②。亟待加强 ESG 评级价值观规范，维护 ESG 评级市场发展环境的健康和稳定，不断提升评级结果的科学性、公正性、客观性。

（四）企业"走出去"面临挑战

外贸是北京经济发展的重要推动力之一。2024 年 1～4 月，在世界贸易增速放缓的背景下，北京地区出口 466.8 亿元，增长 15.2%③。从进出口主要贸易伙伴结构来看，欧盟占比达 10.3%④。如果欧盟碳关税（Carbon Border Adjustment Mechanism，CBAM）全面实施⑤，将对北京企业"走出去"产生一定程度的影响。

（五）预测 ESG 人才缺口较大

据猎聘大数据研究院发布的《ESG 人才吸引力洞察报告 2023》，

　　① 资料来源：施懿宸，邓洁琳. 由城市及企业的 ESG 推进思考——以北京为例［EB/OL］. 2024–03–20. https：//mp. weixin. qq. com/s？＿＿biz＝MzI0MjU3Njg5MA＝＝&mid＝2247531669&idx＝1&sn＝ecc41 245ef5964f95d6592581617382c&chksm＝e9780000de0f891617413b4b94c1c3ec255a8b852bc427d511cb25 31185dc0f221c76803666c&scene＝27.

　　② 资料来源：我国 ESG 发展面临的挑战和建议［EB/OL］. 海南省绿色金融研究院，2023–01–01. https：//m. thepaper. cn/baijiahao_ 21394946.

　　③ 资料来源：2024 年 1 月至 4 月北京地区进出口规模创新高　高技术产品出口领跑全国［N/OL］. 北京日报，2024 年 5 月 19 日，https：//www. beijing. gov. cn/gongkai/shuju/sjjd/202405/t202405 19_ 3687341. html.

　　④ 资料来源：2024 年前 4 个月北京地区主要进出口贸易伙伴结构［EB/OL］. 北京海关，2024–05–23. http：//haikou. customs. gov. cn/beijing_ customs/434756/434804/2941702/434773/3892365/5891783/index. html.

　　⑤ 资料来源：欧盟委员会对外公布欧盟碳边境调节机制（CBAM）过渡期实施细则将于 2023 年 10 月 1 日起开始试运行，过渡期至 2025 年 12 月 31 日，2026 年 1 月 1 日正式起征，并在 2034 年之前全面实施. 石化行业走出去联盟，2023 年 10 月 2 日，https：//mp. weixin. qq. com/s？＿＿biz＝MzI4MTEzOTMwNQ＝＝&mid＝2247619151&idx＝2&sn＝192976573e0fa6808b15e0d9fb933a96&chksm＝ebae9349dcd91a5fc2dbb971e6b54f8f7800c1a59a5630ea445b6c589e4320e213c72b4dbd48&scene＝27.

2022年5月至2023年4月的ESG新发职位比上一年同期增长了64.5%。从新发职位所在城市来看，上海、北京排前两位，占比分别为32.6%和24.2%①。结合近期国家发布的相关政策②，预计2024～2027年，在京央国企、上市公司、金融机构和评级机构等对ESG专业人才的需求有较大增长。

三、促进北京ESG体系高质量发展的对策

（一）加大ESG理念宣传

提升公众对ESG理念的认知，通过短视频、情景短剧、趣味答题等多种宣传形式，激发社会公众关注ESG的理念与实践热情，提升公众参与ESG实践意愿。吸引各类市场主体参与年度"北京ESG可持续发展创新先锋企业""可持续发展创新先锋企业案例"等榜单。鼓励各类实践者参与"可持续发展创新先锋人物"评选。

（二）建立ESG政府服务体系

探索设立ESG跨部门督导小组，协调商务局、国资委、生态环境局、金融办、监管局、工商联等多个部门共同参与，各部门按照职责分工，重点聚焦本领域ESG能力建设，探索开展ESG专业机构年度评级，定期发布ESG评级机构、ESG培训机构的白名单，不定期更新分行业、分国别的《ESG信息披露指引》等工作。定期开展常态化协调、评估、反馈和总结，督促各项工作措施落实到位。探索开展ESG领域的金融监管，提升ESG导向的绿色金融相关数据收集、治理与监测，持续优化金融行业监管机制。

（三）发挥在京央企、国企的示范引领作用

服务在京央企控股上市公司开展ESG信息披露工作，探索将ESG信息

---

① 资料来源：ESG新发职位同比增长64.46%，招聘平均年薪超31万，人才需求集中于金融发达区域［EB/OL］.2023-07-28.https：//www.sohu.com/a/707018213_114984.

② 《上市公司可持续发展报告指引》要求上市公司于2026年开始强制披露；《企业可持续披露准则——基本准则（征求意见稿）》，将于2027年出台我国企业可持续披露基本准则、气候相关披露准则，到2030年，国家统一的可持续披露准则体系基本建成。

披露及评级情况纳入市级国有企业领导班子考核、对外采购、招标等考量因素。

（四）鼓励民营企业践行 ESG 理念

发挥市私营个体经济工作联席会机制作用，加强对民营企业践行 ESG 理念的宣传和推广，指导涉外民营企业提高 ESG 实践能力。鼓励民营企业构建 ESG 管理体系，为民营企业开展员工 ESG 培训提供职业培训补贴。探索建立民营企业 ESG 激励机制，定期发布民营企业 ESG 优秀案例，提升民营企业参与 ESG 建设的积极性。

（五）加大涉外企业跨国业务 ESG 实践支持力度

鼓励和支持涉外企业践行 ESG 理念，积极在国际市场上开展绿色贸易、绿色投资，承接绿色工程，推动企业在国际供应链和绿色低碳环保等方面加强合规建设。以 ESG 理念引导中资企业项目"走出去"，为企业境外项目开展 ESG 能力建设提供专业指导和个性化服务，引导涉外企业加强与项目所在地政府、企业和民众的沟通，高标准履行属地社会责任，加强合规经营，将 ESG 能力建设作为企业海外风险管控的有效措施，切实提高境外安全风险防范和化解水平。

（六）培育壮大本土 ESG 相关专业服务机构

建立 ESG 服务机构联盟，依托北京 ESG 研究院、中央财经大学绿色金融国际研究院等专业研究机构，探索制定 ESG 服务业行业标准。打造首都 ESG 服务业品牌，依托知名会计师事务所、律师事务所、ESG 评级机构整合披露、鉴证、战略、管理、数字化、低碳、绿色金融等全生态服务链，拓展京内外、境内外 ESG 服务市场。支持北京市专业服务机构积极拓展 ESG 服务范围，提升 ESG 国际服务能力，增强品牌知名度和国际影响力。引进国际知名的 ESG 评级、数据、指数等专业服务机构设立分支机构，加强评级机构与涉外企业交流对接，推动相关机构提高 ESG 服务能力。

（七）构建具有中国特色、与国际接轨的北京 ESG 体系

依托北京 ESG 研究院、北京绿色交易所等平台，率先研究并规划 ESG 制度体系，积极参与 ESG 国际交流，主动参与国际标准和规则制定，促进

形成兼具国际性与中国特色的 ESG 制度体系。参照国际可持续发展准则理事会（ISSB）披露准则，探索出台《ESG 信息披露指引》和《ESG 评级指南》，推动 ESG 报告使用第三方鉴证。

（八）储备和培养一批 ESG 专业人才

提升北京城市人才引力，研究将 ESG 专业人才纳入《"两区"建设人力资源开发目录》。发挥人才评价"指挥棒"作用，探索新增 ESG 职称评审专业，设置正高、副高、中、初级四个等级并设置相应的业绩条件，集聚更多专业技术人才。构建融入 ESG 理念的人才培养体系，尝试在义务教育、中等教育、职业教育、高等教育的通识教育中融入 ESG 理念，在职业教育、高等教育中开设职业伦理、职业道德、职业标准以及环境社会治理体系的 ESG 课程。加强学科专业建设，鼓励高等学校在商学院、公共管理学院、能源与材料学院等开设跨学科的 ESG 课程，培养评估、评级、监管、内控、投资等领域的复合型专业人才。推动产学研深度融合，鼓励普通高校、职业院校（含技工院校）、科研机构和企业建立联合培养模式，支持符合条件的高等学校设立 ESG 学院。开展 ESG 职业教育"直补"企业行动，研究培训补贴资金直补企业、培训机构和劳动者个人相结合的机制，对具备培训企业开展相关职工培训并承担培训成本的，均可由企业直接备案培训项目、申请职业培训补贴。

第三节　深化首都生态文明实践　打造绿色经济典范城市

党的二十届三中全会强调，"聚焦建设美丽中国，加快经济社会发展全面绿色转型"。近年来，北京市坚定不移落实绿色发展理念，把绿色低碳融入规划布局、环境营造、设施提升、产业集聚等各方面，精心打造绿色低碳转型发展的样板，持续推动经济社会发展绿色化、低碳化。绿色已成为北京引领产业结构转型升级和高质量发展的关键变量，成为城市可持续发展的亮丽底色。

一、北京推动绿色低碳发展的具体实践

（一）构筑绿色生态城市空间

2023 年，北京基本建成"一屏、三环、五河、九楔"的绿色空间结构，城市生态系统质量逐年提高。到 2023 年底，全年新增造林绿化 1.5 万亩、城市绿地 200 公顷，全市林地绿地年碳汇量达 920 万吨；全市森林覆盖率达 44.9%，城市绿化覆盖率达 49.8%，人均公园绿地面积达 16.9 平方米；森林碳汇能力有效提升，城市绿地可持续性发展不断提高，湿地生态功能持续增强。北京城市副中心以"两带、一环、一心"的绿色空间格局，聚焦建筑、交通、产业、能源、生态、文化等领域开展绿色示范，协同推进降碳、减污、扩绿、增长，加快建设国家绿色发展示范区。2024 年 1 月，国家林业和草原局授予北京市"国家森林城市"称号，生态格局全面优化，为打造绿色经济典范城市奠定了坚实基础。

（二）构建绿色低碳产业体系

一是支持发展节能产业。北京印发了创新型绿色技术推荐目录和节能技术产品推荐目录，在重点行业中鼓励评选出一批低碳领跑者企业和机构，鼓励和支持企业科学制定实施碳排放控制目标、战略和措施，带动供应链上下游协同降碳。同时，北京持续支持节能技术改造，自"十四五"以来，累计支持了 60 个项目实施节能技术改造，累计形成节能量约 2.8 万吨标准煤，减少二氧化碳排放约 5.8 万吨；持续推动产业结构绿色升级。近年来北京创建国家级绿色工厂 112 家，大力发展新一代信息技术、绿色环保等高精尖产业。

二是提升建筑领域节能降碳水平。2022 年，北京市制定实施《北京市民用建筑节能减碳工作方案暨北京市"十四五"时期民用建筑绿色发展规划》，强调发展绿色建筑，推动高星级绿色建筑建设。2023 年，北京市发展改革委制定实施《建立健全北京市公共建筑能效评估办法和制度的工作

方案》，强调提高公共建筑能效水平。至 2023 年底，北京节能建筑占全部民用建筑的 80% 以上；新建装配式建筑占新建建筑比例超 45%；城镇新建民用建筑 100% 执行国家节能强制性标准。

（三）构建低碳能源体系，完善节能交通建设

一是构建低碳能源体系。截至 2024 年，北京率先实现平原地区基本无煤化，可再生能源消费占比约为 14%，成为全国清洁能源转型的典范城市，万元 GDP 能耗、水耗和二氧化碳排放持续保持全国省级地区最优水平。其中，北京城市副中心大力发展新能源和可再生能源项目，推进太阳能、地热能与常规能源系统的智能耦合应用，水电气热等市政设施和能源供给保障更加绿色低碳。平谷区万庄子村试点以"分布式光伏、充换电站、智能微网"为基础打造零碳智慧乡村，建成分布式光伏发电站 265 座，年减碳量约 3100 吨。

二是完善节能交通建设。2022 年，北京市制定实施《北京市"十四五"时期绿色交通发展规划》，持续优化以"轨道+"为核心的城市出行、跨区域出行以及"交通+生活"等场景出行服务，激励引导公众绿色出行。大力推广新能源车，积极推动公交、出租等车辆全面电动化。至 2023 年底，北京地铁运营里程达 836 公里，中心城区绿色出行比例达 74.3%。除此之外，依托碳普惠和碳交易平台，北京市从 2020 年发布 MaaS 低碳出行碳减排项目评估方法，截至 2023 年 9 月，"MaaS 出行　绿动全城"绿色出行碳普惠激励活动正式注册用户近 400 万人，累计出行人次近 3 亿人次，活动累计碳减排量达数十万吨，有力推动了交通领域碳减排进程，协同改善环境质量。

（四）强化生态文明意识培养

北京市不断强化公共机构示范作用，综合运用多种媒体方式，积极推进全民共治，推动绿色生产生活、绿色消费。2021 年，北京市制定实施《北京市"十四五"时期公共机构节约能源资源工作规划》，加强公共机构节能目标责任管理。为了进一步推动形成勤俭节约、合理用能的社会风尚，近年来，北京市不断举办节能周活动，今年围绕"节能降碳，你我同

行"主题,重点突出机关先行、社会共行、区域同行、乡村践行理念,宣讲节能降碳知识,细化节能措施,宣传节能降碳典型案例,开展绿色惠民活动和倡议活动,增强全民节约意识,引导全社会加快形成绿色生产生活方式。

（五）完善绿色发展体制机制

北京市将持续激活节能市场活力,推进数字化智能化绿色化融合发展,不断完善绿色发展体制机制。2022 年,北京市通州区、密云区入选国家首批 23 个气候投融资试点,积极搭建气候投融资项目库,健全气候投融资政策体系。2023 年,北京绿色交易所碳配额和环境权益累计成交突破 1 亿吨。同时,北京市不断推进绿色产业示范,推进数字化智能化绿色化融合发展,着力提升产业绿色化发展水平,强化绿色金融商务服务功能,推进文化旅游商务融合发展,加强绿色产业国际国内交流与合作。

二、北京绿色低碳发展面临的问题

（一）生态环境仍需深入改善

一是空气质量与世界卫生组织（WHO）准则值差距较大,PM2.5 年均浓度 32 微克/立方米,仍高达 WHO 准则值的 6 倍,空气治理仍待深入完善。二是地表水空间分布不均,水资源短缺,污水治理工作仍需加强。北京市人均水资源量 150 立方米,远低于联合国认定的极度缺水标准（500 立方米）。部分城中村的污水排放和治理问题仍需重点关注。三是城市绿地分布不均,中心城区绿色空间规模不足导致城市居民对绿地的需求难以满足。四是生态系统的连通性和生物多样性需要更好地保护和恢复。

（二）节能减排和低碳建筑等产业仍需持续推进

一是节能减排技术创新还需加强。绿色低碳产业关键性技术仍存在许多技术瓶颈,光伏电池、太阳能光热发电、锂离子电池隔膜、地热能发电等清洁能源核心技术存在短板。二是建筑领域节能改造还需进一步深入推进,北京市建筑物目前仍是碳排放的重要来源。据统计,北京 90% 的碳排放集中于 8.93% 的土地面积上，城六区的能源消费总量为 2893.3 万吨标准煤，民用建筑耗电量占全市终端能耗的一半多。

（三）新型能源的开发和使用格局仍需优化

一是传统能源消耗仍占主导，可再生能源开发使用不足。目前天然气、石油等化石能源仍然是北京重要的能源来源，北京市使用的绿电一半以上依靠外地调入，本地可再生能源开发相对不足，绿电调入和本地可再生能源利用仍需双向发力。二是汽车尾气排放和交通拥堵问题仍然严峻。北京汽车尾气排放已成为空气污染的重要来源，在 PM2.5 污染物中，汽车、柴油车等移动源排放占比高达 46%。新能源汽车的充电基础设施建设和布局仍有待加强。

（四）生态文明意识还需进一步提升

一是中小型企业低碳发展意识有待提高，对节能减排的设备改造和自主创新积极性不高。目前，北京市在营中小微企业约为 201.4 万家，占全市企业的 95% 左右，其中专精特新企业占中小企业比例仅为 0.41%。部分中小型企业对减污降碳等政策措施的认识和了解不充分，对节能环保重视不足，中小型企业的低碳改造和节能创新还需重点提升。二是公众参与绿色行动的积极性有待提高。例如，朝阳区统计局调查显示，部分居民认为自身缺乏专业环保知识，不能很好地参与生态文明建设，并且对朝阳区的河道治理等工作并不太了解。北京市生态文明环保宣传工作还需更加精细化，居民的节能节水、绿色出行、垃圾分类等生态环保意识仍需进一步提升。

（五）碳市场金融化发展机制仍需完善

一是北京碳市场与全国碳市场的协同发展路径尚不明晰，在交易体系和交易规则上各有差异。并且，北京市碳市场与绿电绿证交易、生态补偿制度以及用能权交易制度等低碳发展政策的协同性有待提升。二是碳排放监测、报告和核查体系尚未完善，部分碳核查机构对企业碳排放的核算范围和计算标准不统一，碳排放数据的准确性需要进一步加强。三是碳市场金融化程度不高，目前主要交易碳排放配额和 CCER（中国核证减排量），绿色金融创新产品应用范围有限，创新不足，对企业绿色创新诱导效果不显著，企业碳资产收益低。

三、推进北京打造绿色经济典范城市的建议

（一）大力推进生态环境保护措施

持续深化"一微克"行动，实施重点行业企业空气重污染绩效分级管理，加强移动源排放监管，推进多污染物协同减排。大力推进美丽河湖建设，推进饮用水水源地规范化建设，实施地下水污染风险源分类分级管控和超采综合治理。优化中心城区绿色空间，扩大城市绿地规模。加强生物多样性保护，落实生物多样性保护规划，加强珍稀濒危特有野生动植物保护。

（二）加快推进绿色低碳产业发展

加快构建现代化产业体系，完善以绿色低碳为导向的产业准入和调整退出制度，推进新增产业绿色低碳发展。建设绿色工厂、绿色园区和绿色供应链，实施清洁生产水平提升工程，加快现有产业转绿降碳。加强节能减排技术和清洁能源核心技术创新，继续开展节能技术产品目录征集和推广活动，促进能效提升和产业升级。大力推进建筑绿色发展，重点推进超低能耗建筑建设和既有公共建筑节能绿色化改造，推动供热低碳绿色转型，推广光伏建筑一体化等技术应用。

（三）加快构建新型能源体系和清洁交通体系

加快构建新型能源体系，持续优化能源结构，严控化石能源利用规模，加快发展新能源和可再生能源，提高能源供给低碳化和能源消费电气化水平；加快构建新型电力系统，加快建设一批虚拟电厂，有序扩大外调绿电规模。持续优化交通运输结构，完善新能源汽车强产业、增设施、促消费、优通行等"一揽子"支持政策，加快充换电、加氢站等设施建设，推动公共、社会领域车辆"油换电""油换氢"。推动铁路场站、民用机场、物流园区等绿色化改造。

（四）加快培育全民生态文明意识

构建长效的节能减排标准宣传教育机制，组织开展中小企业节能减排

相关培训，督促中小企业认真贯彻相关节能减排、环保技术标准，以节能为抓手，大力推动中小企业清洁生产，引领企业开展绿色技术创新。加快培育生态文明主流价值观，增强全民节约意识、环保意识、生态意识，加快形成全民生态自觉。完善"碳普惠"等公众参与机制。加强生态文明教育，推进自然教育、环保设施开放。完善公众生态环境监督和举报反馈机制，发挥群团组织和行业协会作用，推进生态环境志愿服务。深入开展"全国生态日、环境日及北京生态环境文化周等活动，宣传美丽北京建设成效。

（五）加快健全北京市碳市场机制

加快推动北京市碳市场与全国碳市场的协同，为建立全国统一的碳排放权交易市场提供支持。完善碳数据计算核算机制，加快落实标准化的企业碳排放计算方法和核查流程，实现碳排放数据报告标准、质量以及透明度的统一，推动碳市场的可持续发展。加快碳市场金融属性建设，大力发展碳金融，增强市场创新质效，适当放宽碳市场准入标准，鼓励相关金融机构和碳资产管理公司参与市场交易，丰富碳期货、碳期权等金融衍生品。将低碳出行碳减排纳入碳市场交易，扩大应用场景范围。鼓励社会资本参与碳汇减排行动，逐渐完善碳汇多元化、市场化价值实现机制。

执笔人：刘　铮（第一节）
　　　　郭　玮（第二节）
　　　　朱云帆（第三节）